IX. Auf dem Weg zum Frieden

X. Regionale und internationale Folgen des jugoslawischen Krieges

Vorwort

Kaum ein Ereignis hat die Öffentlichkeit in den vergangenen Jahrzehnten so stark erschüttert wie der Ausbruch des jugoslawischen Krieges im Sommer 1991. Das Ausmaß der Zerstörungen, vor allem aber die beispiellose Brutalität und die Systematik der Menschenrechtsverletzungen erschienen vielen Beobachtern unerklärlich. Nicht zuletzt lag dies daran, daß sich die Medienberichterstattung zu großen Teilen auf die humanitären Dimensionen des Konflikts konzentrierte. Aufsehenerregende Reportagen über Massenvergewaltigungen und Gefangenenlager stießen stets auf größeres Interesse als nüchterne Ursachenanalysen.

In diesem Buch wird eine wissenschaftliche Auseinandersetzung mit den Ursachen und Folgen der jugoslawischen Konflikte unternommen. Dabei geht es im wesentlichen um drei Bereiche: Ursachen und Merkmale des Krieges, die Rolle der internationalen Institutionen beim Krisenmanagement sowie Chancen und Grenzen der Konfliktregulierung in ethnisch pluralen Gesellschaften. Zum einen sollen Mechanismen und Stadien der Gewalteskalation in einem über lange Jahrzehnte relativ friedlichen multiethnischen Milieu untersucht werden. Welche historischen, politischen und sozialökonomischen Konflikte kennzeichneten den südslawischen Vielvölkerstaat? Unter welchen inneren und äußeren Einflüssen schlug die friedliche Koexistenz der Nationen und Nationalitäten Bosnien-Hercegovinas in gewaltsamen Konfliktaustrag um? Zum zweiten wird nach den konzeptionellen und praktischen Problemen der Friedensfindung in Bosnien-Hercegovina gefragt. Welche konkreten Alternativen der Konfliktregulierung stehen im Kontext einer Gesamtlösung für den postjugoslawischen Raum zur Verfügung? Und welche Lösungsformeln könnten eine Friedensordnung langfristig stabilisieren? Zum dritten wird die Rolle externer Akteure, werden Fehler und Versäumnisse der internationalen Organisationen beim Management der jugoslawischen Krise kritisch begutachtet. Welche Schritte hat die Staatengemeinschaft unternommen, und warum hat sie so wenig erreicht? Und welche Lehren lassen sich für die Bewältigung künftiger ethnonationalistischer Konflikte ziehen?

Viele der in diesem Zusammenhang aufgeworfenen Fragen lassen sich im Herbst 1994 noch nicht abschließend beantworten. Besonders was die Geschichte des sozialistischen Jugoslawien und seiner historischen Regionen angeht, fehlen notwendige Vorarbeiten. Südosteuropa galt lange Zeit als Domäne einer wenig beachteten Spezialdisziplin. Zahlreiche für die Gegenwartsanalyse relevante Forschungsbereiche, wie die Elitenbildung, die Entstehung des Bürgertums und der Bürokratie, die Geschichte der Institutionen und der Strukturwandel der Mentalitäten, um nur einige zu nennen, sind deshalb nur unzureichend bearbeitet. Dennoch erscheint es wichtig, sich dem Thema Jugoslawien nicht aus der Perspektive zeitgenössischer Chronistik, sondern mit systematischen, sozialwissenschaftlichen Fragestellungen zu nähern.

Zu erheblichen Teilen basiert die Darstellung auf Forschungen und Analysen im Rahmen meiner wissenschaftlichen Tätigkeit in der Stiftung Wissenschaft und Politik in Ebenhausen. Meinen Kolleginnen und Kollegen verdanke ich wertvolle Anregungen und Kritik sowie tatkräftige Unterstützung bei der Materialbeschaffung. Dieter Senghaas, der mich zu diesem Projekt ermutigte, bin ich besonders verpflichtet.

Ebenhausen, Oktober 1994 *M.-J. C.*

Vorwort zur erweiterten Neuausgabe

Nach vier langen Kriegsjahren gab es im Herbst 1995 erstmals begründete Hoffnungen auf einen nahen Friedensschluß im ehemaligen Jugoslawien. Vorausgegangen waren dramatische Ereignisse, die nicht nur eine Wende auf den Schlachtfeldern Kroatiens und Bosniens einleiteten, sondern auch die westliche Jugoslawienpolitik wesentlich veränderten. Diese neuen Entwicklungen haben eine partielle Überarbeitung und Ergänzung des vorliegenden Buches nötig gemacht. Hinzugekommen sind ferner eine Darstellung der schicksalhaften Geschehnisse des Jahres 1995, die Analyse des Vertragswerkes von Dayton und eine Bestandsaufnahme der bisherigen Implementierungserfolge. Welche Konflikte blieben ungelöst? Und welche Probleme treten bei der Umsetzung des Friedensabkommens auf? Schließlich mußten auch die regionalen und internationalen Folgen des jugoslawischen Krieges neu ausgeleuchtet werden. Welche kurz- und mittelfristigen Entwicklungsszenarien sind im Frühjahr 1996 denkbar? Und was kann die internationale Gemeinschaft dafür tun, den brüchigen bosnischen Frieden zu stabilisieren? Nicht alle Fragen lassen sich heute schon erschöpfend beantworten. Erst in den kommenden Monaten und Jahren wird sich zeigen, ob und in welchem Zeitraum die südslawischen Völker eine stabile Friedensordnung aufbauen.

Ebenhausen, im Sommer 1996 *M.-J. C.*

I. Jugoslawien – Ein Staat und seine Völker

1. Die unvollkommene Staatsschöpfung

Jugoslawien, das auf seinem Territorium mehr als zwanzig Nationen und Nationalitäten vereinigte, gehörte unzweifelhaft zu den vielseitigsten und kompliziertesten neuzeitlichen Staatsschöpfungen. Mit der am 1. Dezember 1918 proklamierten Gründung des Staates der Serben, Kroaten und Slowenen, der 1929 den Namen Jugoslawien erhielt, entstand ein politisches Gebilde, das neben innenpolitischen Konflikten auch gewaltige ethnische, soziale und ökonomische Spannungen auszuhalten hatte. Zusammengefügt wurde eine Vielzahl in rechtlicher, kultureller und sozialökonomischer Hinsicht extrem disparater Regionen: die unabhängigen Königreiche Serbien und Montenegro sowie Teile der ehemaligen österreichisch-ungarischen Monarchie und des Osmanischen Reiches. Von knapp zwölf Millionen Einwohnern gehörten rund 83% zu den sogenannten Staatsvölkern, also Slowenen und der fiktiven Nation der »Serbokroaten«, zu der damals auch Montenegriner, Makedonier und bosnische Muslime zählten. Darüber hinaus lebten aber auch nichtslawische Minoritäten, wie Deutsche, Magyaren und Albaner, auf jugoslawischem Staatsgebiet.

Die Idee, die südslawischen Völker in einem gemeinsamen Staat zu vereinigen, ging aus der zwischen 1830 und 1848 in Kroatien geprägten Vorstellung des »Illyrismus« hervor, aus dem später der »Jugoslawismus« entstand. Er gründete auf der Annahme einer ethnischen, kulturellen und sprachlichen Verwandtschaft der Slawen und strebte die kulturelle Vereinigung der katholischen und orthodoxen Südslawen, die Schaffung einer gemeinsamen Sprach- und Kulturnation an.[1] Ausgehend vom österreichischen Kron-

1 Vgl. Wolf Dietrich Behschnitt, Nationalismus bei Serben und Kroaten 1830-1914. Analyse und Typologie der nationalen Ideologie, München 1980.

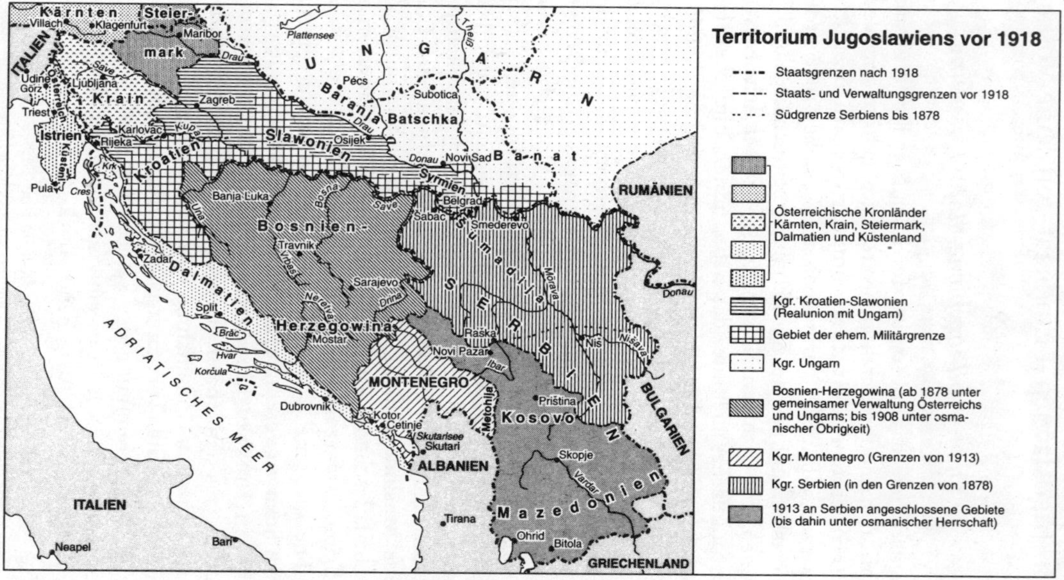
Territorium Jugoslawiens vor 1918
Staatsgrenzen nach 1918
Staats- und Verwaltungsgrenzen vor 1918
Südgrenze Serbiens bis 1878
Österreichische Kronländer Kärnten, Krain, Steiermark, Dalmatien und Küstenland
Kgr. Kroatien-Slawonien (Realunion mit Ungarn)
Gebiet der ehem. Militärgrenze
Kgr. Ungarn
Bosnien-Herzegowina (ab 1878 unter gemeinsamer Verwaltung Österreichs und Ungarns; bis 1908 unter osmanischer Obrigkeit)
Kgr. Montenegro (Grenzen von 1913)
Kgr. Serbien (in den Grenzen von 1878)
1913 an Serbien angeschlossene Gebiete (bis dahin unter osmanischer Herrschaft)
Kärnten
Steier-mark
Villach
Klagenfurt
Maribor
ITALIEN
Österreich
Udine
Görz
Ljubljana
Krain
Save
Triest
Istrien
Küstenl.
Pula
Cres
Krk
Rijeka
Karlovac
Kupa
Kroatien
Zagreb
Drau
Plattensee
U N G A R N
Pécs
Baranja
Batschka
Subotica
Theiß
Slawonien
Osijek
Donau
Novi Sad
B a n a t
Syrmien
RUMÄNIEN
Belgrad
Šabac
Smederevo
Šumadija
Morava
S E R B I E N
Niš
Nišava
BULGARIEN
Banja Luka
Una
Bosna
Save
Bosnien-
Travnik
Vrbas
Sarajevo
Drina
Neretva
Herzegowina
Mostar
Zadar
Dalmatien
Split
Brač
Hvar
Korčula
ADRIATISCHES MEER
Dubrovnik
Raška
Novi Pazar
Ibar
MONTENEGRO
Metohija
Kotor
Cetinje
Skutarisee
Skutari
ALBANIEN
Priština
Kosovo
Skopje
Vardar
Mazedonien
Ohrid
Bitola
Tirana
GRIECHENLAND
ITALIEN
Neapel
Bari

land Dalmatien breitete sich zu Beginn des 20. Jahrhunderts die Idee einer kroatisch-serbischen Zusammenarbeit aus. In der »Erklärung von Korfu« bekannten sich slowenische, kroatische und serbische Politiker 1917 zur Gründung eines gemeinsamen »Königreichs der Serben, Kroaten und Slowenen« unter der serbischen Dynastie Karadjordjević. Nach dem Ende des Ersten Weltkrieges ist der erste südslawische Staat 1918 formell konstituiert worden.

Wenn man die Gründung des ersten jugoslawischen Staates auch nicht per se als mißglückt bezeichnen kann, erwuchsen doch aus der Fusion der so verschiedenen historischen Teilregionen neben politischen auch beträchtliche soziale und ökonomische Integrationsprobleme.[2] Verschiedenste Rechts- und Verwaltungsstrukturen, Währungs- und Wirtschaftssysteme mußten einander angepaßt werden, und ehedem separierte Waren- und Arbeitsmärkte sollten zu einer gemeinsamen südslawischen Nationalökonomie verschmelzen. Darüber hinaus erhob sich die Frage, ob und nach welchem Proporz die Völker die Macht unter sich aufteilen könnten – neben dem steilen sozialökonomischen Entwicklungsgefälle, das das Land von Nordwesten nach Südosten durchzog, vielleicht die schwerste Hypothek des südslawischen Staates.[3]

Nach anfänglichem Tauziehen um die innere Ordnung erhielt der Staat auf Betreiben von serbischen Politikern 1921 eine zentralistische Verfassung, die jedoch Gegenstand permanenter politischer Auseinandersetzungen blieb. In Einklang mit der Ideologie vom nationalen Unitarismus, nach der die Völker Jugoslawiens eine einzige, jedoch »dreinamige Nation« bildeten, sicherte diese Verfassung den Serben eine deutliche Vorrangstellung und ermöglichte die

2 Holm Sundhaussen, Geschichte Jugoslawiens 1918-1980, Stuttgart etc. 1982, S. 34ff.

3 Wolfgang Höpken, Die Unfähigkeit zusammenzuleben, in: Josip Furkes/Karl-Heinz Schlarp (Hg.), Jugoslawien: Ein Staat zerfällt, Reinbek bei Hamburg 1991, S. 32-62.

»Dauermajorisierung« (Sundhaussen) der anderen Nationalitäten. Faktisch besiegelt wurde die Hegemonie Serbiens, als der Monarch Alexander Karadjordjević am 6. Januar 1929 die parlamentarische Verfassung außer Kraft setzte und zunächst die Königsdiktatur einführte, später ein autoritäres Regime oktroyierte. Der nun in »Königreich Jugoslawien« umbenannte Staat wurde ohne Berücksichtigung der historischen und ethnischen Gegebenheiten in neun Verwaltungsgebiete (Banschaften) aufgeteilt, deren Zuschnitt in sechs von ihnen eine serbische Bevölkerungsmehrheit garantierte.[4]

Der serbisch-kroatische Konflikt gefährdete in wachsendem Maße die innere Stabilität des Vielvölkerstaats. Obwohl die Regierung schließlich 1939 mit der kroatischen Opposition ein Abkommen (*sporazum*) schloß, das Kroatien Verwaltungsautonomie gewährte, konnten die nationalen Gegensätze vor Ausbruch des Zweiten Weltkrieges nicht überbrückt werden. Am 6. April 1941 griff Deutschland den jugoslawischen Staat an, der bereits nach wenigen Tagen kapitulierte. Zwischen 1941 und 1945 zerfiel das Land in eine Reihe besetzter und annektierter Territorien bzw. scheinbar unabhängiger Staaten. Im Widerstand gegen die Willkür- und Terrorherrschaft der Besatzer bzw. der quasi-selbständigen Regime, der viele Hunderttausend Menschen zum Opfer fielen, formierte sich in allen Landesteilen eine multinationale kommunistische Partisanenbewegung, deren Führer nach Ende des Zweiten Weltkrieges die Macht übernahmen.

Obwohl der 1941 von Deutschland zerschlagene jugoslawische Staat nach dem Zweiten Weltkrieg als sozialistische Bundesrepublik restituiert wurde, lebte der Streit zwischen Föderalisten und Zentralisten sogleich wieder auf. Seit 1946 gliederte sich Jugoslawien in die sechs Republiken Slowenien, Kroatien, Bosnien-Hercegovina, Serbien, Montenegro und Makedonien. Innerhalb Serbiens entstanden die

4 Sundhaussen, Geschichte Jugoslawiens, S. 78.

beiden autonomen Provinzen Vojvodina und Kosovo. Schlagworte wie »demokratischer Zentralismus«, »sozialistischer Patriotismus« und »Brüderlichkeit und Einheit« verschleierten, daß die Völker und Republiken kaum reale Mitspracherechte in der Bundespolitik besaßen. Erst unter dem Druck wachsender regionaler und nationaler Selbständigkeitsbestrebungen wurden Partei und Staat seit Ende der sechziger Jahre schrittweise föderalisiert. Die Verfassung von 1974 gewährte den Republiken und autonomen Provinzen schließlich so weitgehende Kompetenzen, daß man gelegentlich von einer Überföderalisierung des jugoslawischen Systems gesprochen hat. Die in den achtziger Jahren verstärkte Anhäufung von Macht und Ressourcen in den regionalen Subzentren Jugoslawiens bildete dann auch die praktische Voraussetzung dafür, daß die Republiken sowohl politisch als auch wirtschaftlich sich immer weiter auseinanderentwickelten und schließlich an der Jahreswende 1989/90 den jugoslawischen Staatsverband sprengten.

Heute sind an die Stelle des föderativ verfaßten Vielvölkerstaates sechs formal unabhängige und souveräne Republiken getreten, deren politische Führungen fast ausnahmslos dem Ideal ethnisch homogener und zentral verwalteter Nationalstaaten anhängen.[5] Ihre Legitimität leiten sie aus dem Nationalstaatspostulat und dem völkerrechtlich garantierten Prinzip der Selbstbestimmung ab, obwohl die ehemaligen Teilrepubliken Jugoslawiens in sich selbst wieder kleine Vielvölkergebilde darstellen. Vor Ausbruch des Krieges machten die Slowenen rund 90% der Bevölkerung Sloweniens aus; in Kroatien lag der Anteil der Kroaten bei 75%, in Serbien stellten die Serben etwa 66%. Die Makedonier erreichten kaum 67%, die Montenegriner gut 68% des Bevölkerungsanteils »ihrer« Republik (vgl. Tab. 1). Die bunteste Mischung ergab sich in Bosnien-Hercegovina, wo

5 Slowenien, Kroatien, Bosnien-Hercegovina, Serbien, Montenegro und Makedonien. Serbien und Montenegro haben sich zu einer neuen jugoslawischen Föderation, der Bundesrepublik Jugoslawien, zusammengeschlossen.

Tabelle 1: Nationale Zusammensetzung der Bevölkerung nach Republiken 1981

	Jugoslawien		Kroatien		Bosnien-Hercegovina		Makedonien		Slowenien		Montenegro		Serbien Insgesamt		Serbien Eng. Serbien		Serbien Vojvodina		Serbien Kosovo	
	in Tsd.	in v. H.	in Tsd.	in v. H.	in Tsd.	in v. H.	in Tsd.	in v. H.	in Tsd.	in v. H.	in Tsd.	in v. H.	in Tsd.	in v. H.	in Tsd.	in v. H.	in Tsd.	in v. H.	in Tsd.	in v. H.
Serben	8141	**36,3**	531	11,5	1321	32,0	45	2,4	43	2,3	19	3,3	6182	**66,4**	4865	**85,4**	1108	**54,4**	209	13,2
Kroaten	4428	19,7	3455	**75,1**	758	18,4	3	0,2	56	3,0	7	1,2	149	1,6	31	0,5	109	5,4	9	0,6
Muslime	2000	8,9	24	0,5	1630	**39,5**	40	2,1	13	0,7	78	13,4	215	2,3	152	2,7	5	0,2	58	3,7
Slowenen	1754	7,8	25	0,5	3	0,1	1	0,1	1712	**90,5**	1	0,2	12	0,1	8	0,1	4	0,2	0	0,0
Makedonier	1342	6,0	5	0,1	2	0,0	1281	**67,0**	3	0,2	1	0,2	49	0,5	29	0,5	19	0,9	1	0,1
Montenegriner	579	2,6	10	0,2	14	0,3	4	0,2	3	0,2	401	**68,7**	147	1,6	77	1,4	43	2,1	27	1,7
Albaner	1731	7,7	6	0,1	4	0,1	378	19,8	2	0,1	38	6,5	1303	14,0	72	1,3	4	0,2	1227	**77,5**
Ungarn	427	1,9	25	0,5	1	0,0	0	0,0	10	0,5	0	0,0	391	4,2	5	0,1	386	19,0	0	0,0
Roma	169	0,7	4	0,1	7	0,2	43	2,2	2	0,1	2	0,3	110	1,2	57	1,0	19	0,9	34	2,1
Türken	101	0,5	0	0,0	0	0,0	87	4,6	0	0,0	0	0,0	14	0,2	1	0,0	0	0,0	13	0,8
Sonstige Minderheiten	338	1,5	56	1,2	14	0,3	11	0,6	8	0,4	2	0,3	249	2,7	83	1,5	165	8,1	9	0,0
Jugoslawen	1219	5,4	379	8,2	826	7,9	14	0,7	26	1,4	31	5,3	442	4,7	272	4,8	167	8,2	3	0,2
ohne Angaben, Unbekannt	200	0,9	82	1,8	44	1,1	7	0,3	14	0,7	4	0,7	51	0,5	43	0,8	6	0,3	1	0,1
Insgesamt	22428	100,0	4602	100,0	4124	100,0	1912	100,0	1892	100,0	584	100,0	9314	100,0	5695	100,0	2035	100,0	1584	100,0

1991 44% Muslime, 31% Serben und 17% Kroaten zu Hause waren. Schon insofern bedurfte es nur geringer prognostischer Fähigkeiten, um zu erkennen, daß die endgültige Delegitimierung des ethnisch-pluralen Nationalstaatsmodells in der Ära Tito und die Übernahme ethnisch-exklusiver Ideologien im Vielvölkerstaat Jugoslawien fatale Konsequenzen haben würde.

Allein aus der Tatsache, daß Siedlungsräume und historisch-politische Einheiten der Völker Jugoslawiens nie kongruent waren, resultierten diverse Konflikte. Die auf das Selbstbestimmungsrecht gründende Transformation des multiethnischen Föderalstaats in ein System unabhängiger Nationalstaaten warf fast zwangsläufig die Frage nach der Legitimität der alten Grenzen auf. Sollten zukünftig ethnische oder historisch-politische Gestaltungskriterien die postjugoslawische Staatenordnung prägen? Und welche der mehr als zwanzig ethnischen Gemeinschaften durften überhaupt als staatsbildende Nationen gelten und eigene Herrschaftsgebilde konstituieren? Schließlich hat sich das Verständnis, welche Merkmale eine Nation bestimmen – nicht nur im südslawischen Raum –, durch die Jahrhunderte mehrfach gewandelt. Ein konsistenter Kriterienkatalog existiert bis heute nicht.

2. *Völker, Sprachen und Kulturen*

Man hat immer wieder versucht, das eigentlich Trennende der südslawischen Völker auf unterschiedliche zivilisatorische und kulturelle Prägungen zurückzuführen. Schon in den zwanziger und dreißiger Jahren begannen Soziologen und Anthropogeographen Raumstrukturen, Zivilisationen und mentale Dispositionen in kausalen Zusammenhängen zu deuten.[6] In neuester Zeit wurden diese ethnopsychologi-

6 Jovan Cvijić, Balkansko poluostrvo i južnoslovenske zemlje. Osnovi antropogeografije, Beograd 1966; Vladimir Dvorniković, Karakterologija Jugoslo-

schen und kulturologischen Ansätze wiederentdeckt, um die Genese des jugoslawischen Krieges zu erklären.[7]

Eine stereotype Erklärung des jugoslawischen Krieges verweist auf den Gegensatz der westlich-katholischen und der östlich-orthodoxen bzw. islamischen Zivilisationen. Ihre Grenze, die mitten durch jugoslawisches Staatsgebiet verläuft, markiere eine quasi natürliche Konfliktlinie. In Anlehnung an Samuel P. Huntington, der den »clash of civilizations« als vorherrschendes Konfliktmuster der Zukunft beschwor, wurde der jugoslawische Krieg zum Kampf der Kulturen stilisiert.[8] Vor allem nationalbewußte Politiker und Wissenschaftler aus der Region bemühen sich um den Nachweis, daß die nationalistischen Konflikte der Gegenwart lediglich das Resultat eines in Geschichte und Kultur der südslawischen Völker verankerten Gegensatzes darstellten. Schenkte man ihnen Glauben, könnte man den Ursprung des jugoslawischen Krieges mindestens bis in das Mittelalter zurückverfolgen.

An dieser These ist so viel richtig, daß die Gründung des ersten jugoslawischen Staates nicht nur unterschiedlichste ethnische Gruppierungen, sondern auch jahrhundertelang voneinander getrennte Kulturräume zusammenführte. Den Regionen nördlich der Flußläufe von Una, Save und Donau, wo die Slowenen, Kroaten und ein Teil der Serben zu Hause waren, hatten die österreichisch-ungarische Herrschaft und die westkirchliche Zivilisation ihren Stempel aufgedrückt, wobei im adriatischen Küstenland auch romanisch-venezianische Elemente hinzutraten. Südlich von Donau und Save,

vena, Beograd 1939; Nikola Djonović, Rad i karakter Crnogoraca, Beograd 1935; Dušan Nedeljković, O psihičkom tipu Južnosrbijanaca, Beograd 1929.

7 Heinz-Jürgen Axt, Die Befreiung der Kulturen. Europas Kulturkreise nach dem »Ende der Systeme«, in: Südosteuropa Mitteilungen 33 (1993) 1, S. 1-13; Klaus Roth, Abwendung von Europa? Über die ethnologische Dimension des jugoslawischen Konflikts, unveröff. Manuskript, München 1993; Ronald Grossarth-Maticek, Der Haß auf dem Balkan. Die psychokulturellen Wurzeln des jugoslawischen Bürgerkrieges, in: Psychologie heute (1992) 3, S. 46-51.

8 Samuel P. Huntington, The Clash of Civilizations, in: Foreign Affairs 72 (1993) 3, S. 22-49.

der Heimat der Serben, Montenegriner, Muslime und Makedonier, koexistierten dagegen altbalkanische, byzantinische und ostkirchliche Kultureinflüsse, zum Teil ergänzt durch islamische Traditionen. Die in Jugoslawien lebenden (slawischen und nichtslawischen) Völkerschaften blickten daher auf recht unterschiedliche historische Erfahrungen zurück. Zum Teil besaßen sie sozialkulturelle und konfessionelle Eigenheiten, sogar eigenständige Schriftsprachen.

Anders als die Anhänger der Kulturkampf-These suggerieren, waren die Grenzen zwischen den Großreichen, zwischen den Kulturen und Religionen jedoch nirgends hermetisch geschlossen, und an vielen Stellen bildeten sich, wie im Bereich der Militärgrenze, klassische Übergangsräume. In anderen südosteuropäischen Regionen, wie in Bosnien-Hercegovina, entwickelten sich multiethnisch, -konfessionell und -kulturell geprägte regionale Identitäten.

Auch weil sich die Kulturen, Religionen und Zivilisationen im Verlauf der Jahrhunderte wandelten, lassen sich die nationalistischen Konflikte der Gegenwart nicht deterministisch aus der Vergangenheit herleiten. Ethnologische Eigenheiten, wie prämoderne Einstellungen zu Zeit und Geschichte, patriarchalische Wertorientierungen, vermeintlich kulturspezifische Mentalitäten und Kommunikationsformen, die man gelegentlich als für die Konflikthaftigkeit des Raumes als ursächlich betrachtet hat, entpuppen sich häufig als »nichts anderes als psychologisch getarnte Vorurteile und projektive Phantasien«.[9]

Aus dem ethnischen Substrat der südslawischen Stämme, die sich im frühen Mittelalter in Südosteuropa niedergelassen hatten, formierten sich erst in der frühen Neuzeit die Vorläufer der staatsbildenden Völker Jugoslawiens. Die im ersten Drittel des 19. Jahrhunderts in den historischen Regionen phasenverschoben einsetzenden nationalen Integra-

9 Paul Parin, Das Bluten aufgerissener Wunden. Ethnopsychoanalytische Überlegungen, in: Alexandra Stiglmayer (Hg.), Massenvergewaltigung. Krieg gegen Frauen, Freiburg 1993, S. 57-84, hier S. 58f.

tionsprozesse sind zum Teil bis heute noch nicht vollendet. »Die scheinbar simple Frage, in wie viele Nationen und Nationalitäten sich die Bewohner Jugoslawiens untergliederten, läßt sich nicht eindeutig beantworten.«[10]

Nach Peter Alter ist eine Nation »eine soziale Gruppe (ein Volk bzw. die Schicht eines Volkes), die sich aufgrund vielfältiger historisch gewachsener Beziehungen sprachlicher, kultureller, religiöser oder politischer Art ihrer Zusammengehörigkeit und besonderen Interessen bewußt geworden ist. Sie stellt die Forderung nach politischer Selbstbestimmung oder hat diese Forderung im Rahmen eines Nationalstaates bereits verwirklicht.«[11] Damit ist aber noch nicht gesagt, daß es einen allgemein verbindlichen Kriterienkatalog gibt, auf den sich nationale Identitätsfindung generell gründet. Harald Haarman beispielsweise konnte zeigen, daß die Bestimmungsfaktoren ethnischen Abgrenzungsbewußtseins von Fall zu Fall sogar erheblich variieren.[12] Nicht nur Sprache, Kultur, Geschichte oder Abstammung können zur nationalen Vergemeinschaftung beitragen, sondern auch konfessionelle, demographische und sozialstrukturelle Befindlichkeiten, ja sogar siedlungsgeschichtliche oder geographische Gegebenheiten. Diese ökologischen und ethnosoziologischen Variablen bilden ein Netzwerk, das von Gruppe zu Gruppe andere Muster aufweist und das darüber hinaus permanenten Wandlungen unterworfen ist. In diesem Sinne läßt sich auch keine Rangordnung mehr oder weniger wichtiger Bausteine nationaler Identitätsbildung aufstellen. So ist es mal die Sprache, mal die Konfession, auf die das Nationsverständnis rekurriert. Und: Wesentlich ist nicht, ob ethnische Trennlinien (wie Sprach- und Kulturunterschiede) tatsächlich bestehen, sondern ob sie als solche

10 Holm Sundhaussen, Experiment Jugoslawien. Von der Staatsgründung bis zum Staatszerfall, Mannheim etc. 1993, S. 9.
11 Peter Alter, Nationalismus, Frankfurt a. M. 1985, S. 23.
12 Harald Haarman, Kriterien der ethnischen Identität, in: Language Problems and Language Planning 7 (1983), S. 21-42.

verstanden werden. Anders ausgedrückt, muß sich die subjektive Selbstdefinition nicht unbedingt mit objektiven Abgrenzungskriterien decken.

Obwohl Politiker und Ideologen der Gegenwart das Bestehen ihrer Nationen oft bis in graue Vorzeit rückprojizieren, herrscht heute wissenschaftlich Konsens, daß es sich bei diesen Formen ethnischer Vergemeinschaftung um relativ junge Phänomene handelt. Nationalismusforscher wie Ernest Gellner, Benedict Anderson und Eric Hobsbawm konnten zeigen, daß Nationen zwar subjektiv als universal und zeitlos empfunden werden, jedoch objektiv betrachtet neuzeitliche Erscheinungen sind.[13] Bei den südslawischen Völkern reicht der Prozeß der Nationenbildung sogar kaum weiter als in das 19. Jahrhundert zurück. Die Völker Serbiens und Kroatiens traten erst nach 1830 in die Phase der nationalen Erweckung ein, und in Bosnien-Hercegovina verzögerte sich dieser Prozeß sogar bis nach der Jahrhundertwende. Damit ist bereits angedeutet, daß Nationsbildungsprozesse selbst bei Völkern, die auf engstem Raum zusammenleben, nicht zwangsläufig synchron verlaufen. Viele unterschiedliche Variablen bestimmen, ob und in welcher Zeit ethnische Gemeinschaften ein kohärentes Zusammengehörigkeitsgefühl herausbilden. Da auch die südslawischen Völker nicht gleichzeitig in die Phase der nationalen Mobilisierung eintraten, sind einige Nationsbildungsprozesse selbst am Ende des 20. Jahrhunderts noch nicht abgeschlossen. So lebten in Jugoslawien »alte« Nationen neben »jungen«, »Sprachnationen« koexistierten mit »Konfessionsnationen«, und in vielen Fällen hat selbst die Wissenschaft keinen griffigen Terminus für die Klassifikation der Völkerschaften ersonnen. Darüber hinaus bildeten die süd-

13 Ernest Gellner, Nationalismus und Moderne, Berlin 1991 (Orig. Oxford 1983); Eric J. Hobsbawm, Nationen und Nationalismus. Mythos und Realität seit 1780, Frankfurt/New York 1991; Benedict Anderson, Die Erfindung der Nation. Zur Karriere eines folgenreichen Konzepts, Frankfurt/New York 1988.

slawischen Nationen keineswegs so homogene Gemeinschaften, wie häufig suggeriert wird: Die Kroaten lebten im 19. Jahrhundert in insgesamt sieben verschiedenen historischen Regionen und zerfielen in drei Dialektgruppen. Und auch die Serben zerstreuten sich auf mehrere zum Teil separierte Siedlungsräume. Dies- und jenseits der Drina trennte sie nicht nur die unterschiedliche geschichtliche Erfahrung, sondern auch die sprachliche Basis.

In der Zwischenkriegszeit ging man aufgrund der offiziellen unitaristischen Staatsideologie dennoch davon aus, daß die Bevölkerung Jugoslawiens eine einzige, jedoch »dreinamige Nation« (bestehend aus Serben, Kroaten und Slowenen) bilde. So wurden beispielsweise die Makedonier damals als »Südserben« bezeichnet, während die bosnischen Muslime überhaupt nur ihre Religion deklarieren durften. Erst in den vierziger Jahren wurden zunächst die Makedonier, in den sechziger Jahren auch die bosnischen Muslime als eigenständige Nationen offiziell anerkannt. Nach neuestem Verständnis zählten zu den staatsbildenden Völkern Jugoslawiens die Slowenen, Kroaten, bosnischen Muslime, Serben, Montenegriner und Makedonier. All jene, die sich ethnisch nicht zuordnen wollten oder konnten, definierten sich in der Regel als Jugoslawen oder machten keine Angaben über ihre Volkszugehörigkeit. Die übrigen galten als Nationalitäten bzw. Minderheiten.

Die sechs jugoslawischen Staatsnationen unterscheiden sich unter anderem nach Sprache und nach Konfession, aber weder die eine noch die andere bildet ein hinreichendes oder gar endgültiges Abgrenzungskriterium. Slowenen und Kroaten sind zwar beide römisch-katholischen Glaubens, bedienen sich jedoch separater Standardsprachen. Kroaten, Serben und bosnische Muslime wiederum besitzen mit dem Serbokroatischen bzw. Kroatoserbischen eine gemeinsame Kommunikationsgrundlage, gehören jedoch unterschiedlichen Konfessionsgemeinschaften an. Bei Serben und Montenegrinern, die sowohl die orthodoxe Konfession als auch die serbokroatische Sprache gemein haben, leitet sich die nationale Abgrenzung wiederum aus unterschiedlichen historischen und gesellschaftlichen Traditionen ab.

Mit dem Anwachsen der neuen nationalistischen Bewegungen und besonders nach dem Zerfall Jugoslawiens traten Bemühungen in den Vordergrund, das Sprachkriterium als herausragendes Unterscheidungsmerkmal der südslawischen Völker aufzuwerten. Viele ideologische Dispute kreisen deshalb um die Frage, ob die südslawischen Völker eine oder mehrere Sprachen sprechen. Im sozialistischen Jugoslawien waren drei Staatssprachen anerkannt: Slowenisch, Makedonisch und Serbokroatisch bzw. Kroatoserbisch. Geschrieben wurde in lateinischen oder kyrillischen Buchstaben. Während unter ernstzunehmenden Wissenschaftlern weitgehend unumstritten blieb, daß Slowenisch und Makedonisch jeweils vollgültige und eigenständige Schriftsprachen darstellen, ranken sich um die Natur des Serbokroatischen zahlreiche Kontroversen vor allem politischer Art.

In den südslawischen Ländern, später in Jugoslawien, ging man seit Mitte des 19. Jahrhunderts davon aus, daß sich Kroaten, Serben, Montenegriner und bosnische Muslime im Prinzip einer gemeinsamen Schriftsprache bedienen, die jedoch in zwei Varianten, eine westliche und eine östliche, zerfällt. Zwar sprachen diese Völker vor der Normierung der Schriftsprachen eine Vielzahl unterschiedlicher Dialekte, die sich in drei Gruppen zusammenfassen lassen: das Čakavische, Kajkavische und Štokavische. Die Bezeichnung der Dialekte ergibt sich aus der unterschiedlichen Benennung des Fragepronomens »was« (*›što‹*, *›kaj‹* oder *›ča‹*). Unter Sprachwissenschaftlern war die Zuordnung dieser Dialekte zur slowenischen, kroatischen und serbischen Sprache lange umstritten. Jedoch war klar, daß in großen Teilen Kroatiens, in Serbien, Montenegro und Bosnien Štokavisch dominierte. Die aus der Romantik erwachsene Vorstellung, daß die Südslawen *ein* Volk seien, motivierte kroatische und serbische Intellektuelle und Politiker im »Wiener Abkommen« 1850, den unter Serben und Kroaten am weitesten verbreiteten Dialekt (Štokavisch) zur Grundlage einer gemeinsamen serbischen und/oder kroatischen Schriftsprache zu machen.

Sprachwissenschaftler und Politiker, die national-exklusive Vorstellungen vertreten, waren gleichwohl um den Nachweis bemüht, daß das Serbokroatische bzw. Kroatoserbische in separate nationale Standardsprachen zerfällt und daß man vor allem »Serbisch« und »Kroatisch« als zwei völlig voneinander getrennte Sprachen zu betrachten hat. Tatsächlich gliedert sich auch das Štokavische, die Grundlage der modernen serbokroatischen Standardsprache, in drei regionale Varianten: (I)Je-kavisch, E-kavisch und I-kavisch (z. B. *mlijeko*, *mleko* und *mliko* für »Milch«). In Kroatien, Bosnien-Hercegovina und Montenegro wurde (I)jekavisch, in Serbien Ekavisch gesprochen. Da sich die Sprecher beider Varianten problemlos verständigen können, einigten sich die jugoslawischen Sprachwissenschaftler 1954 in der »Vereinbarung von Novi Sad« darauf, »Serbokroatisch« bzw. »Kroatoserbisch« als zwei Varianten einer gemeinsamen Schriftsprache zu betrachten. Einige Sprachwissenschaftler sind dennoch der Ansicht, daß man in Bosnien-Hercegovina, wo sich die westliche und die östliche Variante des Serbokroatischen überkreuzen, eine eigenständige bosnische Sprache erkennen könne.

Obwohl die Entscheidung für eine gemeinsame serbokroatische bzw. kroatoserbische (bzw. serbische oder kroatische) Schriftsprache bereits im 19. Jahrhundert fiel, wird sie heute von national orientierten Kreisen gerne mit dem titoistischen System oder dem großserbischen Hegemoniestreben identifiziert. Je mehr die nationalistischen Bewegungen Auftrieb erhielten, desto stärker wurde die Sprachenfrage politisiert. Distinkte Nationalsprachen sollen als Legitimationsbasis der Eigenstaatlichkeit fungieren, und sofern sie noch nicht existierten, mußten sie eben geschaffen werden. Nach dem Zerfall Jugoslawiens wurden in Kroatien und in Serbien Rechtschreibreformen in die Wege geleitet; hier wie dort sind neue Grammatiken und Wörterbücher erschienen. Neuerdings soll auch eine eigenständige muslimische Schriftsprache kodifiziert werden. Für die Beobachtung Eric Hobsbawms, daß sich die Zahl der Nationalsprachen mit der Entstehung neuer Staaten vermehre und nicht etwa reduziere, bietet das jugoslawische Beispiel reichhaltiges Anschauungsmaterial.

Die nationale Differenzierung von Kroaten, Serben und bosnischen Muslimen, der drei Völker, die im folgenden im Vordergrund stehen, basierte nicht primär auf sprachlichen, sondern auf konfessionellen Merkmalen. Denn sowohl im Osmanischen Reich als auch in Österreich-Ungarn besaßen einige Völker zwar Religionsfreiheit und innerkirchliche Autonomie, nicht jedoch ständische Vertretungsrechte. Solange ihnen die politische Repräsentation versagt blieb, übernahmen die Kirchen die Funktion der Interessenartikulation.

So ermöglichte das Millet-System im Osmanischen Reich den nichtislamischen Glaubensgemeinschaften, selbständig rechtliche, wirtschaftliche und administrative Aufgaben wahrzunehmen. Aus der Kultur- und Verwaltungsautonomie entstanden eigene, religionsspezifische Organisationsstrukturen und Lebensweisen, der Kristallisationskern kollektiver Identitäten. Als Träger des gesamten kulturellen, religiösen und politischen Lebens spielte die orthodoxe Kirche bei den Serben, die katholische Kirche bei den Kroaten die zentrale Rolle für die Herausbildung ihres nationalen Selbstverständnisses. Beide Kirchen haben sich bis in die neueste Zeit stets als Hüter nationaler Bewußtseinsformen profiliert. Lange Zeit wurde die kroatische Nation daher mit dem Katholizismus, die serbische mit der Orthodoxie identifiziert.

Schon im Zeitalter der nationalen Erweckung des 19. Jahrhunderts wurden die religiösen jedoch schrittweise in ethnisch-nationale Kategorien umgedeutet.[14] Besonders nach dem Zweiten Weltkrieg ging der Anteil der Gläubigen überall stark zurück; nur eine Minderheit der Jugoslawen bezeichnete sich Ende der achtziger Jahre noch als religiös im klassischen Sinn.[15] Die Kroaten waren nur noch zu 53%, die Serben zu 34% gläubig.[16] Gleichzeitig entfernte sich das nationale immer weiter vom religiösen Bekenntnis. 1994 waren beispielsweise zwei Drittel der Serben der Ansicht, daß sich auch Ungläubige oder Angehörige anderer als der orthodoxen Kirche als der serbischen Nation zugehörig betrachten dürften.[17] Die »Konfessionsnation« (Emanuel Turczynski) kann man daher als mittlerweile überwundene Zwischenstufe auf dem Weg von einem religiöse Merkmale betonenden Volksbewußtsein hin zu politisch bezogenen Formen der Gruppensolidarisierung betrachten, was – nicht weniger als für Serben und Kroaten – auch für die bosnischen Muslime gilt.

Der Ursprung der bosnischen Muslime löste zahlreiche heftige und stark ideologisch geprägte Kontroversen aus. Im allgemeinen gelten sie als Nachfahren jener Südslawen, die während der Türkenherrschaft zum Islam konvertiert waren, um politische und wirtschaftliche Privilegien zu erlangen. Serbische und kroatische Wissenschaftler haben deshalb immer wieder die These vertreten, daß die bosnischen Muslime in Wahrheit islamisierte Kroaten bzw. Serben seien.[18] Nach einer anderen, vor allem von nationalbewußten Muslimen vertretenen Auffassung gibt es ein autochthones Volk der Bošnjaken, das vorwiegend aus den

14 Nikola Dugandžija, Religija i nacija, Zagreb 1983, S. 175 ff.

15 Dragomir Pantić, Klasična i svetovna religioznost, Beograd 1988.

16 Dragomir Pantić, Religioznost gradjana Jugoslavije, in: Institut društvenih nauka/Centar za politikološka istraživanja i javno mnenje (Hg.), Jugoslavija na kriznoj prekretnici, Beograd 1991, S. 241-257, hier S. 247.

17 Brat je mio ..., in: NIN, 15. 7. 1994, S. 22 f.

18 Srećko M. Džaja, Die »Bosnische Kirche« und das Islamisierungsproblem Bosniens und der Herzegowina in den Forschungen nach dem Zweiten Weltkrieg, München 1978.

Bogumilen hervorging, jenen Häretikern also, die im Schatten des west-östlichen Kirchenkampfes am Ende des 12. Jahrhunderts einer eigenständigen Glaubenslehre anhingen, die westliche mit östlichen Varianten des mittelalterlichen Ketzertums dualistischer Prägung verband. Heute erscheint gesichert, daß sich die neu entstehende Schicht der bosnischen Muslime aus Angehörigen aller Konfessionsgemeinschaften rekrutierte.[19]

Aufgrund ihrer Privilegien bildeten die Muslime nicht nur spezifische Kulturformen und Lebensweisen aus, sondern auch ein Abgrenzungsbedürfnis. Mit gewisser zeitlicher Verzögerung gegenüber den anderen Südslawen begannen sich am Ende des 19. Jahrhunderts schließlich sogar Ansätze eines bosnisch-muslimischen Volksbewußtseins zu artikulieren.[20] Das Bemühen der bosnisch-muslimischen Elite um die formale Etablierung einer eigenständigen Nation wurde jedoch erst nach dem Zweiten Weltkrieg belohnt: Im sozialistischen Jugoslawien wurden sie als staatstragendes Volk anerkannt. 1961 erhielten sie erstmals die Möglichkeit, sich bei der Volkszählung als »Muslim im ethnischen Sinne« zu bekennen. Vorher hatten sie lediglich die Wahl zwischen den Kategorien »muslimischer Serbe«, »muslimischer Kroate« und »national nicht erklärter Muslim«. In den sechziger Jahren wurde ihr Status als staatstragende Nation in den Verfassungen Bosnien-Hercegovinas und Jugoslawiens verankert.[21]

Obwohl die Bezeichnung »bosnische Muslime« religiöse Konnotationen weckt, definiert sich diese Gemeinschaft

19 Srećko M. Džaja, Konfessionalität und Nationalität Bosniens und der Herzegowina, München 1984.

20 Viktor Meier, Bosnien und seine Muslime als Sonderproblem des Vielvölkerstaates, in: Roland Schönfeld (Hg.), Nationalitätenprobleme in Südosteuropa, München 1987, S. 125-131.

21 Wolfgang Höpken, Die jugoslawischen Kommunisten und die bosnischen Muslime, in: Andreas Kappeler/Gerhard Simon/Georg Brunner (Hg.), Die Muslime in der Sowjetunion und in Jugoslawien. Identität–Politik–Widerstand, Köln 1989, S. 181-210.

heute weitgehend säkular. Ähnlich wie Serben und Kroaten sind keineswegs alle Muslime gläubig: Ende der achtziger Jahre waren es rund 37%.[22] Bei der Bezeichnung »bosnische Muslime« handelt es sich also um eine ethnische, nicht lediglich um eine religiöse Kategorie, auch wenn Tito mit der Aufwertung zum Staatsvolk das Kalkül verband, den kroatisch-serbischen Antagonismus durch die Stärkung der Mittlerrepublik Bosnien-Hercegovina und seiner Bewohner zu neutralisieren.[23] In neuester Zeit wird versucht, die unter österreichischer Herrschaft gebräuchliche Bezeichnung »Bošnjaken« zu neuem Leben zu erwecken. Sie soll signalisieren, daß die ethnische Vergemeinschaftung nicht primär konfessionell, sondern nach dem Prinzip »ein Staat – ein Volk« auch geographisch und genuin national fundiert ist.

3. Das gescheiterte Experiment: Jugoslawien zerfällt

Das »Experiment Jugoslawien« startete 1918 unter extrem schwierigen Bedingungen. Das Land hatte nicht nur erhebliche Kriegszerstörungen erlitten, es trug auch schwer an den aus dem 19. Jahrhundert ererbten Modernisierungsdefiziten. Die strukturelle Armut gehört neben dem steilen regionalen Entwicklungsgefälle und der ethnisch-konfessionellen Pluralität des Landes zu den Problemen, die den Staat seit seiner Gründung am schwersten belasteten und die er trotz der Anstrengungen mehrerer Jahrzehnte nur ansatzweise überwand.

22 Pantić, Religioznost gradjana Jugoslavije, S. 247.

23 Wie die bosnischen Muslime sind auch einige andere slawische Gruppen, etwa die makedonisch- bzw. serbokroatischsprechenden Torbeši und Čtaci in Makedonien oder die Gorani im Kosovo, den ethnischen Muslimen zuzurechnen. Neben den ethnischen Muslimen lebten in Jugoslawien auch konfessionelle Muslime, wie die Albaner und Türken. Vgl. Marie-Paule Canapa, L'islam et la question des nationalités en Yougoslavie, in: Olivier Carré/Paul Dumont (Hg.), Radicalismes islamiques, Bd. 2, Paris 1986, S. 100-150.

Im ersten wie im zweiten Jugoslawien veränderten sich die seit der staatlichen Gründungsphase vorhandenen Integrationsprobleme in der Substanz kaum. Immer wieder entzündeten sich Identitätskonflikte an der Frage, welche Völkerschaften als staatstragende Nationen Jugoslawiens gelten durften und auf welche Weise sie ihren politischen Partizipationsanspruch verwirklichen sollten. Es dauerte lange, bis sich ein überkonfessionelles bzw. -ethnisches Staatsbewußtsein herausbilden konnte: Anfänglich wurde der südslawische Staat nur teilweise von seinen Einwohnern akzeptiert. Konflikte um die Verteilung von Macht und Herrschaft traten hinzu, die im nie beigelegten Streit zwischen Föderalisten und Zentralisten zusammenliefen. Und aus dem regionalen Wohlstandsgefälle entstanden diverse soziale und wirtschaftliche Verteilungskämpfe zwischen den ärmeren und reicheren Landesteilen, die selbst in Phasen relativer Prosperität nicht abflauten. Nach dem Zweiten Weltkrieg traten von der rapiden Industrialisierung ausgelöste Modernisierungskonflikte, wie der um die Verteilung der Aufstiegschancen, hinzu. Unter den Vorzeichen einer veränderten weltpolitischen Situation und einer sich rapide verschärfenden Wirtschaftskrise wurden diese Auseinandersetzungen vor allem ab Mitte der achtziger Jahre immer häufiger entlang ethnischer Linien artikuliert und später in nationale Kategorien umgedeutet.

Zu Beginn der zwanziger Jahre waren noch fast 80% der jugoslawischen Bevölkerung in der Landwirtschaft tätig, mehr als die Hälfte der über Zehnjährigen waren Analphabeten. Obwohl der wirtschaftliche und soziale Aufholprozeß in den zwanzig Jahren zwischen den Weltkriegen gewisse Fortschritte machte, lag der Anteil der landwirtschaftlichen Bevölkerung selbst 1948 noch bei 67,2%; 42% der Jugoslawen hatten gar keine, weitere 46% lediglich eine vierjährige Schulbildung genossen. Schon in den zwanziger und dreißiger Jahren hatte die Frage, auf welchem Wege die strukturelle Armut des Landes überwunden werden könnte, ob eher die Förderung der Landwirtschaft oder die der Gewerbe im Vordergrund stehen sollte, die nationalen Eliten gespalten. Aber erst nach dem Zweiten Weltkrieg wurde der Streit zugunsten einer staatlich forcierten Industrialisierung entschieden. Den Anhängern der sozialistischen Modernisierungsstrategie schien der Wirtschaftsboom der fünfziger und sechziger Jahre zunächst Recht zu geben: In nur wenigen Jahrzehnten zeichnete sich ein tiefgreifender und irreversibler Strukturwandel ab. 1981 war die Zahl der im Agrarsektor Beschäftigten auf rund 20% gesunken, die Analphabetenrate schrumpfte auf 9,5%.[24]

Obwohl alle Landesteile Jugoslawiens nach 1945 von einer Wachstumsdynamik bislang nicht gekannten Ausmaßes erfaßt wurden und ein beachtliches Stück auf der Wohlstandsleiter nach oben kletterten, gelang es dem Staat nicht, die tieferliegenden, strukturellen Defizite seiner Volkswirtschaft zu überwinden. Fehlinvestitionen, technologischer Rückstand, Mißwirtschaft und Bürokratisierung waren dafür verantwortlich, daß sich bereits Mitte der sechziger Jahre erste Anzeichen einer ökonomischen Stagnation bemerkbar machten.[25] Das in diesen Jahren ausgebaute System der Selbstverwaltung zerlegte die vordem geschlossenen Produktionszusammenhänge in unabhängig planende und wirtschaftende Einheiten und setzte eine weitreichende ökonomische Desintegration in Gang. Und da der Großteil der Investitionen durch ausländische Kapitalquellen finanziert wurde, war darüber hinaus auch die Schuldenkrise programmiert.

Trotz des gewaltigen Entwicklungsschubs der ersten Nachkriegsjahrzehnte blieben die tieferliegenden Strukturen der jugoslawischen Gesellschaft von der Modernisierung unberührt. Ethnologen und Kulturanthropologen konnten zeigen, wie trotz der Übernahme westlicher Fortschrittselemente zahlreiche traditionelle Kulturmerkmale wie die Fa-

24 Savezni zavod za statistiku, Jugoslavija 1945-1985, Beograd 1986, S. 198ff.
25 Kosta Mihajlović, Ekonomska stvarnost Jugoslavije, Beograd 1981.

milienstrukturen oder das Klientelsystem überlebten. Einige Wissenschaftler haben daher von »symbolischer Modernisierung« gesprochen.[26]

Auch die regionalen Disparitäten konnten die Kommunisten nur ansatzweise einebnen. Als 1918 der Staat der Serben, Kroaten und Slowenen entstand, differierte die Analphabetenrate regional zwischen 9% und 90%, eine Kluft, die in den folgenden Jahrzehnten nur mühsam überbrückt wurde. Noch 1981 schwankte die Quote zwischen 0,8% (Slowenien) und 17,6% (Kosovo).[27] Das schroffe sozialökonomische Entwicklungsgefälle produzierte harte Verteilungskämpfe zwischen den Republiken und Nationen des Vielvölkerstaats. Vor allem aber hinterließ der von der kommunistischen Führung angestrebte Lastenausgleich zwischen den ärmeren und reicheren Regionen, wie schon die Wirtschafts- und Finanzpolitik im königlichen Jugoslawien, auf allen Seiten ein permanentes Gefühl der Benachteiligung. Während die weniger entwickelten Landesteile stets größere Anstrengungen bei der finanziellen Umverteilung forderten, beklagten die Wohlhabenderen immer wieder ihre wirtschaftlichen Verluste. Die der jugoslawischen Staatskonstruktion aus historischen Gründen immanenten Verteilungskonflikte gewannen vor dem Hintergrund der seit Mitte der sechziger Jahre abnehmenden ökonomischen Dynamik und einer rapide sinkenden Produktivität zunehmend an Schärfe. Immer weniger Menschen waren bereit, ihren Wohlstand zu teilen.

Aber schon Mitte der sechziger Jahre hatten die Republikführungen begonnen, stärker gegen die Bundespolitik zu opponieren. Wirtschaftliche Verteilungskämpfe und die Artikulation nationaler Interessen standen dabei in unmit-

26 Klaus Roth, Wie »europäisch« ist Südosteuropa?, Zum Problem des kulturellen Wandels auf der Balkanhalbinsel, in: N.-A. Bringéus etc. (Hg.), Wandel der Volkskultur in Europa, Bd. 1, Festschrift für G. Wiegelmann, Münster 1988, S. 219-231.

27 Savezni zavod za statistiku, S. 199.

telbarem Zusammenhang.[28] Zu der langjährigen Verbitterung über die vermeintliche Mißachtung der nationalen und kulturellen Interessen traten wirtschaftliche und soziale Ängste. Die von Tito durchaus als notwendig erkannte Reform von Ökonomie und Gesellschaft führte Ende der sechziger Jahre zu einer Aufwertung der jugoslawischen Teilrepubliken. Seit 1969 wurden die Mitglieder des Parteipräsidiums und seines Exekutivbüros nach einem festen Republikenproporz ernannt. Alle zentralen Machtorgane des Bundes wurden paritätisch mit Repräsentanten der Föderalstaaten besetzt, während die Führungsposten unter den Republiken jährlich rotierten. Die beispiellose Föderalisierung des Parteiapparates setzte sich auf staatlicher Ebene fort. 1971 und 1974 verabschiedete das Parlament wichtige Verfassungsänderungen, aufgrund deren alle Führungsorgane im Staat auf der Basis nationaler Parität umgebildet wurden. Allmählich wurden so die Kompetenzen des Bundes rigoros zugunsten der Bundesländer beschnitten. Nur wenige Entscheidungen (wie in der Außen- und Sicherheitspolitik, der Staatssicherheit, der Vereinheitlichung der Wirtschafts- und Sozialpolitik sowie der Rechtsordnung) blieben bei der Zentrale. In wichtigen Fragen war der Konsens aller sechs Bundesländer sowie der beiden autonomen Provinzen einzuholen, eine wesentliche Voraussetzung dafür, daß die regionalen Eliten sich immer weiter auseinanderentwickelten und schließlich die Bundespolitik gänzlich unwirksam machten.

Unter den Vorzeichen einer ernstzunehmenden Wirtschaftskrise schritten die ökonomische und die politische Desintegration Jugoslawiens insbesondere in den achtziger Jahren rasch voran.[29] Die stufenweise Fragmentierung und Segmentierung der Waren- und Dienstleistungsmärkte mündete in quasi abgeschlossene, separate Sub-Ökono-

28 Sundhaussen, Geschichte Jugoslawiens, S. 188ff.

29 Carl-Ulrik Schierup, Prelude to the Inferno, in: Balkan Forum 1 (1993) 2, S. 89-120; Marijan Korošić, Jugoslavenska kriza, Zagreb 1988.

mien bei gleichzeitiger Reduzierung der interrepublikanischen Kommunikations- und Kooperationsbeziehungen.[30] Dadurch wurden sämtliche langfristigen Entwicklungs- und Planungskonzepte unrealisierbar, alle zentralen Steuerungskapazitäten paralysiert.

Parallel fand eine weitgehende Separierung der politischen Machtstrukturen zwischen den Republiken statt. Nach dem Tode Titos am 4. Mai 1980 erwachten in allen Landesteilen nationalistische Bewegungen. 1981 kam es zu blutigen Unruhen im Kosovo, als die Albaner die Anerkennung ihrer Provinz als siebte Republik forderten, während Vertreter der Serben albanische Repressionsversuche anprangerten. Die Spannungen verschärften sich deutlich, nachdem im Mai 1986 Slobodan Milošević an der Spitze der serbischen Kommunisten den Übergang zu einer extrem national ausgerichteten Politik einleitete.[31] In Serbien wurden 1989 die Selbstverwaltungsrechte der ehemaligen autonomen Provinzen Kosovo und Vojvodina und damit die bestehenden Minderheitenrechte faktisch aufgehoben.[32] Seither erhielt der serbische Nationalismus deutlichen Auftrieb. Aber auch in anderen Republiken machten sich nationalistische Strömungen breit.

Der Wandel der weltpolitischen Lage beschleunigte die Erosion der gesamtjugoslawischen Strukturen. Das Verschwinden der Blöcke und der Zusammenbruch des Sozialismus in weiten Teilen Osteuropas zerstörten wesentliche Elemente der nach dem Zweiten Weltkrieg geformten überethnischen jugoslawischen Identität: Blockfreiheit konnte nach Ende des Kalten Krieges nicht länger als Säule des jugoslawischen Staatsverständnisses dienen, und der Bankrott der sozialistischen Systeme diskreditierte den jugoslawi-

30 Časlav Ocić, Integracioni i dezintegracioni procesi u privredi Jugoslavije, Beograd 1983

31 Vgl. die am 18. 1. 1993 begonnene Borba-Serie: Godine zapleta – decenija Slobodana Miloševića; Josip Furkes, Der unaufhaltsame Aufstieg des Slobodan Milošević, in: ders./Schlarp, Jugoslawien: Ein Staat zerfällt, S. 63-89.

32 Ustav Republike Srbije, Beograd 1992, S. 30f.

schen Sonderweg einer sozialistischen Marktwirtschaft. Der Fortfall staatlicher Identitäten beschleunigte den Rückzug in nationale und kulturelle Selbstdefinitionen. Das bis dahin von den Kommunisten propagierte Ideal der »Brüderlichkeit und Einheit« mußte der staatlich geförderten Pflege eines nationalen Abgrenzungsbewußtseins weichen.

Bis in die achtziger Jahre hinein bildete die ethnische Zugehörigkeit für die Mehrheit der Jugoslawen keineswegs die einzige oder wichtigste Identifikationsquelle. Im Gegenteil rangierten die Kategorien Nation und Religion auf den hinteren Plätzen, wenn es darum ging, Prioritäten unter verschiedenen Identitäten zu setzen. Am häufigsten wurden soziale und ökonomische Merkmale wie Beruf, Schichtzugehörigkeit und Bildungsstand genannt.[33] Viele Jugoslawen fühlten sich in erster Linie als Lehrer oder als Bauer und erst in zweiter Linie als Muslim oder Kroate.

Waren viele Menschen zufrieden oder sogar stolz auf die sozialen und materiellen Errungenschaften Jugoslawiens gewesen, ging in den achtziger Jahren ein massiver Vertrauensverlust in den südslawischen Staat vonstatten.[34] Im Gegensatz zu früheren Jahrzehnten betrachtete 1990 nur noch eine Minderheit die ethnische Vielfalt im Land als Bereicherung. Vielen Jugoslawen erschienen nun die nationale Geschichte, die eigene Sprache und Kultur von herausragender Wichtigkeit. Immer mehr Menschen betrachteten die nationale Homogenisierung ihrer Heimat »als entscheidenden Hebel, mit dem sich die Frage des persönlichen Wohlstands und Glücks lösen ließe«.[35]

Als 1990 erstmals demokratische Wahlen stattfanden, gelangten fast überall bürgerliche bzw. national orientierte Parteien und Koalitionen an die Regierung. Lediglich in

33 Ljiljana Baćević, Nacionalna svest omladine, in: Institut društvenih nauka/Centar za politikološka istraživanja i javno mnenje (Hg.), Deca krize. Omladina Jugoslavije krajem osamdesetih, Beograd 1990, S. 147-172.

34 Vgl. Milan Miljević/Nikola Poplašen, Dehomogenizacija političke kulture, in: Jugoslavija na kriznoj prekretnici, S. 132-168.

35 Ebd., S. 143f.

Serbien und Montenegro behaupteten sich die Kommunisten.[36] In Slowenien leitete das im April 1990 gewählte Parteienbündnis »Demos« eine kompromißlose Verselbständigungspolitik ein. Auch in Kroatien, wo im Frühjahr 1990 die »Kroatische Demokratische Gemeinschaft« (HDZ) unter Führung des bei Tito in Ungnade gefallenen Partisanen-Generals und Historikers Franjo Tudjman an die Macht gelangt war, zeichnete sich ein pointiert kroatozentrischer Kurs ab. Die Partei war mit der Parole angetreten, Kroatien aus dem jugoslawischen Staatsverband herauszulösen und in einen unabhängigen und souveränen Nationalstaat umzuwandeln.

Der faktischen Auflösung Jugoslawiens gingen Monate einer sich rasch beschleunigenden Erosion aller staatlichen Strukturen voraus, die an der Jahreswende 1989/90 die Bundesgewalten total lähmte.[37] Die Desintegration Jugoslawiens ließ sich nicht nur in den politischen Gremien, sondern auch auf rechtlicher, wirtschaftlicher und militärischer Ebene beobachten.[38] Ende der sechziger Jahre hatte es die radikale Föderalisierung der jugoslawischen Verfassung ermöglicht, daß einzelne Republiken mit Hilfe des Vetorechtes die Bundespolitik direkt blockieren konnten.[39] Hieraus resultierte bereits in den achtziger Jahren eine weitreichende Handlungsunfähigkeit der Bundesorgane, und dies vor allem, seit die immer drängendere Frage nach der Reformierbarkeit des politischen Systems die jugoslawische Parteielite in zwei Lager spaltete: Während die slowenischen Reformkommunisten auf die Einführung einer parlamenta-

36 Jens Reuter, Jugoslawien im Umbruch, in: Aus Politik und Zeitgeschichte, B 45/1990, S. 3-15; ders., Jugoslawien vor dem Zerfall, ebd., B 14/1992, S. 3-12.

37 Lenard J. Cohen, Broken Bonds. The Disintegration of Yugoslavia, Boulder etc. 1993.

38 John Zametica, The Yugoslav Conflict, London 1992 (IISS, Adelphi Papers; 270); Paul Garde, Vie et mort de la Yougoslavie, Paris 1992; Wolfgang Libal, Das Ende Jugoslawiens. Chronik einer Selbstzerstörung, Wien etc. 1991.

39 Monika Beckmann-Petey, Der jugoslawische Föderalismus, München 1990.

rischen Demokratie nach westlichem Muster drängten, hielt die serbische Parteiführung dogmatisch am Einparteiensystem fest. Dieser grundsätzliche ordnungspolitische Dissens bewirkte an der Jahreswende 1989/90 die Selbstentmachtung des »Bundes der Kommunisten Jugoslawiens« (BdKJ), der jugoslawischen Einheitspartei, zu der Slowenien und Kroatien schon in der zweiten Hälfte des Jahres 1989 Konkurrenzparteien zugelassen hatten. Nachdem der BdKJ im Januar/Februar 1990 durch den Austritt der slowenischen Mitglieder gesprengt worden war, nahmen die Republikführungen schrittweise alle Kompetenzen der Föderation in eigene Regie.

Die Spaltung der Einheitspartei zog die Auflösung des jugoslawischen Rechtssystems nach sich. Noch vor dem Zerfall des BdKJ hatte Slowenien bereits im September 1989 seine Republikverfassung geändert, sich selbst das Sezessionsrecht zugestanden und alle Regelungs- und Eingriffsrechte der Bundesorgane bestritten. Im Verlauf des Jahres 1990 erklärten sich Slowenien und Kroatien und schließlich auch die übrigen jugoslawischen Teilrepubliken für souverän. Lediglich Serbien und Montenegro wollten im jugoslawischen Staatsverband bleiben.[40] Damit war die jugoslawische Verfassung faktisch außer Kraft gesetzt.

Eine vergleichbare Desintegration der gesamtjugoslawischen Strukturen fand, beschleunigt durch die Verschlechterung der ökonomischen Gesamtsituation, auch auf wirtschaftlichem Gebiet statt. Jugoslawien hatte im vorausgegangenen Jahrzehnt eine tiefgreifende Wirtschaftskrise durchlitten, die sich in sinkender Produktion, wachsender Arbeitslosigkeit und einer rapiden Verschlechterung des Lebensstandards äußerte. 1989 erreichte die Auslandsverschuldung den Rekordwert von 16,5 Mrd. US-Dollar, die Infla-

40 Anton Bebler, Jugoslawiens Zukunftsperspektiven. Widerstreitende Konzeptionen zur Neuordnung des Staates, in: Südosteuropa 40 (1991) 1, S. 1-10; Elena Adol'fovna Lukašenko/Boris Michajlovič Pugačev, Jugoslavija: federacija ili konfederacija?, in: Kommunist 4 (März 1991) 1374, S. 67-76.

tion stieg im Dezember desselben Jahres auf 2700%.[41] Die akute Verknappung der Ressourcen während der Konjunkturflaute stellte den ökonomischen Zusammenhalt der jugoslawischen Föderation auf eine harte Belastungsprobe. Sie verminderte die – ohnehin geringe – Bereitschaft der reicheren Republiken, sich im Rahmen des gesamtjugoslawischen Lastenausgleichs an der wirtschaftlichen Umverteilung zugunsten der weniger entwickelten Regionen zu beteiligen. Im März 1990 verkündete Slowenien seine wirtschaftliche Unabhängigkeit und stellte alle Zahlungen an den Bund ein. Hiervon waren unter anderem die Weiterleitung der Steuer- und Zolleinnahmen sowie die Schuldentilgung betroffen. Durch nicht eingezahlte Steuern und Zölle erlitt der Bund bereits 1990 Verluste in Höhe von 11 Mrd. Dinar und stand kurz vor dem wirtschaftlichen Kollaps.[42] Nacheinander gingen die Teilrepubliken zum gegenseitigen Wirtschaftskrieg über: Die Einführung separater Zahlungsmittel, Strafsteuern auf Importe aus anderen Republiken sowie ein umfangreicher Warenboykott führten zur endgültigen Spaltung des jugoslawischen Wirtschaftsraums.[43] Auf allen Ebenen des öffentlichen Lebens gingen die Republiken zu einer vom Bund unabhängigen Politik über. Dies gilt auch für den militärischen und außenpolitischen Bereich.[44] Sie gipfelte schließlich in den vollständigen Souveränitätserklärungen der meisten jugoslawischen Teilrepubliken.

Obwohl sich der Zerfall Jugoslawiens bereits an der Jahreswende 1990/91 abzeichnete, orientierte sich die Europäische Gemeinschaft zunächst am Erhalt des jugoslawischen Bundesstaats. Unmittelbar nachdem sich Slowenien und

41 Liliana Djeković, Der kurze Atem der Selbstverwaltung. Eine Volkswirtschaft zwischen Dauerkrise und gescheiterten Reformen, in: Furkes/Schlarp, Jugoslawien: Ein Staat zerfällt, S. 134-164.

42 Thomas Brey, Jugoslawien: Der Vielvölkerstaat zerfällt, in: Osteuropa 41 (1991) 5, S. 417-430 u. 41 (1991) 7, S. 709-724.

43 Ebd., S. 421ff.

44 James Gow, Deconstructing Yugoslavia, in: Survival 33 (1991) 4, S. 291-311.

Kroatien am 25. Juni 1991 für unabhängig erklärt hatten und es in beiden Republiken zu ersten Kampfhandlungen zwischen den örtlichen Militärkräften und der Jugoslawischen Volksarmee gekommen war, entsandte die Gemeinschaft ihre Troika (bestehend aus den Außenministern Italiens, Luxemburgs und der Niederlande), um zwischen den Konfliktparteien einen Modus vivendi auszuhandeln. Tatsächlich gelang es, mit der am 7./8. Juli verabschiedeten »Deklaration von Brioni« die Unabhängigkeit der beiden nördlichen Republiken für einen Zeitraum von drei Monaten auszusetzen, in dem sich die Konfliktparteien um eine einvernehmliche politische Lösung bemühen sollten. Erst als die Kampfhandlungen trotz eines Waffenstillstands eskalierten, entschloß sich die EG schließlich im Oktober 1991, nicht mehr prinzipiell an der jugoslawischen Einheit festzuhalten.

Allerdings gingen die Meinungen der Europäer erheblich auseinander, ob man Slowenien und Kroatien, geschweige denn die anderen Teilrepubliken, zu souveränen Völkerrechtssubjekten erklären sollte. Während zunächst nur der deutsche Außenminister Genscher die Verselbständigung befürwortete, hielt sich in den meisten europäischen Hauptstädten die Auffassung, den Zerfall Jugoslawiens nicht durch unüberlegte diplomatische Schritte zu beschleunigen.[45]

Die deutschen Diplomaten stützten ihre Haltung mit dem Argument, daß die jugoslawische Föderation durch die Blockade der Bundespolitik faktisch zu bestehen aufgehört habe, daß man also nicht von einer Sezession einzelner Re-

45 Vgl. Heinz-Jürgen Axt, Hat Genscher Jugoslawien entzweit? Mythen und Fakten zur Außenpolitik des vereinten Deutschlands, in: Europa-Archiv 48 (1993) 12, S. 351-360; Alexander Mühlen, Die deutsche Rolle bei der Anerkennung der jugoslawischen Sezessionsstaaten, in: Liberal 34 (1992) 2, S. 49-55; Arthur Heinrich, Neue deutsche Außenpolitik. Selbstversuche zwischen Zagreb und Brüssel, in: Blätter für deutsche und internationale Politik 36 (1992) 12, S. 1446-1458; Bruno Schoch, Anerkennen als Ersatzhandlung. Ein kritischer Rückblick auf die Bonner Jugoslawienpolitik, in: Peter Schlotter (Red.)/Peter Billing/Gert Krell/Hans-Joachim Schmidt/Bruno Schoch (Hg.), Der Krieg in Bosnien und das hilflose Europa. Plädoyer für eine militärische UN-Intervention, Frankfurt/M. 1993 (HSFK-Report 5-6/1993), S. 37-53.

publiken, sondern vom Zerfall eines zusammengesetzten Staates in seine Bestandteile auszugehen habe. Demnach sei es folgerichtig, die föderativen Einheiten in ihren bestehenden Grenzen zu selbständigen Völkerrechtssubjekten zu erklären.[46] Da sämtliche Friedensverhandlungen scheiterten und der Konflikt nach den Angriffen auf Vukovar und Dubrovnik weiter zu eskalieren schien, hielten die deutschen Diplomaten das Beharren auf der jugoslawischen Einheit für unrealistisch. Von der Internationalisierung des Krieges versprachen sie sich dagegen eine abschreckende Wirkung: Die Anerkennungspolitik transformierte den Konflikt von einem innen- in einen zwischenstaatlichen und hob das internationale Gebot der Nichteinmischung in die inneren Angelegenheiten von Staaten auf. Implizit wurde die Drohung aufgestellt, die territoriale Integrität der jüngsten Mitglieder der Staatengemeinschaft notfalls auch mit militärischen Mitteln zu schützen.

Dagegen stand die Befürchtung, daß der Anerkennungsbeschluß die Kämpfe verschlimmern und ausweiten könnte. Niemand, zuallerletzt die Deutschen, war schließlich bereit, die abschreckende Wirkung dieser Politik auch militärisch zu unterstützen. Gab die internationale Gemeinschaft mit der Anerkennung nicht das einzige diplomatische Druckmittel für eine politische Gesamtlösung aus der Hand? In der Tat erschien fraglich, warum die abtrünnigen Republiken noch weiter hätten verhandeln sollen, wenn ohnehin die Auflösung des Bundesstaats unmittelbar bevorstand. Nur auf deutschen Druck fanden sich die Außenminister der EG schließlich dazu bereit, alle Teilrepubliken, sofern sie dies wünschten, als souveräne Mitglieder in die Staatengemeinschaft aufzunehmen.[47] Aufgrund der am 17. Dezember 1991

46 Michael Libal, Grundfragen der Jugoslawienkrise aus deutscher Sicht, in: Günther Wagenlehner (Hg.), Konflikte, Konfliktlösung und Friedenssicherung in Südosteuropa, München 1994, S. 234-238.

47 John Newhouse, Bonn, der Westen und die Auflösung Jugoslawiens. Das Versagen der Diplomatie – Chronik eines Skandals, in: Blätter für deutsche und internationale Politik 37 (1992) 10, S. 1190-1205.

verabschiedeten Richtlinien über die Anerkennung neuer Staaten in Osteuropa und der Sowjetunion machten sie zur Voraussetzung, daß die Kandidaten die Menschen- und Minderheitenrechte wahrten, die bestehenden Grenzen respektierten und demokratische Herrschaftsprinzipien einführten. Ferner mußten sie Bereitschaft zur Teilnahme am weiteren Friedens- und Verhandlungsprozeß zeigen.[48]

Um zu überprüfen, ob die nach Unabhängigkeit strebenden Teilrepubliken alle relevanten Prinzipien der KSZE und der UNO übernommen und in die Praxis umgesetzt hatten, bildete die EG eine Schiedskommission unter Leitung des französischen Verfassungsrechtlers Robert Badinter.[49] Die Gutachter gaben die Empfehlung, zunächst nur die Republiken Slowenien und Makedonien, die alle gestellten Bedingungen erfüllten, in die Staatengemeinschaft aufzunehmen. Kroatien erhielt die Auflage, seine Verfassung zugunsten der Minderheitenrechte zu verändern. In ihrem Bericht über Bosnien-Hercegovina kamen die Vertreter der EG zu dem Schluß, daß die Republik zwar alle menschen-, minderheiten- und völkerrechtlichen Voraussetzungen erfüllt habe, man jedoch angesichts des Widerstands der Serben gegen die Unabhängigkeit nicht ohne weiteres davon ausgehen könne, daß die gesamte bosnische Bevölkerung die Verselbständigung wünsche. Die Kommission schlug daher vor, den Volkswillen in einem Referendum feststellen zu lassen.[50]

48 Guidelines on the Recognition of New States in Eastern Europe and in the Soviet Union, adopted by the Council of the European Community on 17 December 1991, in: Hans-Joachim Heintze, Selbstbestimmungsrecht und Minderheitenrecht im Völkerrecht. Herausforderungen an den globalen und regionalen Menschenrechtsschutz, Baden-Baden 1994, S. 231 f.

49 Alain Pellet, The Opinions of the Badinter Arbitration Committee. A Second Breath for the Self-Determination of Peoples, in: European Journal of International Law 3 (1992) 1, S. 178-185.

50 Report of the European Community Arbitration Committee, in: Yugoslav Survey 33 (1992) 1, S. 121-134.

II. Im Vorfeld der Unabhängigkeit

In Bosnien-Hercegovina wurden die Auflösungserscheinungen Jugoslawiens mit Sorge betrachtet. Denn aus verschiedenen Gründen erschien die Verselbständigung nach dem Vorbild Sloweniens und Kroatiens weder zweckmäßig noch praktikabel. Zum einen entsprach Bosniens ethnische Zusammensetzung der sozialkulturellen Vielfalt Jugoslawiens, so daß es kaum einleuchtete, warum das Zusammenleben der Völker hier besser funktionieren sollte als im multinationalen jugoslawischen Bundesstaat. Zum anderen war die kleine Vielvölkerrepublik als »Herz« des alten Jugoslawien politisch und ökonomisch fest in die Föderation integriert. Die bosnische Regierung zog daher lange Zeit eine innere Reform Jugoslawiens seiner totalen Auflösung vor und nahm damit eine vermittelnde Stellung ein zwischen der serbischen Führung auf der einen Seite, die einen stärkeren Zentralismus favorisierte, und den slowenischen und kroatischen Regierungen auf der anderen Seite, die eine größtmögliche Unabhängigkeit forderten. Erst als im Sommer 1991 Slowenien und Kroatien endgültig aus dem Bundesstaat ausschieden, sprachen sich immer mehr Politiker für die Selbständigkeit aus.

Aus Angst, langfristig von einem großserbisch dominierten jugoslawischen Reststaat absorbiert zu werden, entschied sich das Parlament Bosnien-Hercegovinas im Sommer 1991 mit den Stimmen der Muslime und Kroaten und gegen den Widerstand der serbischen Abgeordneten für die Eigenstaatlichkeit. Vorausgegangen waren heftige Diskussionen zwischen den nationalen Parteien darüber, ob sich Bosnien-Hercegovina für unabhängig erklären oder aber in einer (rest)jugoslawischen Föderation verbleiben sollte. Während die Vertreter der Muslime und der Kroaten dafür optierten, die Republik in einen souveränen Staat umzuwandeln, entschieden sich die der Serben für den Beitritt zu einem erneuerten Jugoslawien.

Den Forderungen der EG entsprechend führte die bosnische Regierung am 29. Februar und 1. März 1992 ein Referendum über die Unabhängigkeit und Souveränität der Republik durch, das allerdings die bosnischen Serben boykottierten. Bei einer Beteiligung von lediglich 63% der Stimmberechtigten votierte eine Mehrheit von 99,4% für die Unabhängigkeit der Republik. Anfang April 1992 haben die EG und die USA daraufhin Bosnien-Hercegovina als souveränen Staat anerkannt. Am 30. April 1992 wurde er als 52. Mitglied in die KSZE, am 22. Mai 1992 in die Vereinten Nationen aufgenommen.

Obwohl Bosnien-Hercegovina, ähnlich wie andere Landesteile des ehemaligen Jugoslawien, aus historischen Gründen eine eigenständige regionale Identität besitzt, belasteten die kleine Republik noch zu Friedenszeiten gewaltige strukturelle Probleme. Dazu gehören die Folgen einer unbewältigten Vergangenheit, latente ethnonationalistische Spannungen, die enge wirtschaftliche und soziale Verklammerung der Vielvölkerrepublik mit dem früheren jugoslawischen Gesamtstaat sowie die Gebietsforderungen der Nachbarrepubliken Serbien und Kroatien.

1. Historisch-regionale Voraussetzungen

Wie die meisten Nachfolgestaaten Jugoslawiens ist Bosnien-Hercegovina eine Vielvölkerrepublik. 1991 bestand ihre rund 4,5 Millionen zählende Bevölkerung zu 43,7% aus Muslimen, 31,3% Serben und 17,3% Kroaten, den Angehörigen dreier gleichberechtigter Staatsnationen. Hinzu kam eine Reihe anderer Völkerschaften und Minderheiten.[1] Weil

1 Die Daten entsprechen den Angaben der jüngsten Bevölkerungszählung vom 31. März 1991. Vgl. Srdjan Bogosavljević, Bosna i Hercegovina u ogledalu

Serben und Kroaten in der jugoslawischen Föderation mit eigenen Republiken vertreten waren, ist immer wieder behauptet worden, daß Bosnien-Hercegovina ein von Tito künstlich geschaffenes Staatsgebilde sei. Dies ist historisch jedoch nicht zutreffend. Denn obwohl die Provinzen Bosnien und Hercegovina jahrhundertelang unter Fremdherrschaft gestanden hatten, bildeten sie lange Zeit abgeschlossene administrative Einheiten. Und auf der Grundlage eigener Verwaltungs- und Wirtschaftssysteme konnte sich bei ihrer Bevölkerung ein ausgeprägtes regionales Sonderbewußtsein entwickeln.

Mit dem Begriff der regionalen Identität sind – vor dem Trennenden – die Gemeinsamkeiten der Nationen und Nationalitäten Bosnien-Hercegovinas angesprochen. Trotz ihrer Zugehörigkeit zu unterschiedlichen Religionen und Nationen besaßen sie mehr Gemeinsamkeiten, als den Ideologen homogener Nationalstaaten lieb ist. Dies gilt zuallererst für die Sprache, die auf den neuštokavischen Dialekten, der Grundlage der modernen serbokroatischen Standardsprache, basiert. Hinzu kommt, daß die Siedlungen der Völker so sehr ineinander verwoben sind, daß man häufig von einem »Leopardenfell« gesprochen hat.[2] Aufgrund dieser Gemengelage konnten sich vielschichtige interethnische Beziehungen und auffällige Parallelen in der materiellen Kultur der Völker entwickeln. Der hohe Anteil ethnischer Mischehen hat sie auch verwandtschaftlich eng verbunden. Am Vorabend des Krieges bezeichneten sich rund 5,5% der Bevölkerung als »Jugoslawen«, fast 16% aller Kinder stammten aus Mischehen. Man kann davon ausgehen, daß jeder zweite Bewohner Bosnien-Hercegovinas mindestens einen engeren Verwandten aus einer anderen als der eigenen Nationalität besaß.[3]

statistike, in: Bosna i Hercegovina [BiH] izmedju rata i mira, Beograd 1992, S. 31-47, hier S. 31.

2 Adolf Karger, Das Leopardenfell. Zur regionalen Verteilung der Ethnien in Bosnien-Herzegowina, in: Osteuropa 42 (1992) 12, S. 1102-1111.

3 Bogosavljević S. 31 u. 40.

Bevölkerungsmehrheiten vor dem Krieg
Schätzung 1991

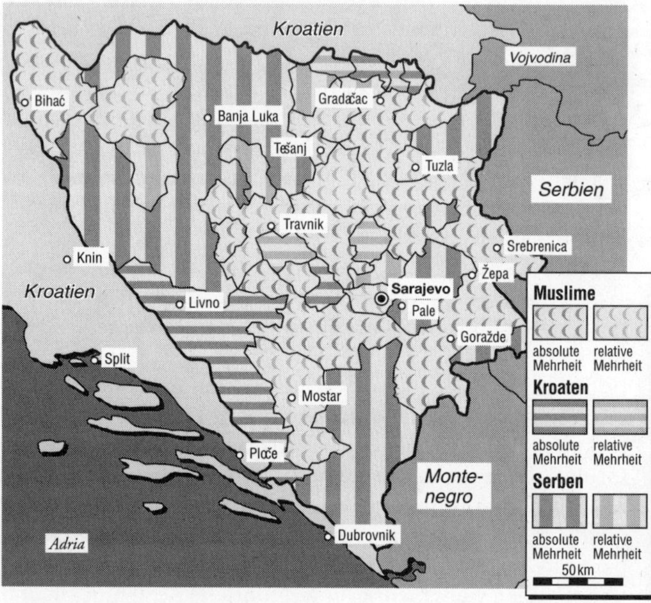

Die regionale Identität war nicht etwa, wie häufig behauptet, ein sozialistisches Kunstprodukt. Im Gegenteil ist die multiethnische und -konfessionelle Symbiose durch die Jahrhunderte hindurch historisch gewachsen. Zu ihren herausragenden Merkmalen gehörte seit dem Mittelalter die Multikonfessionalität, das Nebeneinander der katholischen, orthodoxen und islamischen Glaubensgemeinschaften. Der Begriff »Bosnier« ist also eine geographische Herkunftsbezeichnung, die ebenso Muslime wie Serben, Kroaten und andere Nationalitäten verwendeten.

Frühe politische Organisationsstrukturen, die man als Nukleus einer bosnischen Staatlichkeit begreifen könnte, lassen sich seit dem 7. und 8. Jahrhundert nachweisen.[4] Die meiste Zeit standen die Länder Bosnien und Hercegovina jedoch unter Fremdherrschaft. Bosnien fiel im frühen Mittelalter zunächst in die fränkische, später in die kroatische und serbische, schließlich in die byzantinische Einflußsphäre. Zu Beginn des 12. Jahrhunderts geriet die Region unter ungarische Oberhoheit, bevor sie im 15. Jahrhundert dem Osmanischen Reich einverleibt wurde.

Die Hochzeit der bosnischen mittelalterlichen Staatlichkeit setzte mit dem Machtantritt des Großbanus Kulin (1180-1204) ein. Gegen päpstlichen Widerstand entstand zeitweilig eine von Rom unabhängige Kirchenorganisation, die Bosnische Kirche, die ihre Stärke aus einem Zweckbündnis des örtlichen Klerus mit dem Adel herleitete. An seinem Widerstand scheiterte zwischen 1234 und 1239 sogar ein päpstlicher Kreuzzug.[5]

Trotz aller Bemühungen der kirchlichen und adeligen Eliten gelang es damals nicht, Bosnien vollkommen von der äußeren Abhängigkeit zu befreien. 1254 mußte der bosnische Adel die ungarische Oberhoheit formell anerkennen und die administrative Aufteilung seiner Länder hinnehmen. Erst unter dem Herrscherhaus der Kotromanići erlebte das Land im 14. Jahrhundert eine neuerliche wirtschaftliche und kulturelle Blüte, die auf der Ausbeutung reicher Bodenschätze gründete. In dieser Zeit erreichte das Land auch seine maximale territoriale Ausdehnung. In der ersten Hälfte des Jahrhunderts wurden das bis dahin unter serbischer Hoheit stehende Land Hum (später Hercegovina, also Herzogsland genannt) und ein breiter Küstenstreifen hinzugewonnen. 1377 ließ sich Stjepan Tvrtko I. Kotromanić (1353-1391) zum König von Bosnien, Serbien und des Küstenlandes krönen.

4 Srećko M. Džaja, Bosnien-Herzegowina, in: Michael Weithmann (Hg.), Der ruhelose Balkan, München 1993, S. 149-175.

5 Edgar Hösch, Geschichte der Balkanländer. Von der Frühzeit bis zur Gegenwart, München 1988, S. 74.

Die osmanische Eroberung, der ein eklatanter Machtverfall der lokalen Gewalten vorausging, leitete 1463 einen grundlegenden Wandel der sozialkulturellen Verhältnisse ein. Die Islamisierung verlieh den Provinzen Bosnien und Hercegovina ein eigentümlich synkretistisches Gepräge. Gleichzeitig verschob sich durch die Verbreitung des muslimischen Glaubensbekenntnisses ihr konfessionelles Gefüge. Schon in der zweiten Hälfte des 16. Jahrhunderts bildeten die Muslime die stärkste Glaubensgemeinschaft in der bosnisch-hercegovinischen Bevölkerung, obwohl auch der Anteil der Serbisch-Orthodoxen durch Zuwanderung aus Serbien und Montenegro rasch zunahm. Dies- und jenseits der Grenzen des Osmanischen Reiches wurden sie als Wehrbauern angesiedelt. Infolgedessen dehnte sich die serbische Ansiedlung bis zum 18. Jahrhundert auf Ungarn und Kroatien, später auch auf Istrien und Dalmatien aus. Aus einem System von einigen befestigten Wehrsiedlungen entwickelte sich diese Militärgrenze (*vojna krajina*) im Lauf der Zeit zu einem geschlossenen Siedlungsgebiet mit eigenen Verwaltungsstrukturen. Im 18. Jahrhundert umfaßte sie das gesamte Dreieck von der adriatischen Küste entlang der bosnischen Grenze über Slawonien und das Banat bis nach Siebenbürgen. Im 19. Jahrhundert übernahmen die Serbisch-Orthodoxen schließlich die Führung in der Bevölkerungsstatistik, die sie bis zum Ende der sechziger Jahre dieses Jahrhunderts behaupteten, während die Zahl der Katholiken seit dem Ende des 17. Jahrhunderts zurückging.[6]

Mit den Aufständen der Serben begann zu Anfang des 19. Jahrhunderts die Herrschaft der Osmanen über Südosteuropa zusammenzubrechen. Ermuntert durch den eklatanten Machtverfall der Pforte und die Expansionsinteressen der europäischen Kabinette erhoben sich nacheinander die Balkanvölker, um die Fremdherrschaft abzuschütteln.

6 Džaja, Bosnien-Herzegowina, S. 158f.

1875 läutete die von Serbien und Montenegro unterstützte Revolte der Stammesverbände in Bosnien und der Hercegovina gegen den Sultan das endgültige Ende der rund fünfhundertjährigen osmanischen Herrschaft über die Südslawen ein. Damit stand auch das politische Schicksal Bosniens wieder zur Disposition.

Der großen Orientkrise der siebziger Jahre, während der die Großmächte um die Dominanz auf dem Balkan stritten, setzte 1878 der Berliner Kongreß einen Schlußpunkt. Zuvor hatten sich Vertreter Rußlands und Österreich-Ungarns im Januar 1877 auf eine territoriale Abgrenzung ihrer künftigen Interessensphären in Südosteuropa geeinigt. Bosnien und die Hercegovina sollten künftig der Doppelmonarchie zufallen. Das von den Signatarmächten ausgehandelte Berliner Vertragswerk verhalf deshalb nur einigen Balkanstaaten zur Selbständigkeit, während es gleichzeitig vor allem europäische Großmachtinteressen festschrieb. Nur Serbien, Montenegro und Rumänien wurden in die volle Souveränität entlassen. Bulgarien blieb auf den Status eines tributpflichtigen autonomen Fürstentums beschränkt, während Makedonien an die Pforte zurückfiel. Die Großmächte dagegen hielten sich an der Erbmasse des Osmanischen Reiches schadlos: Großbritannien und Österreich-Ungarn sicherten sich Besatzungsrechte in Zypern bzw. in Bosnien-Hercegovina und im Sandžak Novi Pazar, Frankreich und Großbritannien griffen zu Beginn der achtziger Jahre nach Tunis und Ägypten.

Für die Provinzen Bosnien und Hercegovina bedeuteten die Beschlüsse des Berliner Kongresses eine tiefgreifende Zäsur. Infolge der im Juli 1878 beschlossenen österreichungarischen Okkupation setzte nun eine konfliktreiche Periode der Entosmanisierung und Verwestlichung ein. Unter der k. u. k Militärverwaltung wurden wichtige soziale, politische und wirtschaftliche Reformen in Angriff genommen, wenngleich das Land nie bruchlos in die Doppelmonarchie integriert wurde, sondern über Jahrzehnte hinaus ein vom Neben- und Gegeneinander traditioneller und moderner Gesellschaftselemente bestimmtes Eigenleben führte.

Weder bei den muslimischen noch bei den serbisch-orthodoxen Eliten stieß die österreichisch-ungarische Okkupation, der 1908 die staatsrechtliche Annexion folgte, auf besonderes Wohlgefallen. Während sich erstere weiter dem osmanischen Herrschaftsbereich zugehörig fühlten, kämpften letztere für den Zusammenschluß mit dem benachbarten Königreich Serbien. Die nationalen Führer der Kroaten arbeiteten hingegen auf eine Vereinigung mit den kroatischen Ländern und Dalmatien hin. Daß Bosnien-Hercegovina nach dem Ende des Ersten Weltkrieges im 1918 gegründeten Staat der Serben, Kroaten und Slowenen aufging, der 1929 in Jugoslawien umbenannt wurde, hat zumindest vorübergehend einen Ausgleich der divergierenden nationalen Interessen bewirkt. Allerdings wurde der erste jugoslawische Staat zentralistisch organisiert und sein Territorium in Verwaltungseinheiten zerlegt, deren Zuschnitt den historischen und ethnischen Gegebenheiten vollkommen widersprach. Auch als nach langem Tauziehen um die innere Verfassung Jugoslawiens Kroatien 1939 gewisse Autonomierechte erhielt, stand die historisch-politische Neugliederung nicht ernsthaft zur Debatte. Bosnien-Hercegovina blieb, wie andere Regionen, administrativ zerstückelt: Teile der von Kroaten besiedelten Hercegovina wurden der neuen *Banovina Hrvatska* zugeschlagen. Während des Zweiten Weltkrieges schließlich wurden Bosnien und die Hercegovina dem im April 1941 von Hitler und Mussolini geschaffenen großkroatischen Ustaša-Staat angeschlossen. Erst als im November 1943 die kommunistischen Partisanenführer im bosnischen Jajce beschlossen, Jugoslawien auf föderativer Grundlage zu erneuern, fand das regionale Eigenleben der Provinzen wieder Berücksichtigung. Als eine von sechs zukünftigen Teilrepubliken sollte Bosnien-Hercegovina in seinen historischen Grenzen wiedererstehen. Lediglich die Vergangenheit warf auf den Neuanfang düstere Schatten.

2. *Die unbewältigte Vergangenheit*

Jugoslawien hatte nach dem deutschen Angriff im April 1941 binnen weniger Tage kapitulieren müssen und zerfiel in eine Reihe okkupierter und pseudoselbständiger Gebiete. Bosnien und die Hercegovina wurden Teil des von Hitler und Mussolini am 10. April 1941 aus der Taufe gehobenen »Unabhängigen Staates Kroatien«.[7] Mit der Ustaša brachten sie eine Bewegung an die Macht, die in der Literatur meist als radikalfaschistisch bezeichnet wird.[8] Der schon in der Zwischenkriegszeit entstandene militante Kroatozentrismus der Ustaša entlud sich nach dem Regierungsantritt Ante Pavelićs in Chauvinismus und rassistischen Exzessen. Der kroatische Führer (*poglavnik*) hing dem Ideal eines ethnisch homogenen großkroatischen Staates an. Tatsächlich bestand die Bevölkerung des »Unabhängigen Staates Kroatien«, bei dem es sich de facto um deutsches und italienisches Besatzungsgebiet handelte, jedoch kaum zu mehr als 50% aus Kroaten, 30% waren Serben, 20% Muslime. In der Tradition der großkroatischen Nationalisten waren die Ustaša-Ideologen gleichwohl der Ansicht, daß die Mehrheit der Serben und Muslime eigentlich orthodoxe bzw. islamisierte Kroaten seien, die man rekatholisieren müsse. Vor allem die Serben wurden in den vier Jahren der faschistischen Herrschaft Opfer vielfältiger Verfolgungen. Angefangen mit dem Verbot der kyrillischen Schrift und der orthodoxen Glaubensgemeinschaft, der Kennzeichnung und Stigmatisierung von Serben sowie der Beschlagnahme ihrer Privatvermögen, steigerten sich die

7 Sundhaussen, Experiment Jugoslawien, S. 72.
8 Wolfgang Wippermann, Europäischer Faschismus im Vergleich 1922-1982, Frankfurt/M. 1983, S. 103ff.

Übergriffe bis hin zu Vertreibungen, Zwangstaufen, Massenumsiedlungen und -exekutionen. Bis heute ist die Zahl der Verfolgten und Getöteten, um die eine serbisch-kroatische Kontroverse entbrannte, nicht eindeutig geklärt: die Angaben schwanken zwischen mehreren Zehn- und Hunderttausend, ja sogar Millionen Toten.

Anders als mit den Serben versuchte die Ustaša-Führung mit den Muslimen, die sie für die kroatische Nation reklamierten, zu paktieren. Da sich in dieser Epoche noch kein geschlossenes bosnisch-muslimisches Nationsverständnis herausgebildet hatte, war zumindest ein Teil der Bevölkerung für die kroatischen Vereinnahmungstendenzen und die Kooperation mit der Ustaša offen. Andere freilich wollten die Autonomie ihrer ethnisch-konfessionellen Gemeinschaft bewahren, während eine Minderheit sich aufgrund ihrer Abstammung als Serben fühlte.[9] Im Verlauf des Krieges sind die bosnischen Muslime daher buchstäblich zwischen die Fronten geraten. Anfang 1943 war eine bosnisch-muslimische SS-Divison (»Handžar«) gebildet worden, die – wie die volksdeutschen und kroatischen Verbände der Waffen-SS – direkt dem deutschen Oberbefehl unterstand. Für die Gegner des Pavelić-Regimes und der deutschen Besatzungsherrschaft war dies der Beleg dafür, daß die Muslime nicht nur mit den kroatischen Faschisten, sondern auch den deutschen Nationalsozialisten kollaborierten. Häufig wurden Muslime daher Opfer von Racheakten serbischer Freischärler. Nachdem schließlich immer mehr muslimische Politiker Selbständigkeit für Bosnien-Hercegovina forderten, gingen auch die kroatischen Machthaber massiv gegen die Bevölkerung vor.

In allen Teilen Jugoslawiens, sei es in den quasi-unabhängigen Staaten, sei es in den Besatzungsgebieten, wurde die Bevölkerung Opfer von Umsiedlungen und Vertreibungen, von Straf- und Vergeltungsaktionen. Überall regte sich daher

9 Sundhaussen, Experiment Jugoslawien, S. 76ff.

schon 1941 Widerstand. Als nationalserbische Widerstandsbewegung gegen die deutschen Besatzer und die kroatische Ustaša-Herrschaft traten die Četnici (von *četa* = Truppe, Schar) auf. Ihren Namen und ihre Ideologie übernahm ihr Führer Draža Mihailović von den seit der zweiten Hälfte des 19. Jahrhunderts gegen die osmanischen Fremdherren kämpfenden Freischärlern. Neu war die Vorstellung eines Großserbien, das von »fremden« ethnischen Elementen zu säubern sei, eine Ideologie, die die beispiellose Verfolgung von Kroaten und Muslimen nach sich zog. Ähnlich wie die von den Ustaša-Anhängern begangenen Greuel an Serben und Muslimen hinterließen die Untaten der Četnici an Kroaten und Muslimen tiefe Spuren im kollektiven Gedächtnis der jugoslawischen Völker.

Unterdessen hatte auch die Kommunistische Partei unter Leitung Titos begonnen, den Widerstand gegen Okkupation und Terrorherrschaft zu organisieren. Aufgrund der rücksichtslosen Verfolgung der nichtkroatischen Bevölkerung sowie der brutalen »Vergeltungsmaßnahmen« der Besatzer konnte die multinationale Befreiungsbewegung Titos erheblichen Zulauf verbuchen. Im Herbst 1944 zählte die »Volksbefreiungsarmee« bereits eine halbe Million Kämpfer aller Völker in ihren Reihen. Als gegen Kriegsende die Abrechnung der Partisanen mit den inneren Feinden begann, kamen zum nationalistischen Ausrottungskrieg der Četnici und der Ustaša die Vergeltungsmaßnahmen und Racheakte der Kommunisten hinzu. Ihnen sind nach Kriegsende mehrere zehntausend Menschen zum Opfer gefallen.[10]

Ähnlich wie sich national eingestellte Politiker immer gern auf ferne Jahrhunderte berufen[11], schufen sich auch die Erbauer des zweiten, sozialistischen Jugoslawien ihren Gründungsmythos. Zur Legitimation von Staat und Gesell-

10 Ebd., S. 93.

11 Vgl. dazu Jan Assmann, Kollektives Gedächtnis und kulturelle Identität, in: Jan Assmann/Tonio Hölscher (Hg.), Kultur und Gedächtnis, Frankfurt/M. 1988, S. 9-19.

schaftsordnung rekurrierten sie auf die multiethnische Volksbefreiungsbewegung der Jahre 1941 bis 1945, die nicht nur gegen die fremden Besatzer, sondern auch gegen Nationalismus und Völkerhaß angetreten war. Mehr als 50000 Bücher hat die historiographische Auseinandersetzung mit dem Zweiten Weltkrieg während der Tito-Ära hervorgebracht. Die wunden Punkte der Partisanengeschichte blieben jedoch, ebenso wie eine wirkliche Auseinandersetzung mit den nationalistischen Ausschreitungen, tabu.

Wie überall schuf so die historiographische Verarbeitung die Möglichkeit, die Vergangenheit entsprechend den eigenen aktuellen Sinnbedürfnissen zu rekonstruieren und von Generation zu Generation weiterzugeben. Offizielle Überlieferungen wie Schulbücher, Monumente und wissenschaftliche Schriften sorgten dafür, daß aus einer unendlichen Auswahl an Fakten die erinnerungswürdigen Begebenheiten für die Nachwelt aufbewahrt wurden.[12] So versuchten die Kommunisten, die Erinnerung an die nationalistischen Ausschreitungen aus dem kollektiven Gedächtnis der Jugoslawen herauszufiltern.

Im Unterschied zur vorjugoslawischen Epoche, die sich den Menschen nur noch über nichtmündliche Quellen erschließt und daher lediglich mittelbar im kollektiven Gedächtnis der Völker existiert, wird die jüngste Vergangenheit zumindest von der Erlebnisgeneration noch biographisch erinnert. Zeitzeugen können ihre persönlichen Erlebnisse erzählen, austauschen und an die Nachwelt weitergeben. Und in das Gedächtnis der Erlebnisgeneration haben sich nicht nur Erinnerungen an vermeintliche Wohltaten der Partisanen, sondern vor allem diejenigen an nationalistischen Haß, ethnische Verfolgungen und Genozid tief eingegraben. Besonders bei den Völkern Bosniens hat der Zweite Weltkrieg traumatische Spuren hinterlassen.

Aus den Forschungen der *Oral History* ist bekannt, daß

12 Jan Assmann, Das kulturelle Gedächtnis. Schrift, Erinnerung und politische Identität in frühen Hochkulturen, München 1992.

die persönlich verbürgte, lebendige Erinnerung maximal 80 Jahre zurückreicht.[13] Nach etwa 40 Jahren kommen jedoch Zeitzeugen, die bedeutsame Ereignisse schon als Erwachsene erlebten, in ein Alter, in dem der Wunsch nach Weitergabe des persönlichen Erfahrungsschatzes wächst.[14] Es ist daher sicherlich kein Zufall, daß in den achtziger Jahren in Jugoslawien nicht nur zahlreiche Lebenserinnerungen publiziert wurden, sondern auch eine breite Forschungsliteratur über die Geschichte des Zweiten Weltkrieges entstand.

Das – zum Teil lebenszyklisch bestimmte – Bedürfnis nach schriftlicher Fixierung der bislang mündlich kommunizierten Erinnerung fiel zum einen in eine Phase relativer publizistischer Freizügigkeit, zum anderen in ein Klima wachsenden Nationalismus. Bislang tabuisierte Themen wie die Diskussion um die Kriegsopfer und die Abrechnung der Partisanen mit ihren Gegnern regten zu immer neuen historischen Abhandlungen und Interpretationen an. Mit wirklicher Vergangenheitsbewältigung hatte dies ebensowenig zu tun wie die von den Kommunisten gepflegte parteioffizielle Geschichtsdeutung. Nationalbewußte Historiker übertrumpften sich mit der Präsentation ständig neuer Enthüllungen über die von den anderen Völkern begangenen Verbrechen. Die Kontroverse um das Konzentrationslager Jasenovac, wo nach neueren kroatischen Darstellungen »nur« 30000, nach serbischen Angaben mindestens 1,1 Millionen Menschen den Tod fanden, charakterisiert wie keine andere die nationalistische Instrumentalisierung historischer Stoffe.[15]

Tatsächlich dürften während des Zweiten Weltkrieges rund eine Million Jugoslawen zu Tode gekommen sein. Bosnien-Hercegovina verlor über 10%, Kroatien mehr als 7% und Serbien weniger als 5% seiner Bevölkerung. Mehr

13 Lutz Niethammer (Hg.), Lebenserfahrung und kollektives Gedächtnis, Frankfurt/M. 1985.

14 Assmann, Das kulturelle Gedächtnis, S. 51.

15 Sundhaussen, Experiment Jugoslawien, S. 93ff.

als eine halbe Million Serben (vorwiegend aus Kroatien und Bosnien-Hercegovina), 200 000 Kroaten und 100 000 Muslime waren Krieg und nationalistischem Rassenhaß zum Opfer gefallen.[16]

Anders als immer wieder behauptet wird, war die multiethnische Symbiose durch die Ereignisse des Zweiten Weltkrieges nicht für immer diskreditiert. Im Gegenteil kehrten die Völker in erstaunlich kurzer Zeit zur Normalität zurück. Deshalb ist die These nicht zutreffend, daß die ethnisch-konfessionellen Gegensätze während der kommunistischen Diktatur lediglich »eingefroren« waren, um nach deren Zusammenbruch dafür um so unversöhnlicher aufeinanderzuprallen. Aber da das kollektive Bewußtsein sich nie von der Hypothek unbewältigter traumatischer Erfahrungen befreit hatte, existierte ein idealer Nährboden für nationalistische Parolen, die in den achtziger Jahren um sich griffen. Leicht konnten verdrängte Gefühle wie Ohnmacht, Trauer, Verbitterung und Wut bei denen reaktiviert werden, die selbst während des Krieges Freunde oder Familienangehörige verloren hatten oder durch Hörensagen von den Kriegsgreueln wußten. Vor allem konnten in einem Klima wachsender nationalistischer Spannungen alte Feindbilder wieder zum Leben erweckt werden.[17]

3. Ethnische Vorurteile und latenter Nationalismus

Auch unabhängig von historischen Traumata gibt es in den meisten multiethnischen Gesellschaften ein Potential politisch mobilisierbarer und instrumentalisierbarer ethnischer Stereotypen und nationalistischer Feindbilder. Mit ethnischen Vorurteilen sind negative und stereotypisierte Aussagen über andere Nationalitäten gemeint, die sich im Bereich individueller Einstellungen oder in Form kulturell vermit-

16 Ebd., S. 95.
17 Parin, Das Bluten aufgerissener Wunden.

telter, gesellschaftlicher Ideensysteme, z. B. in Schulbüchern, manifestieren.[18] Feindbilder bezeichnen extrem negative Vorstellungen von einem Gegner, die unter Umständen so weit reichen, seine Vernichtung nahezulegen.[19] Sowohl Stereotypen als auch Feindbilder vermitteln Scheinwissen bzw. treffen Voraussagen über die Charaktereigenschaften und das Verhalten von anderen. Darüber hinaus beeinflussen sie die Gefühle und das Handeln von Menschen.

Selbst im multikulturellen Milieu Bosniens existierte ein tiefes Mißtrauen zwischen den Völkern und Konfessionen, ein »latenter Nationalismus«. »In Sarajevo«, schrieb Ivo Andrić 1920, »schlugen aus Intoleranz nicht einmal die Uhren der vier Glaubensgemeinschaften zur gleichen Zeit.«[20] Daß religiöse Toleranz jahrhundertelang zu den Traditionen der regionalen Identität Bosniens zählte, ist folglich ebenso richtig wie die Tatsache, daß ethnisch-konfessionelle Antagonismen in kritischen Situationen immer wieder aufbrachen.[21]

Noch in der sozialistischen Ära konnten jugoslawische Soziologen nachweisen, daß sich ein wesentlicher Teil dieser ethnischen Vorurteile und Stereotypen gegen die Erziehungsbemühungen im Sinne der allseits propagierten »Brüderlichkeit und Einheit« (*bratstvo i jedinstvo*) als resistent erwies.[22] Vorstellungen über die Eigenschaften der jeweils anderen überlebten, wie der Topos der Rückständigkeit, der mit den Muslimen verbunden war und den die Gesellschaft durch Witze über das tolpatschige Freundespaar Haso und Mujo kolportierte.

18 Vgl. Friedrich Heckmann, Ethnische Minderheiten, Volk und Nation. Soziologie interethnischer Beziehungen, Stuttgart 1992, S. 119f.

19 Anne Katrin Flohr, Feindbilder in der internationalen Politik. Ihre Entstehung und ihre Funktionen, Bonn 1991, S. 28.

20 Zit. n. Petar Ćebić, Ekumenizam i vjerska tolerancija u Jugoslaviji, Beograd 1988, S. 162.

21 Esad Ćimić, Religija i socijalni konflikti, in: Pregled 62 (1972) 5, S. 625-634.

22 Vgl. u. a. Djordje Djurić, Etnički stavovi mladih, in: Mladi i nacionalizam, Beograd 1984, S. 304-311.

Neben Einstellungen gegenüber anderen ethnischen Gruppen üben Vorurteile auch Einfluß auf die Beziehungs- und Interaktionsbereitschaft der Nationalitäten aus. Soziale Distanz, eine andere Dimension des latenten Nationalismus, zeigte sich beispielsweise in der variierenden Akzeptanz andersnationaler Nachbarn, Freunde oder Heiratspartner, wobei es eine beträchtliche Bandbreite im Verhältnis verschiedener Nationalitäten zueinander gab.[23] Als Soziologen Ende 1991, dem Höhepunkt des serbisch-kroatischen Krieges in Kroatien, in Bosnien-Hercegovina eine Umfrage durchführten, wollte nur ein Zehntel der Befragten bestätigen, daß die Nationalität ein wichtiges Kriterium für eine Freundschaft sei. Die überwiegende Mehrheit maß dem keine Bedeutung zu. Aber schon im Hinblick auf die Wahl der Nachbarn und Ehepartner wandelte sich das Bild. Fast 43% der Muslime, 39% der Kroaten und 25% der Serben wollten sich bei der Partnerwahl auch an der Nationalität orientieren. Und jeweils ein Drittel der Bevölkerung gab an, sich in der Nachbarschaft von Konnationalen sicherer zu fühlen als in »fremden« sozialkulturellen Milieus.[24] Alles in allem muß man aber feststellen, daß die soziale Distanz zwar beachtlich, jedoch selbst an der Schwelle zum Krieg noch nicht dramatisch war.

Auffällig erschien, daß viele Menschen eine ausgeprägte Sensibilität für die Konfliktpotentiale besaßen, die aus der multiethnischen Verfaßtheit ihrer Umwelt resultierten. Sie wurden allerdings nur verzerrt wahrgenommen. Das Zusammenleben in einem Vielvölkerstaat erschien einer Mehrheit um so problematischer, je weiter es vom persönlichen Erfahrungshorizont entfernt lag. Soziologen fragten beispielsweise 1990 danach, wie die ethnischen Beziehungen

23 Vgl. Baćević, Nacionalna svest omladine, S. 153ff; Dragomir Pantić, Nacionalna distanca gradjana Jugoslavije, in: Jugoslavija na kriznoj prekretnici, S. 168-186.

24 Ibrahim Bakić, Nacija i religija, Sarajevo 1991, hier zit. n.: Bosna i Hercegovina izmedju rata i mira, Beograd 1992, S. 19f.

am eigenen Wohnort, in der Teilrepublik und im jugoslawischen Staat insgesamt eingeschätzt wurden. Dabei ergab sich folgendes Bild: Über 90% der Befragten in Bosnien-Hercegovina empfanden die ethnischen Beziehungen an ihrem Wohnort als gut oder sehr gut, für mehr als 80% galt dies auch am Arbeitsplatz. Während im jugoslawischen Durchschnitt nur 57% die ethnischen Beziehungen in ihrer jeweiligen Heimatrepublik gut oder befriedigend nannten, empfanden sie in Bosnien-Hercegovina rund 80% als positiv. Aber nur 10 % wollten dies auch für Gesamtjugoslawien gelten lassen. 87 % aller Befragten bezeichneten – unabhängig von der ethnischen Zugehörigkeit oder regionalen Herkunft – die ethnischen Beziehungen in Jugoslawien insgesamt als schlecht oder sogar sehr schlecht.[25] Dies bedeutet, daß multiethnisches Zusammenleben dort, wo es auf engem Raum funktionierte, subjektiv auch weniger konfliktreich beurteilt wurde als die nationalen Beziehungen auf übergeordneten politischen Ebenen. Und es heißt, daß man nicht allein aus der Tatsache, daß mehrere Völker und Konfessionen aufeinandertrafen, automatisch auf das Ausbrechen ethnonationalistischer Konflikte schließen kann. Die allermeisten Personen, die im Verlauf des Krieges flohen oder vertrieben wurden, berichteten, daß das Zusammenleben der Völker in den gemischten Ortschaften in der Zeit vor 1990/91 konfliktarm funktionierte. In einer Umfrage unter 650 Flüchtlingen aus 52 gemischtnationalen Gemeinden Kroatiens erwähnten lediglich 5% Intoleranz, und nur 1% der Befragten konnte einen konkreten Streitfall nennen, der eine ethnische Komponente besaß. Dies änderte sich jedoch, als in der Zerfallsphase nationalistische Strömungen Auftrieb erhielten.[26]

Daraus läßt sich folgern, daß nicht nur auf der Makroebene objektiv wahrnehmbare Konfliktstrukturen existierten, die

25 Miljević/Poplašen, S. 147ff.

26 Mirjana Morokvasic, Krieg, Flucht und Vertreibung im ehemaligen Jugoslawien, Berlin 1993 (Demographie aktuell; 2), S. 12f.

auf der Ungleichverteilung von Macht, Ressourcen und Kompetenzen beruhten, sondern daß sich auch auf der Mikroebene subjektiv empfundene ethnische Trennlinien manifestierten. Gleichwohl ist einzuschränken, daß ethnische Stereotypen, soziale Distanz und verzerrte Konfliktwahrnehmung selbst 1990 nicht so ausgeprägt waren, daß das Zusammenleben der Völker unmöglich geworden wäre.

4. Sozialökonomische Probleme

Einen wesentlichen Antrieb zur Verschärfung der ethnischen Spannungen gaben die sozialen Ängste, die die wachsenden ökonomischen Probleme nach dem Zerfall des jugoslawischen Wirtschaftsraumes hervorbrachten. Bosnien-Hercegovina galt aus mindestens zwei Gründen nicht nur in ethnischer, sondern auch in ökonomischer Hinsicht als ausgesprochen »jugoslawische« Republik. Erstens war ihre Volkswirtschaft eng mit jenen der Nachbarregionen verflochten und besaß einen hohen Grad von Abhängigkeit. Zweitens zählte sie, die nach dem Zweiten Weltkrieg zu den am wenigsten entwickelten Republiken Jugoslawiens gehörte, zu den Zuwendungsempfängern von Bundesmitteln und verdankte ihre Überlebensfähigkeit in erheblichem Maße der jugoslawischen Regionalpolitik.

Nach dem Zweiten Weltkrieg gehörte Bosnien-Hercegovina also zu den ärmsten und rückständigsten Ländern Jugoslawiens. 1948 lag die Analphabetenrate noch bei 45%, 72% der Bevölkerung lebte von der Landwirtschaft. Nur durch die sozialistische Entwicklungs- und Industrialisierungspolitik konnte die Republik später einen Teil des Vorsprungs anderer Landesteile aufholen.[27] In den ersten Nachkriegsjahrzehnten avancierte die Republik schließlich sogar zum Prestigeobjekt des Wiederaufbaus.

27 Vgl. Materijalni i društveni razvoj Socijalističke Republike Bosne i Hercegovine 1947-1984, Sarajevo 1984.

Der 1948 besiegelte Bruch mit Moskau hatte für Jugoslawien gravierende ökonomische Folgen gehabt. Die Ostblockstaaten kündigten laufende Handels- und Investitionsabkommen und blockierten schrittweise sämtliche Wirtschaftsbeziehungen mit Jugoslawien. Anfang 1949 befahl Stalin, Jugoslawien aus dem neugegründeten Rat für Gegenseitige Wirtschaftshilfe (RGW) auszuschließen. Damit stand Tito vor der Aufgabe, Produktion und Absatz seines Landes in neue Bahnen zu lenken. Infolge der Wirtschaftsblockade durch den Ostblock verlagerten die jugoslawischen Wirtschaftsplaner ihre Aktivitäten daher auf die Nutzung der heimischen Ressourcen. In Bosnien-Hercegovina, das reiche Rohstoffvorkommen und günstige infrastrukturelle Voraussetzungen besaß, wurden fortan große Summen in den Ausbau der Rüstungs- und Schwerindustrie investiert.

Ein erheblicher Teil der Finanzmittel in Bosnien-Hercegovina entstammte demnach dem Bundesetat. Zwischen 1966 und 1975 tätigte der jugoslawische Bundesentwicklungsfonds, der seit 1965 den interregionalen Lastenausgleich zwischen den Teilstaaten koordinierte, 22,7% aller Investitionen der Republik. Zuschüsse aus dem Bundeshaushalt machten rund 9% der öffentlichen Einnahmen aus.[28] Noch 1990 erhielt die Vielvölkerrepublik mit rund 1,3 Mrd. Dinar mehr als ein Fünftel der Gelder des Fonds.[29] Die Blockade des jugoslawischen Umverteilungssystems durch Slowenien und Kroatien an der Jahreswende 1989/90 hat der bosnisch-hercegovinischen Volkswirtschaft daher einen schweren Schlag versetzt.

Einschränkend muß man jedoch hinzufügen, daß Bosnien-Hercegovina (ebenso wie Montenegro, Makedonien und Kosovo) nur vordergründig zu den Nutznießern der jugoslawischen Umverteilungspolitik zählte. Denn langfristig führte die in dieser Epoche zementierte einseitige wirt-

28 Vgl. Thomas Eger, Das regionale Entwicklungsgefälle in Jugoslawien, Paderborn 1980, S. 225 u. 229.

29 Statistički godišnjak Jugoslavije 38 (1991), S. 501.

schaftliche Ausrichtung zu einer Konservierung des vergleichsweise niedrigen wirtschaftlichen Entwicklungsniveaus. Die schwerindustrielle Monostruktur ist eine der drückendsten ökonomischen Erblasten, die Bosnien-Hercegovina in die Unabhängigkeit mitnimmt. Bis in die neunziger Jahre hinein beschränkte sich die Republik auf die Produktion von Rohstoffen und Investitionsgütern, während sie industrielle Fertigwaren zu großen Teilen aus anderen Republiken importierte.[30] 1967 erfolgten rund 40% der Industrieproduktion Bosnien-Hercegovinas im Basissektor (Elektroenergie, Kohle und Koks, Erdöl, Schwarz- und Buntmetallurgie), während sich die Herstellung industrieller Fertigwaren lediglich um die 20%-Marge bewegte. Gemessen am gesamtjugoslawischen Durchschnitt (32%) blieb sie stark unterrepräsentiert.[31]

Die Einführung der Selbstverwaltung und die großzügige Föderalisierung des Bundesstaats bewirkten, daß sich die jugoslawischen Republiken immer weiter auseinanderentwickelten. Statt einen gemeinsamen Waren-, Kapital- und Devisenmarkt aufzubauen, zerfiel die Nationalökonomie seit den siebziger Jahren de facto in acht Wirtschaftseinheiten, die vorrangig republikeigene Interessen verfolgten und versuchten, entsprechende Einkommensvorteile zu realisieren.[32] Allmählich kristallisierten sich innerhalb Jugoslawiens ähnliche Interaktionsmuster zwischen den entwickelteren und den strukturschwachen Handelspartnern heraus wie auf weltwirtschaftlichem Niveau. Hohe Inflationsraten, partielle Preiskontrollen und der selektive Zollschutz verschlechterten die *terms of trade* der rohstoffproduzierenden Republiken innerhalb der jugoslawischen Födera-

30 Vgl. Vojislav Bajić, Spoljna trgovina i razvoj privrede Bosne i Hercegovine, Sarajevo 1982; Stjepan Lovrenović, Bosna i Hercegovina u spoljnoj trgovini Jugoslavije, Sarajevo 1985.

31 Eger, Das regionale Entwicklungsgefälle in Jugoslawien, S. 53.

32 Liliana Djeković, Der kurze Atem der Selbstverwaltung. Eine Volkswirtschaft zwischen Dauerkrise und gescheiterten Reformen, in: Furkes/Schlarp, Jugoslawien: Ein Staat zerfällt, S. 134-164.

tion und bewirkten einen unfreiwilligen Einkommenstransfer von den ärmeren in die reicheren Republiken.[33] Dies bedeutet, daß die strukturschwachen Gebiete zwar finanziell von den Zuschüssen des Bundesentwicklungsfonds profitierten, jedoch die handelspolitischen Nachteile einer einseitigen Entwicklungspolitik zu tragen hatten.

Die jugoslawische Regionalpolitik hat somit zwar kurzfristig ein durch hohe Wachstumsraten gekennzeichnetes Wirtschaftswunder in Bosnien-Hercegovina bewirkt, jedoch wesentliche strukturelle Defizite ihrer Volkswirtschaft zementiert. Da kapitalintensive Zweige (wie die Schwerindustrie) in der Regel geringe Beschäftigungseffekte ausüben, hat sie zudem den Druck auf den Arbeitsmarkt, eines der gravierendsten sozialen Probleme der Republik, konserviert. In der Auflösungsphase Jugoslawiens war der Teufelskreis zwischen geringer Beschäftigung, niedrigen Einkommen, schwacher Nachfrage und mangelnden Investitionen noch fest geschlossen. Als sich 1990 das unwiderrufliche Ende der jugoslawischen Föderation ankündigte, rangierten zahlreiche Entwicklungsindikatoren in Bosnien-Hercegovina weit unterhalb des jugoslawischen Durchschnitts. So erreichten die Erwerbsquote lediglich 81%, die Bruttoinvestitionen pro Kopf der Bevölkerung nur 72% und das Sozialprodukt pro Kopf kaum 65% des gesamtjugoslawischen Mittelwerts.[34]

Aufgrund der ohnehin prekären Ausgangssituation trafen die ökonomische Dauerkrise und die 1989/90 formal vollzogene Spaltung der jugoslawischen Volkswirtschaft die kleine Republik besonders hart. In der ersten Hälfte des Jahres 1990 scheiterte ein letzter Versuch, das ökonomische System auf Bundesebene zu stabilisieren. Die Republikführungen sahen keine Grundlage mehr, das scharfe Austeritätsprogramm der regierenden Reformer mitzutragen, das unter anderem eine Anbindung des Dinar an die Deutsche

33 Eger, Das regionale Entwicklungsgefälle in Jugoslawien, S. 87.
34 Statistički godišnjak Jugoslavije 38 (1991), S. 411.

Mark, eine Import- und Preisliberalisierung sowie eine restriktive Geldpolitik vorsah. Im Herbst mündete der Dissens über Privatisierung und Finanzpolitik in den interrepublikanischen Wirtschaftskrieg ein.

Durch den Wirtschaftskrieg beschleunigte sich der seit den achtziger Jahren andauernde Rückgang von Produktion, Beschäftigung und Export dramatisch.[35] Die Republiken hatten nicht nur die Folgen der Überbewertung des Dinar und die Einstellung des Clearing-Verkehrs im Außenhandel zu tragen. Hinzu kam, daß auch der innerjugoslawische Handel stagnierte und teilweise ganz zum Erliegen kam. In Aussicht standen ferner schmerzhafte Debatten um die Aufteilung der jugoslawischen Schulden und Vermögenswerte auf die künftigen Nachfolgestaaten. Die ökonomischen Startbedingungen in die Unabhängigkeit kann man also als denkbar schlecht bezeichnen.[36]

Durch den serbisch-kroatischen Krieg in Kroatien ist Bosnien-Hercegovina schließlich auch in wirtschaftlicher Hinsicht buchstäblich zwischen die Fronten geraten. Im Herbst 1991 verbot Kroatien die Ausfuhr von Lebensmitteln nach Bosnien-Hercegovina, was auch Serbien zu Beginn des Jahres 1992 tat. Die Republiken wollten angesichts des Krieges die Nahrungsmittelproduktion für den eigenen Markt sichern und Reexport-Geschäfte über Bosnien-Hercegovina in die jeweils verfeindete Republik (Kroatien bzw. Serbien) unterbinden. Daß Bosnien-Hercegovina daraufhin die Ausfuhr von Rohstoffen in seine Nachbarländer stoppte, hat vor allem der eigenen Wirtschaft geschadet. Die Produktion ist allein im ersten Dreivierteljahr 1991 um 23,2% gesunken. Die vorläufigen Verluste wurden schon zu diesem Zeitpunkt auf 3 Mrd. US-Dollar geschätzt.[37]

35 A Survey of Republican Economies and Employment Situation, in: Focus, 6. 3. 1991, S. 18f.

36 Vgl. Koncepcija dugoročnog privrednog razvoja Bosne i Hercegovine do 2000. g., Sarajevo 1985.

37 Focus, 4. 11. 1991, S. 46.

1992 hat sich die Talfahrt der bosnischen Wirtschaft noch erheblich beschleunigt. Im Januar 1992 stieg die Inflationsrate im Vergleich zum Vormonat um 30,9%, die Lebenshaltungskosten erhöhten sich um 36%. Einen Monat später war Sarajevo zur teuersten Stadt im gesamten exjugoslawischen Raum geworden. Die Statistiker registrierten 325 000 Arbeitslose, was einer Quote von fast 30% entsprach. 240 000 Beschäftigte erhielten lediglich einen Mindestmonatslohn von 50 D-Mark.[38]

Der Produktionsrückgang und die wirtschaftliche Isolation verschärften die ohnehin problematische soziale Situation in jeder Hinsicht. Da nur 15% der für den Eigenverbrauch notwendigen Lebensmittel in Bosnien-Hercegovina selbst erzeugt wurden, Einfuhren durch das kroatisch-serbische Embargo und die faktische Verkehrsblockade von seiten Kroatiens unterblieben, mußte man die Versorgung der Bevölkerung um die Jahreswende 1991/92 bereits als äußerst kritisch beurteilen. »Der Hunger ist nunmehr in unsere Heime eingezogen«, resümierte die Sarajevoer Tageszeitung *Oslobodjenje*.[39] Aber nicht nur aufgrund der sozialökonomischen Krise war die Lage in Bosnien-Hercegovina stark gespannt.

5. *Außenpolitische Konfliktfaktoren*

Nach dem Kollaps der jugoslawischen Bundespolitik lebten alte territoriale Ambitionen Serbiens und Kroatiens wieder auf. Aufgrund ihrer geostrategischen Mittellage standen Bosnien und die Hercegovina jahrhundertelang im Zentrum konkurrierender Gebietsforderungen der Nachbarmächte, die zunächst strategisch begründet waren. Mit der Entstehung

38 Harry Schleicher, Die Schneeflocke – Symbol einer geschmolzenen Hoffnung, in: Frankfurter Rundschau, 25. 2. 1992, S. 3.

39 Maren Köster-Hetzendorf, »Der Hunger ist nunmehr in unsere Heime eingezogen«, in: Der Tagesspiegel, 24. 2. 1992.

exklusiver nationaler Ideologien im 19. Jahrhundert gewann die serbisch-kroatische Rivalität um den Einfluß auf die beiden Provinzen eine zusätzliche Dynamik. Aus den frühen Nationalbewegungen der südslawischen Völker hatten sich neben dem Jugoslawismus, der von einem gleichberechtigten Nebeneinander der südslawischen Völker ausging, auch großkroatische und großserbische Bewegungen herausgebildet, deren Wortführer die Existenz der jeweils anderen Nation leugneten. Diese erhoben Anspruch auf identische Regionen – unabhängig von der faktischen ethnischen Mischstruktur – als ausschließlich der eigenen Nation zugehörig und gerieten vor allem seit den achtziger Jahren des 19. Jahrhunderts zunehmend miteinander in Konflikt. So gab es in Kroatien Strömungen, die die Existenz der serbischen Nation in Kroatien und in Bosnien-Hercegovina leugneten. Spiegelverkehrt argumentierten großserbische Nationalisten, die große Teile der Südslawen einfach als »Serben« vereinnahmten. In dieser Zeit sind serbische und kroatische Ansprüche auf Vereinigung aller Konnationalen in einem gemeinsamen Staat in der Völkermischzone Bosnien-Hercegovinas notwendig und dauerhaft in Konkurrenz zueinander getreten.

Die Vereinigung der südslawischen Völker im Königreich der Serben, Kroaten und Slowenen (seit 1929 Jugoslawien) hat die Rivalität zwischen serbischer und kroatischer Nationalpolitik um die Hegemonie in Bosnien-Hercegovina, die in der Gedankenwelt zahlreicher Intellektueller dominierte, nur vorübergehend neutralisieren können. Selbst in der sozialistischen Ära blieb der Paternalismus Serbiens und Kroatiens gegenüber ihren Konnationalen in Bosnien-Hercegovina weiter präsent. Tito hatte die Republik (und mit ihr die Nation der bosnischen Muslime) übrigens nicht zuletzt deswegen stets als Puffer zwischen den mächtigen Rivalen begriffen. In gewisser Weise kann man die Existenz Jugoslawiens, in dem Serben, Kroaten und Muslime vereint waren, als notwendige Voraussetzung für die administrative Selbständigkeit Bosnien-Hercegovinas betrachten.

Fast folgerichtig wurden nach dem Zerfall Jugoslawiens 1991 die alten Ansprüche der serbischen und kroatischen Nationalisten wieder geltend gemacht, und nacheinander artikulierten die Republiken Serbien und Kroatien ihre Gebietsansprüche. Beide beriefen sich dabei auf historisches Recht. Darüber hinaus diente auch die ethnische Identifikation der bosnischen Muslime als ursprünglich Serben oder Kroaten den nationalbewußten Parteiführern als Rechtfertigung konkreter territorialer Ansprüche. Nach dem »Imperativ der Eigentlichkeit« (Holm Sundhaussen) wurden die bosnischen Muslime ähnlich wie zahlreiche andere ethnische Gemeinschaften nicht als die Nation anerkannt, die sie selbst bilden wollten, sondern als das, was die postulierte Abstammung nahelegte. Obwohl sich die Muslime selbst als Volk verstehen, gelten sie den nationalen Ideologen häufig lediglich als islamisierte Serben oder Kroaten.[40]

Seit 1991 hat es immer wieder Gerüchte, aber auch ernsthafte Anzeichen dafür gegeben, daß die serbischen und kroatischen Präsidenten sich hinter dem Rücken der Muslime einigen und Bosnien-Hercegovina zwischen sich aufteilen könnten.[41] Im Januar 1991 trafen sie erstmals in Belgrad zusammen, um über die Konsequenzen des sich andeutenden Zerfalls Jugoslawiens zu verhandeln. Das Folgetreffen in Karadjordjevo am 25. März gab den Befürchtungen einer serbisch-kroatischen Vereinbarung zusätzlich Nahrung.[42] Im Sommer 1992, als die kroatisch-serbischen Gespräche auf der Londoner Friedenskonferenz für das ehemalige Jugoslawien institutionalisiert wurden, verdichteten sich die Anzeichen weiter, Tudjman und Milošević würden versuchen, ihren Konflikt durch die Zerstückelung

40 Holm Sundhaussen, Von der Multiethnizität zur nationalen Homogenität: Rückblick auf ein Jahrhundert ethnischer »Wanderungen« in Südosteuropa, unveröffentl. Manuskript, Berlin 1994.

41 Serbs, Croats Agree to Carve up Bosnia, in: The Washington Post, 8. 5. 1992, S. 117ff; Croatie: Découverte d'un charnier, in: Le Figaro, 23. 10. 1992, S. 4.

42 Geheime Vereinbarung, in: Der Spiegel, 19. 10. 1992, S. 200.

Bosnien-Hercegovinas zu lösen.[43] Dobrica Ćosić, der damals jugoslawischer Präsident war, bekannte sich im Oktober 1992 offen zu einer Übereinkunft mit dem kroatischen Präsidenten Tudjman, ihre Bevölkerungen organisiert umzusiedeln bzw. »auszutauschen«.[44] Im Sommer 1993 schließlich legten Milošević und Tudjman ihre Teilungsabsichten erstmals offen: Sie präsentierten einen Plan, nach dem Bosnien-Hercegovina in drei Teilstaaten aufgeteilt werden sollte.

Anders als die serbische hat die kroatische Regierung schon im eigenen Interesse die völkerrechtliche Qualität der innerjugoslawischen Grenzen zu keinem Zeitpunkt bezweifelt. Während Belgrad immer schon auf dem Standpunkt beharrte, die Grenzen der Teilrepubliken lediglich als administrative Trennlinien zu begreifen, die willkürlich gezogen worden waren und daher jederzeit widerrufbar seien, vertraten die Regierungen Kroatiens und Bosnien-Hercegovinas die Ansicht, es handele sich um Staatsgrenzen im völkerrechtlichen Sinne.[45] Tatsächlich kann man die nach dem Zweiten Weltkrieg zwischen den Republiken gezogenen Grenzen, die sich in erster Linie an historischen Kriterien orientierten, zunächst als administrativ bezeichnen. Nach der Verfassungsreform von 1974 veränderten sie jedoch ihren Charakter grundlegend. Den jugoslawischen Teilrepubliken wurden nun so weitreichende föderale Rechte gewährt, daß einige Völkerrechtler Jugoslawien schon damals eher als Konföderation denn als Föderation betrachteten.[46] Im Unterschied zu den autonomen Provinzen Vojvodina und Kosovo erhielten die sechs Republiken umfassende legislative und exekutive Kompetenzen. Selbst wenn man davon ausgeht, daß die jugoslawische Verfassung

43 Svi susreti Tudjmana i Miloševića, in: Vreme, 18. 7. 1994, S. 14ff.
44 »In ihre Häuser können die Menschen nicht mehr zurück«, in: Süddeutsche Zeitung, 26. 10. 1993, S. 10.
45 Ljubo Boban, Hrvatske granice, Zagreb 1992.
46 Beckmann-Petey, Der jugoslawische Föderalismus, S. 118ff.

nach Auflösung des Bundesstaats nicht mehr in Kraft ist, gibt es kein plausibles Argument, das für eine Veränderung der Republikgrenzen spricht. Damit wäre auch die territoriale Integrität Bosnien-Hercegovinas theoretisch nicht angreifbar.

Im übrigen hielten es Beobachter allerdings für ein offenes Geheimnis, daß der kroatische Präsident Franjo Tudjman zweierlei Maß anlegte und auf Kosten Bosnien-Hercegovinas nach Wiederherstellung der kroatischen Grenzen von 1939 trachtete. Schließlich beruft sich auch die kroatische Verfassung in ihrer Präambel auf die staatsrechtliche Kontinuität zur *Banovina Hrvatska*.[47] Die serbischen Nationalisten behaupteten dagegen immer offen, daß alle von Serben besiedelten Gebiete Anrecht auf Vereinigung hätten, auch wenn dort die Serben keine Mehrheit besitzen. Die politischen Führer argumentierten, daß sich der serbische Bevölkerungsanteil in der Ära Tito dort nur durch »demographischen Druck« bzw. »Vertreibung« verringert habe, eine Ungerechtigkeit, die man rückgängig machen müsse.[48]

47 Ustav Republike Hrvatske, Zagreb 1992, S. 7.
48 The Creation and Changes of the Internal Borders of Yugoslavia, Belgrade 1991.

III. Die Desintegration Bosnien-Hercegovinas 1990-1992

Die Verselbständigung der ehemaligen jugoslawischen Teilrepubliken und ihre Umwandlung in unabhängige und souveräne Staaten gehört zu den umstrittensten und folgenreichsten Entwicklungen der jugoslawischen Krise. Während die internationale Anerkennung Sloweniens und Kroatiens noch mit gewisser Plausibilität vertreten werden konnte, erschien die Abspaltung Bosnien-Hercegovinas von Jugoslawien extrem problematisch. Vor dem Hintergrund einer dramatischen Wirtschaftskrise auf der einen, permanenter außenpolitischer Pressionen auf der anderen Seite wirkte der im Sommer begonnene serbisch-kroatische Krieg in Kroatien als Katalysator weitreichender ethnischer Segregations- und staatlicher Desintegrationsprozesse. Bereits Mitte 1991 ließ sich eine vergleichbare Erosion der staatlichen, wirtschaftlichen und militärischen Strukturen innerhalb Bosnien-Hercegovinas beobachten wie zuvor auf gesamtjugoslawischer Ebene. Somit gab es nur wenig Hoffnung, daß Bosnien-Hercegovina als unabhängiger Staat würde friedlich überleben können.

1. Alter und neuer Nationalismus

Noch vor Ausbruch des serbisch-kroatischen Krieges in Kroatien hatte die Einführung des Mehrparteiensystems in Bosnien-Hercegovina Ende 1990 zu einer ethnischen Aufsplitterung der politischen Landschaft geführt. Obwohl die Gründung ethnisch definierter Parteien verboten worden war, zeichnete sich eine Konzentration der politischen Kräfte auf drei große, national orientierte Parteien ab.

Mit ihren Parteibildungen hatten sowohl die Serben als

auch die Kroaten gegen ein Gesetz verstoßen, das ausschließlich autochthone Parteigründungen in Bosnien-Hercegovina zuließ. Die Partei der Serben (Srpska Demokratska Stranka, SDS) und die der Kroaten (Hrvatska Demokratska Zajednica, HDZ) waren jedoch faktisch Ableger ihrer Schwesterparteien in den Nachbarrepubliken Serbien und Kroatien.[1] Dies erwies sich insofern als problematisch, als sich in allen jugoslawischen Republiken vor dem Hintergrund einer tiefgreifenden politischen Legitimitätskrise und einer sich rapide verschlechternden wirtschaftlichen Gesamtsituation in den achtziger Jahren nationalistische Strömungen ausgebreitet hatten.[2]

Trotz aller Versuche der jugoslawischen Kommunisten, die nationalen Ideologien auszuschalten, waren sie in der gesamten titoistischen Ära präsent geblieben. Ähnlich wie in anderen Republiken ließ sich auch in Kroatien eine Renaissance der nationalen Frage beobachten, nachdem Mitte der sechziger Jahre der Wirtschaftsboom der Gründerzeit abflaute.[3] Schon 1967 waren wichtige kroatische Organisationen mit der Forderung nach einer selbständigen Schriftsprache an die Öffentlichkeit getreten, bevor sich die über Jahrzehnte aufgestauten Gefühle einer vermeintlichen kulturellen Mißachtung und wirtschaftlichen Benachteiligung 1971 im »kroatischen Frühling« offen artikulierten. Damals forderte die Zagreber Parteiführung, die Tito schließlich absetzte, eine Abkehr von Unitarismus, Zentralismus und wirtschaftlichem Lastenausgleich und verlangte einen kroatischen Nationalstaat. Einige der Führungspersönlichkeiten des *Maspokret* betraten in den achtziger Jahren mit ähnlichen Forderungen wie 1971 erneut die politische Bühne.

1 Ahead of Elections in Macedonia and Bosnia-Herzegovina, in: Focus, 22. 11. 1990, S. 53ff.

2 Mit Nationalismus ist das Vorherrschen jener Vorstellung von politischer Legitimität gemeint, nach der sich staatliche mit ethnischen Grenzen unbedingt decken sollen. Zu dieser Definition vgl. Ernest Gellner, Nationalismus und Moderne, Berlin 1991 (Original Oxford 1983), S. 9.

3 Sundhaussen, Experiment Jugoslawien, 116ff.

Der ehemalige General und Historiker Franjo Tudjman, der 1967 wegen seines Engagements für die kroatische Nationalbewegung aus der Kommunistischen Partei ausgeschlossen worden war und später wegen staatsfeindlicher Aktivitäten mehrere Jahre im Gefängnis verbrachte, gründete 1989 die national orientierte »Kroatische Demokratische Gemeinschaft« (HDZ), mit der er 1990 die ersten freien Wahlen Kroatiens gewann. Unter Stjepan Kljujić formierten die Kroaten in der Hercegovina einen regionalen Ableger. Nachdem im Oktober 1992 Mate Boban an die Spitze der bosnisch-hercegovinischen HDZ getreten war, propagierte die Partei offen den Anschluß der kroatischen Siedlungsgebiete an Kroatien, eine Haltung, die angesichts wachsender internationaler Mißbilligung schließlich zum formalen Bruch mit dem kroatischen Präsidenten führte. Aber selbst nach der offiziellen Entmachtung Bobans gab es in der Hercegovina starke Strömungen zugunsten einer Vereinigung aller Kroaten in einem kroatischen Nationalstaat.

Offener als die Kroaten forderten die bosnischen Serben schon in der Zerfallsphase Jugoslawiens die Lösung der »serbischen Frage«, worunter der politische Zusammenschluß der serbischen Länder in einem Staat zu begreifen ist. Unter Führung von Radovan Karadžić verfolgte die 1990 gegründete »Serbische Demokratische Partei« (SDS), die enge Kontakte zu der in Serbien regierenden »Sozialistischen Partei Serbiens« (SPS) unterhielt, das Ziel, ungeachtet der bestehenden Grenzen alle von Serben besiedelten Gebiete in einem neuen Staatsgebilde zu vereinigen. Von dieser Drohung waren neben Kroatien mit rund 600 000 auch Bosnien-Hercegovina mit rund 1,4 Millionen Serben betroffen.

Ähnlich wie der kroatische Nationalismus, der in verschiedensten Varianten auftrat, beherrschte der Wunsch nach Vereinigung der südslawischen Länder seit Beginn des 19. Jahrhunderts das nationale Denken der Serben. Damals erstreckten sich ihre Siedlungsgebiete noch über das zum osmanischen Herrschaftsbereich zählende Fürstentum Serbien hinaus auf das Gebiet der Habsburger Monarchie, genauer gesagt auf Kroatien, Slawonien, die Militärgrenze, Südungarn und Dalmatien. In der Mitte des 19. Jahrhunderts entstand die Idee, die unter Fremdherrschaft lebenden Konnationalen zu befreien und alle serbischen Siedlungsräume in einem unabhängigen Nationalstaat zu vereinigen. Der serbische Staatsmann Ilija Garašanin (1812-1874) hat dies 1844 in seinem »Programm der auswärtigen Politik Serbiens« (*načertanije*) erstmals formuliert. In vielen Spielarten ist der Traum vom eigenen serbischen Nationalstaat in den folgenden Jahrzehnten variiert worden.[4]

Schon vor der Auflösung Jugoslawiens hatten in Serbien die Anhänger großserbischer Ideen politisch an Boden gewonnen, die das titoistische System kritisierten. Ende der sechziger Jahre stellten serbische Intellektuelle offen die von den Albanern angestrebte Autonomie im Kosovo in Frage und forderten eine stärkere Berücksichtigung der serbischen Interessen. Nachdem Slobodan Milošević Mitte der achtziger Jahre an die Spitze der serbischen Kommunisten getreten war, wurde die »serbische Frage« nicht länger nur in Intellektuellenkreisen thematisiert, sondern schließlich zum kräftigsten Zugpferd des serbischen Populismus stilisiert.[5] Unter ihrem Rubrum fanden vor allem folgende Forderungen Ausdruck: die Beseitigung einer vermeintlich jahrhundertealten Benachteiligung und Bedrohung des serbischen Volkes; die Wiederherstellung der vollen Staatssouveränität Serbiens über sein gesamtes Territorium, womit die Aufhebung der Autonomie Kosovos und der Vojvodina gemeint war; sowie die »Herstellung der vollen nationalen und kulturellen Integrität des serbischen Volkes, unabhängig davon, in welcher Republik oder Provinz es sich befin-

4 Vgl. Behschnitt, Nationalismus bei Serben und Kroaten.

5 Vgl. Nebojša Popov, Srpski populizam. Od marginalne do dominantne pojave, Beilage zur Wochenzeitschrift Vreme, 24. 5. 1993.

det«.[6] In dieser Form besitzt der – Anfang der neunziger Jahre politisch dominierende – Großserbismus zugleich irredentistische und hegemoniale Züge.

Die Protagonisten Großserbiens fordern unter Berufung auf das Nationalitätsprinzip die Herrschaft über bestimmte Territorien, die zu beträchtlichen Anteilen von Serben, gleichzeitig aber auch von einem oder mehreren anderen Völkern besiedelt sind. Es handelt sich um die kroatische Krajina und Slawonien, große Teile Bosnien-Hercegovinas sowie die Provinzen Vojvodina und Kosovo, die bereits integrale Bestandteile des serbischen Staates sind. Selbst in den gegenwärtigen Grenzen ist Serbien alles andere als ein homogener Nationalstaat. Im engeren Serbien lag der Anteil der serbischen Bevölkerung 1991 bei 88%, in der Vojvodina bei 57% und im Kosovo bei 10%.[7] Einschließlich der beanspruchten Regionen wäre die ethnische Struktur noch vielfältiger.

Je niedriger der serbische Bevölkerungsanteil in den beanspruchten Gebieten liegt, desto stärker hegemoniale Züge trägt der Großserbismus.[8] Er beruft sich auf historische Rechte oder rechtfertigt seine Aspirationen mit einem vermeintlich drohenden Genozid an der eigenen Volksgemeinschaft und dem Schutz vitaler Interessen. »Genozid« meint in diesem Zusammenhang nicht nur die physische Vernichtung, sondern auch wirtschaftliche und demographische Unterdrückung. Um die Ansprüche auf ethnisch heterogene Regionen aufrechterhalten zu können, wird die nationale Identität anderer Völker geleugnet. So werden die bosnischen Muslime, die ein eigenes nationales Abgrenzungsbewußtsein besitzen und in den sechziger Jahren als eines von sechs staatstragenden Völkern Jugoslawiens aner-

6 Memorandum der Serbischen Akademie der Wissenschaften und Künste, zit. n. Der Krieg auf dem Balkan, Pax Christi – Politische Vierteljahreszeitschrift, Idstein 1992, S. 121 ff.

7 In der aus Serbien und Montenegro bestehenden Bundesrepublik Jugoslawien stellten die Serben 1991 6,5 von 10,5 Millionen Einwohnern.

8 Behschnitt, Nationalismus bei Serben und Kroaten, S. 50.

kannt worden waren, kurzerhand zu islamisierten Serben erklärt. Darüber, wie die künftigen serbischen Grenzen verlaufen sollen, beriet sich anläßlich des bosnischen Krieges das Militärgeographische Institut in Belgrad mit den wichtigsten staatlichen und wissenschaftlichen Einrichtungen Serbiens. Langfristige Konfliktherde liegen nach seiner Auffassung an den Grenzen der »Serbischen Republik« in Kroatien, in den muslimischen Enklaven Bosniens sowie an mehreren strategisch wichtigen Verbindungslinien zu Save, Donau, Neretva und zum Mittelmeer.[9]

Anhänger großserbischer Ideen fanden sich nicht nur innerhalb der politischen und gesellschaftlichen Eliten. Die Forderung nach Selbstbestimmung des serbischen Volkes bis hin zur staatlichen Vereinigung der serbischen Länder vertraten 1994 alle maßgeblichen politischen Kräfte in Serbien. Allerdings bestanden unterschiedliche Auffassungen darüber, in welcher Form sie verwirklicht werden soll. In Frage käme ein großserbischer Zentralstaat, eine Union der serbischen Staaten oder die Selbstverwaltung im Rahmen der existierenden Republikgrenzen.[10] In der Bevölkerung Serbiens war die Idee, lediglich die bosnischen und die kroatischen Serben zusammenzuschließen, 1993 ähnlich populär wie das Ziel, einen allserbischen Staat zu gründen.[11]

Neben dem serbischen und kroatischen hatte in den sechziger Jahren auch ein auf Bosnien-Hercegovina beschränkter muslimischer Nationalismus um sich gegriffen, der in den achtziger Jahren weiter an Boden gewann. Seine Anhänger erhoben vier Grundsatzforderungen: die vollständige Gleichberechtigung der Muslime in Staat und Gesellschaft, die Anerkennung einer eigenen Schriftsprache und der bosnisch-muslimischen Literatur, die Überwindung der

9 Granice crtane puškama, in: Politika, 8. 11. 1993, S. 9.
10 Alliance of Serb States or Reintegration of Yugoslavia?, in: Focus, 15. 4. 1993, S. 1ff.
11 Patriotizmom uzvodno, in: Borba, 22. 9. 1993, S. 9.

sozialökonomischen Benachteiligung Bosnien-Hercegovinas im jugoslawischen Staatsverband sowie die politische Aufwertung der muslimischen Nation innerhalb der Teilrepublik. Einige muslimische Nationalisten verlangten, die Muslime als alleinige staatstragende Nation in Bosnien-Hercegovina anzuerkennen, da Serben und Kroaten bereits durch die Republiken Serbien und Kroatien politisch repräsentiert seien. Extremisten wollten das Territorium ihrer Republik sogar durch die Emigration der anderen Staatsvölker ethnisch homogenisieren.[12] Von einem geschlossenen bosnisch-muslimischen Forderungskatalog konnte (und kann) allerdings keine Rede sein.

Mißtrauen auf seiten des BdKJ weckte noch zu Zeiten der Existenz Jugoslawiens unter anderem die Forderung nach einer Transformation Bosnien-Hercegovinas in eine ausschließlich muslimische (oder sogar islamische) Republik, die auch von der bosnisch-muslimischen Parteielite getragen wurde. 1983 wurden die Verfasser einer »Islamischen Deklaration« wegen des Vorwurfs, einen islamischen Staat errichten zu wollen, zu mehrjährigen Gefängnisstrafen verurteilt. Unter ihnen befand sich Alija Izetbegović, der nach den ersten freien Wahlen an der Spitze der 1990 gegründeten »Partei der Demokratischen Aktion« (Stranka Demokratske Akcije, SDA) Präsident Bosnien-Hercegovinas wurde.

Der in den sechziger Jahren auflebende Nationalismus speiste sich aus mehreren Quellen. Eine von ihnen war die im sozialistischen Jugoslawien von den meisten Völkern empfundene Benachteiligung. In der Tat wich die gesellschaftliche Realität der Gründerjahre erheblich von der parteioffiziellen Programmatik ab, die die politische und soziale Gleichberechtigung aller Nationen propagierte. Noch 1971 war die Repräsentanz der Nationalitäten in den meisten Elitesektoren der Teilrepubliken – regionale Ab-

12 Canapa, L'islam et la question des nationalités en Yougoslavie, S. 132ff.

weichungen verstehen sich von selbst – nicht gesichert.[13] In Bosnien-Hercegovina dominierten Serben die politischen Führungskreise, während die Muslime in fast allen Bereichen deutlich unterrepräsentiert waren.[14] Dabei hatte die Bildungsrevolution der sechziger Jahre auch bei den nichtserbischen Nationalitäten eine neue selbstbewußte, professionelle und aufstiegsorientierte Intelligenzschicht hervorgebracht, die zunehmend nach gleichberechtigten Partizipationsmöglichkeiten verlangte.

Das Aufleben der nationalistischen Bewegungen war daher zum einen ein Reflex auf die erfahrene oder lediglich so perzipierte Benachteiligung. Darüber hinaus bildete es eine Reaktion auf die Herausforderungen der sozialistischen Modernisierungsstrategie, die auf eine rasche Überwindung der »Rückständigkeit«, das heißt traditionaler Einstellungen und Verhaltensweisen im Bereich der normativen Kultur abzielte. Der Fall Bosnien-Hercegovina ist nur ein Beispiel unter vielen, das den Zusammenhang zwischen Modernisierung und ethnonationaler Mobilisierung illustriert. Die »Islamische Deklaration« erteilte den »Modernisten« in der islamischen Welt eine ebenso klare Absage wie der »westlichen Zivilisation« als solcher.[15] Als »integrale Lebensweise« begriffen, versinnbildlichte die »islamische Gesellschaft« ein umfassendes Normensystem, fungierte als umfassender Regelungsmechanismus zwischenmenschlicher und gesamtgesellschaftlicher Beziehungen.[16] Gleichzeitig verhieß sie den Schlüssel zur Bewahrung (oder Wiederherstellung) der ethnokulturellen Identität der Muslime. Die »Islamisierung« des Bildungswesens und die Fixierung

13 Lenard J. Cohen, The Socialist Pyramid. Elites and Power in Yugoslavia, Oakville/New York/London 1989, S. 297ff.

14 Gemeint sind: Funktionäre in Parteien und gesellschaftlichen Organisationen, Angehörige der Bürokratie und des Managements, technische Intelligenz, Führungskräfte in Naturwissenschaft und Medizin, Künstler und Literaten.

15 Alija Izetbegović, Islamska deklaracija, Sarajevo 1990, S. 8f.

16 Ebd., S. 19.

der weiblichen Geschlechterrollen auf Mutterschaft und Familie nahmen so einen zentralen Platz im Forderungskatalog ein. Die Rückkehr zu traditionalen, islamisch geprägten Lebensformen galt implizit einer Stabilisierung ihrer nationalen Gemeinschaft.

Daß sich der in den späten sechziger Jahren aufkeimende und sich in den darauffolgenden Jahrzehnten radikalisierende Nationalismus politisch manifestieren konnte, ist im wesentlichen ein Resultat der jugoslawischen Regionalpolitik. Der Strukturwandel der Bundesverfassung in Richtung einer weitestgehenden Dezentralisierung und Föderalisierung kann als Voraussetzung für das Erstarken der nationalen Eliten in den Teilrepubliken gelten. Unter anderem hat die generelle politische Aufwertung der Republikführungen durch die Ansammlung von Kompetenzen in den regionalen Subzentren auch die Partizipationschancen der nichtserbischen Nationalitäten auf bundes- wie teilstaatlicher Ebene erhöht. Die in diesen Jahren erfolgte Anerkennung der bosnischen Muslime als Nation schuf beispielsweise in Bosnien-Hercegovina die Voraussetzung für die stärkere Beteiligung der nichtserbischen Gruppen an den gesellschaftlichen Spitzenpositionen. Seit sich die Muslime in den Volkszählungen als Nation bekennen durften, trat zutage, daß ihr tatsächlicher Bevölkerungsanteil weit über den bis dahin statistisch dokumentierten Quoten lag. Hinzu kam, daß sich schon aufgrund höherer Geburten- und niedriger Abwanderungsraten der muslimische Anteil an der bosnisch-hercegovinischen Bevölkerung kontinuierlich erhöhte.[17] Zwischen 1961 und 1991 stieg er von 26% auf 44%. Im gleichen Zeitraum fiel der Anteil der Serben von 43% auf 31%, der der Kroaten von 22% auf 17,3% (vgl. Tabelle 2).[18]

Der Wandel in der Nationalitätenstruktur wirkte sich mittelfristig auf die Zusammensetzung der politischen Gre-

17 Statistički godišnjak Jugoslavije 38 (1991), S. 453.
18 Bogosavljević, Bosna i Hercegovina u ogledalu statistike, S. 34.

Tabelle 2: Ethnische Zusammensetzung von Bosnien-Hercegovina 1953-1991

	1953	%	1961	%
Muslime	891 798	31,3	842 248	25,7
Serben	1 264 045	44,4	1 406 057	42,9
Kroaten	654 227	23,0	711 665	21,7
Jugoslawen	–	–	275 883	8,4
	1971	**%**	**1981**	**%**
Muslime	1 482 430	39,6	1 630 033	39,5
Serben	1 393 148	37,2	1 320 738	32,0
Kroaten	772 491	20,6	758 140	18,4
Jugoslawen	43 796	1,2	326 316	7,9
	1991	**%**		
Muslime	1 905 829	43,7		
Serben	1 369 258	31,4		
Kroaten	755 892	17,3		
Jugoslawen	239 845	5,5		

Quelle: Enciklopedija Jugoslavije, Bd. 2, Zagreb 1982, S. 142; Südosteuropa 42 (1993) 1, S. 79.

mien aus: Allmählich wurde der serbische Einfluß in Staat und Gesellschaft zurückgedrängt. 1990 entsprach die Beteiligung der Völker an den politischen Gremien auf Republik- und Gemeindeebene in Bosnien-Hercegovina schon weitgehend der nationalen Zusammensetzung der Bevölkerung (vgl. Tabelle 3). Die Serben, die übrigens auch in der Autonomen Provinz Kosovo einem ähnlichen Prozeß ausgesetzt waren, begriffen dies als Statusbedrohung.[19]

Unabhängig von empirischen Daten empfanden sich die Angehörigen *aller* Völker Bosnien-Hercegovinas als Verlie-

19 Statistički godišnjak Jugoslavije 38 (1991), S. 439.

rer im Vielvölkerstaat. Bei einer im November 1991 durchgeführten Befragung gaben fast 60% der Muslime an, daß die Serben einen größeren Einfluß in Bosnien-Hercegovina besäßen, als ihnen zustehe. Umgekehrt waren 52% der Serben der Meinung, daß die Kroaten, und 44%, daß die Muslime einen zu bedeutenden Einfluß in der Republik innehätten. Die Kroaten wiederum fühlten sich zu 70% von den Serben übervorteilt.[20] Damit zeichnete sich eine Frontstellung von Kroaten und Muslimen auf der einen, der Serben auf der anderen Seite ab.

Tabelle 3: Nationale Struktur der Republikversammlung in Bosnien-Hercegovina (in %)

	1965	1969	1974	1990
Muslime	0,5	15,8	33,4	39,6
Serben	54,4	43,4	35,0	35,4
Kroaten	21,8	17,3	20,9	21,7
Jugoslawen	14,2	11,2	3,1	3,3
unbekannt	–	25,6	–	–

Quelle: Die Muslime in der Sowjetunion und in Jugoslawien. Identität–Politik–Widerstand, Köln 1989, S. 295; Statistički godišnjak Jugoslavije 38 (1991), S. 439.

Seit sich nach dem Tode Titos der Nationalismus erstmals wieder offen artikulieren durfte, versuchten Politiker aller Schattierungen, mit nationalistischen Parolen ihre Macht zu stabilisieren, wobei sie die tatkräftige Unterstützung der Intellektuellen fanden (vgl. Kap. I). Die Vordenker und Ideologen des großserbischen Programms beispielsweise stammen fast ausschließlich aus den Kreisen der Intelligenz. Belgrader Schriftsteller und Wissenschaftler bezogen exponiert Stellung zugunsten einer Vereinigung der von Serben besiedelten Länder. Nicht zufällig entstand das berüchtigte

20 Bosna i Hercegovina izmedju rata i mira, S. 20.

Memorandum, das die Gravamina der serbischen Nation programmatisch zusammenfaßt, in der serbischen Akademie der Wissenschaften. Führende Politiker der unabhängigen Serbenrepubliken, die besonders radikale Ansichten vertreten, gehören der Intelligenzschicht an und haben im Ausland studiert. Unter ihnen sind Professoren, Psychologen und Literaten, wie der Präsident der »Serbischen Republik« Radovan Karadžić und sein Stellvertreter Nikola Koljević, ein Shakespeare-Spezialist.

Aus verschiedenen Gründen stieß die Instrumentalisierung der nationalen Frage für herrschaftstechnische Belange auf breite Resonanz. Zum einen waren während der vergangenen Jahrzehnte breite soziale Schichten entstanden, die für nationale Ideologien anfällig sind. Die sozialistische Modernisierungspolitik hob Jugoslawien in wenigen Jahrzehnten von einem Agrar- an die Schwelle eines Industrielandes, so daß sich die Sozialstruktur in wenigen Jahrzehnten grundlegend wandelte. Zwischen 1948 und 1981 fiel der Anteil der landwirtschaftlichen Bevölkerung von 67% auf rund 20%; gleichzeitig verließen viele Menschen das Dorf. Lebten kurz nach dem Zweiten Weltkrieg 21% der Jugoslawen in Städten, waren es zu Beginn der achtziger Jahre bereits 47%.[21] Durch die Urbanisierung entstand eine beträchtliche sozial und psychisch entwurzelte untere Mittelschicht, die zwar in den urbanen Milieus beheimatet war, sich dort emotional jedoch nicht heimisch fühlte.

Hinzu kam die Bildungsrevolution, die neue, halbintellektuelle Milieus produzierte. Besaßen 1948 noch vier Fünftel der jugoslawischen Bevölkerung keine abgeschlossene achtjährige Grundschulausbildung, war deren Anteil 1981 auf 44% gesunken.[22] Dennoch waren viele Jugoslawen gar nicht oder nur unzureichend ausgebildet. In der Bundesrepublik Jugoslawien absolvierten zu Beginn der neunziger Jahre 22% lediglich die Grundschule, weitere 24% hatten

21 Savezni zavod za statistiku, S. 52.
22 Ebd., S. 55f.

gar keine oder nur eine abgebrochene Grundschulbildung.[23] 1993 lag die offizielle Zahl der Analphabeten immer noch bei fast 10% der über Zehnjährigen, und auch ein erheblicher Teil derjenigen, die mehrere Jahre eine Schule besucht hatten, war de facto des Lesens und Schreibens nicht mächtig. Diese Menschen, behaupten Belgrader Pädagogen, seien leichter beeinflußbar, anfälliger für einfache Erklärungen und radikale Ideen.[24]

In den späten achtziger Jahren lebte vor allem der serbisch-kroatische Antagonismus wieder auf. Und die enge Verflechtung mit anderen regionalen und nationalen Subzentren des Vielvölkerstaates bot beste Voraussetzungen dafür, diesen Konflikt nach Bosnien-Hercegovina zu importieren. Dies erklärt sich zum einen daraus, daß das multiethnisch definierte regionale Selbstverständnis der Einwohner Bosnien-Hercegovinas stets in einem Spannungsverhältnis zu anderen kollektiven Bewußtseinsformen stand. Zwei von drei staatstragenden Nationen Bosnien-Hercegovinas (nämlich Serben und Kroaten) verstanden sich immer auch als Teil ihrer jeweiligen grenzüberschreitenden ethnokulturellen Gemeinschaft. Sie begriffen sich zugleich als Einwohner Bosnien-Hercegovinas *und* als Angehörige der serbischen bzw. kroatischen Kulturnation. Lediglich im Falle der bosnischen Muslime, die außerhalb der Republikgrenzen keine Konnationalen besitzen, gelangten regionale und ethnische Identität weitgehend zur Deckung. Solange die Republik in gesamtjugoslawische Strukturen eingebunden war, traten regionale und nationale Identifikation nicht zwangsläufig in Konkurrenz zueinander. Erst der Anspruch der Nationen, alle Angehörigen der (vorgestellten) Gemeinschaft in separaten, ethnisch homogenen Staaten zu vereinigen, hat Serben und Kroaten in Bosnien-Hercegovina vor die Alternative gestellt, sich entweder zugunsten der staatlich-territorialen Einheit ihrer Heimatrepublik oder für den Anschluß an die

23 Traćenje potencijala, in: Ekonomska politika, 2. 5. 1994, S. 21f.
24 Paralelni svet, in: NIN, 8. 1. 1993, S. 27f.

jeweilige »Mutternation« auszusprechen. Es sieht so aus, als hätten die Machtverhältnisse zugunsten des nationalen (statt des regionalen) Prinzips entschieden.

Infolge wachsender serbisch-kroatischer Auseinandersetzungen geriet die Vielvölkerrepublik Bosnien-Hercegovina immer stärker in den Sog nationalistischer Ideologien. Zum einen hatten persönliche Verbindungen und ein ausgeprägtes ethnozentrisches Kommunikationsverhalten dazu geführt, daß die serbischen und kroatischen Eliten aus Bosnien-Hercegovina stark auf die kulturellen Zentren Belgrad und Zagreb orientiert waren – und gerade die Intellektuellen entpuppten sich bald als Wegbereiter einer neuen »nationalen Erweckung«. Die Übernahme der nationalen Ideologien aus den Nachbarrepubliken wurde darüber hinaus durch serbische und kroatische Arbeitsmigranten aus Bosnien-Hercegovina gefördert, die aufgrund der schlechten Arbeitsmarktsituation abgewandert waren, jedoch weiterhin enge Kontakte zu ihren Heimatgemeinden unterhielten.[25] Ein dritter Faktor, der das Übergreifen nationaler Ideologien aus Serbien und Kroatien erleichterte, stellte die Außenorientierung der katholischen und der orthodoxen Glaubensgemeinschaften in Bosnien-Hercegovina dar. In ganz Jugoslawien hatte sich der Klerus äußerst positiv zu der postkommunistischen »nationalen Wiedergeburt« der Serben und Kroaten geäußert, und in den achtziger Jahren war es zu einer immensen Aufwertung der Religionen und des kirchlichen Einflusses gekommen.[26] Die christlichen Konfessionen in Bosnien-Hercegovina besaßen jedoch keine republikeigenen Kirchenführungen. Ihre Zentren befanden sich (in Form der Katholischen Bischofskonferenz in Zagreb und des serbischen Patriarchats in Belgrad) außerhalb der Republik.

25 Bogosavljević, Bosna i Hercegovina u ogledalu statistike, S. 35.

26 Zur Rolle der Religionen im jugoslawischen Krieg vgl. Gerald Shenk, God with Us? The Roles of Religion in Conflicts in the Former Yugoslavia, Uppsala 1993; European Movement in Serbia, Religion and War, Belgrade 1994.

Als Ende der achtziger Jahre die ökonomische Krise ihrem Höhepunkt zustrebte und sich der nahe Zerfall des jugoslawischen Bundesstaates ankündigte, stieß die nationalistische Propaganda auf besonders fruchtbaren Boden. Autoren wie Ernest Gellner, Benedict Anderson und Eric Hobsbawm konnten zeigen, daß nationalistisches Gedankengut in Zeiten extremer sozialökonomischer Unsicherheit und/oder Phasen tiefgreifender politischer Legitimitäts- und gesellschaftlicher Identitätskrisen besonders große Attraktion ausübt. Mit Hilfe einer an Alltagserfahrung anknüpfenden Symbolwelt, die unter anderem auf Begriffe wie »Heimat«, »Nation« und »Volk« zurückgreift, können abstrakte und komplexe Probleme auf persönliche Gemeinschaftsbeziehungen umgedeutet werden. Die Schaffung einer nationalen Gemeinschaft und die Erlangung der staatlichen Unabhängigkeit dienen insofern als allumfassendes Problemlösungsangebot. Die Kritik an der Herrschaft und Ausbeutung durch Fremde, der Topos von der »nationalen Befreiung«, erweist sich in diesem Zusammenhang als besonders effizienter Mechanismus zur Stärkung von »Wir-Gruppen-Prozessen«. Er dient, wie Georg Elwert gezeigt hat, als »Fokus«, um alle komplexen Fragestellungen auf ein (scheinbar offensichtliches) Phänomen zu reduzieren. Mit Paul Parin könnte man folgern, »daß das Streben nach einer Identität im haßerfüllten Kampf gegen einen bösen Feind nicht Ursache, sondern lediglich Folge ... von Angst, Unsicherheit und Ratlosigkeit vor einer düsteren Zukunft« ist.[27]

2. Die Erosion der staatlichen Strukturen

In einem Klima wachsender ethnonationalistischer Spannungen schritt die Desintegration der kleinen Vielvölkerre-

27 Parin, Das Bluten aufgerissener Wunden, S. 76.

publik in der Zerfallsphase Jugoslawiens rasch voran. Die totale Paralyse aller staatlichen Funktionen, der Zerfall und die Privatisierung jeglicher staatlicher Macht, schließlich die großflächige territoriale Fragmentierung bildeten die Voraussetzungen dafür, daß der latente Nationalismus in offene Gewalt umschlug.

Obwohl in Bosnien-Hercegovina mehr als vierzig Parteien entstanden waren, entfielen bei den ersten freien Wahlen am 18. November und 2. Dezember 1990 die meisten Stimmen auf die drei großen nationalen Parteien. Von 240 Sitzen in zwei Kammern des Parlaments erhielten SDA, HDZ und SDS 201 (das sind 86%). Somit hatten sich fast ausschließlich nationalistische Kräfte durchgesetzt. Und da das Verhältniswahlrecht die Aufsplitterung der Macht begünstigte, war eine Blockade aller zentralen politischen Institutionen programmiert. Die Partei der Muslime (SDA) erhielt 86, die der Serben (SDS) 70 und die der Kroaten (HDZ) 45 Sitze, was in etwa der Bevölkerungszusammensetzung der Teilrepublik entsprach.[28] Spötter apostrophierten die Wahlen deshalb eher als Bevölkerungszählung denn als Ausdruck der politischen Meinungs- und Willensbildung.

Zunächst bildeten die Parteien der Muslime, Serben und Kroaten eine Regierungskoalition. Der jugoslawischen Tradition folgend wurden die höchsten Staatsämter nach dem Proporzsystem vergeben. Alle politischen Positionen wurden paritätisch unter den drei Nationen aufgeteilt. Für die Muslime übernahm Alija Izetbegović das Amt des Präsidenten, Parlamentspräsident wurde der Serbe Momčilo Krajišnik, Ministerpräsident der Kroate Jure Pelivan.

Einige Monate bevor Bosnien-Hercegovina im April 1992 den jugoslawischen Staatsverband verließ, hatten sich die politischen Führungen der drei Parteien wegen der künf-

28 Jens Reuter, Die Tragödie der bosnischen Muslime. Historischer Hintergrund, Entstehung und Ausgang des Krieges in Bosnien-Hercegovina, in: Blätter für deutsche und internationale Politik 37 (1992) 12, S. 1448-1462.

tigen Verfassungsordnung grundlegend zerstritten. Während die Muslime Bosnien-Hercegovina in den bestehenden Grenzen als multiethnischen Zentralstaat erhalten wollten, befürworteten Serben und Kroaten die Kantonisierung oder Föderalisierung der Republik nach ethnischen Gesichtspunkten. Dahinter verbarg sich die Option, die serbischen und kroatischen Siedlungsgebiete in absehbarer Zeit mit ihren jeweiligen »Mutterländern«, den Republiken Serbien und Kroatien, zu vereinigen. Schon damals zeichnete sich ab, daß sich die Republik gegen den Willen der serbischen und kroatischen Repräsentanten schwerlich als Zentralstaat würde erhalten lassen. Der Kern des Streits betraf die Frage, ob und inwieweit die ethnische Zugehörigkeit den Staatsaufbau prägen sollte.[29]

Schon aus prinzipiellen Erwägungen erschien die Festlegung auf das ethnische Kriterium problematisch. Die verwandtschaftlichen Beziehungen der drei Völker ließen keine räumliche Trennung der ethnischen Gruppen zu: Jedes fünfte Kind in Bosnien-Hercegovina stammte aus einer Mischehe, jeder zweite Staatsangehörige besaß mindestens einen nahen Verwandten anderer als der eigenen Nationalität. Wegen der durchmischten Siedlungsstrukturen ließen sich keine ethnisch homogenen Kantone abgrenzen. Jedwede Variante machte, wenn man von den Siedlungsverhältnissen vor Ausbruch des Krieges ausgeht, ca. 1,5 Millionen Menschen (ein Drittel der bosnischen Gesamtbevölkerung) zur Minderheit in ihrem jeweiligen Kanton.[30] Ethnisch gemischte Familien hätten entweder auseinandergerissen oder assimiliert werden müssen.

Zu Recht begriffen sich vor allem die Muslime als Verlierer eines ethnisch fundierten Föderationsmodells. Zum einen erstreckten sich ihre Siedlungen relativ breitflächig über

29 Konferencija za novinstvo SDA: Karadžić i Boban krivi za podjelu, in: Vjesnik, 26. 3. 1992, S. 7.

30 Jens Reuter, Jugoslawien vor dem Zerfall, in: Aus Politik und Zeitgeschichte, B 14/1992, S. 3-12, hier S. 12.

das gesamte Territorium der Republik, wobei größere Konzentrationen muslimischer Bevölkerung in den Städten auftraten. Serben und Kroaten, die zumindest in einigen Schwerpunktregionen kompakter siedelten, hätten in ethnisch definierten Kantonen eindeutig dominiert. Darüber hinaus fürchteten die Muslime, aufgrund der Schutzmachtrolle Serbiens und Kroatiens gegenüber ihren Konnationalen in Bosnien-Hercegovina auch außenpolitisch in die Defensive zu geraten. Eine ethnische Strukturierung der Republik hätte die Einflußmöglichkeiten externer Interessenten auf jeden Fall erhöht.

An der Frage, ob Bosnien-Hercegovina die jugoslawische Föderation verlassen und ein unabhängiger und selbständiger Staat werden solle, zerbrach der – zunächst vorhandene – nationenübergreifende Konsens, der für einen Erhalt der staatlich-territorialen Einheit Bosnien-Hercegovinas sprach. Als die muslimischen und kroatischen Fraktionen den Beschluß zur Unabhängigkeit und Souveränität Bosnien-Hercegovinas faßten, verließen die serbischen Abgeordneten unter Protest das Parlament. Gleichzeitig kündigte die SDS die Mitwirkung an Präsidentschaft und Regierung auf. Mit dem Zerfall der Dreiparteienkoalition war die Lähmung aller staatlichen Organe vorgezeichnet. Die Vertreter der Serben betrachteten Bosnien-Hercegovina von nun an als Föderalstaat. Sie gründeten ein Gegenparlament in Sarajevo, das sich für den Verbleib der Republik in einem erneuerten jugoslawischen Bundesstaat aussprach.

Parallel zum politischen zerfiel das Mediensystem in der zweiten Hälfte 1991 in ethnische Fraktionen. Rundfunk und Presse entwickelten sich immer mehr zum Sprachrohr der nationalen Parteien.[31] Die Eskalation des Krieges in Kroatien tat das Ihre, um die öffentliche Meinung immer tiefer entlang ethnischer Linien zu spalten. Hatten Meinungsumfragen im Mai 1990 noch eine überwältigende

31 Dj. Zoran Slavujević, Medijski sistem Bosne i Hercegovine, in: Bosna i Hercegovina izmedju rata i mira, S. 62-78.

Mehrheit in Bosnien-Hercegovina für den Erhalt eines föderativen Jugoslawien erbracht, schlug die Stimmung in der zweiten Hälfte 1991 um.[32] Die Diskussion um die internationale Anerkennung Sloweniens und Kroatiens hatte Befürchtungen der nichtserbischen Völker genährt, isoliert in einem großserbisch dominierten Restjugoslawien verbleiben zu müssen. In der Öffentlichkeit mehrten sich die Stimmen, die sich für die Unabhängigkeit Bosnien-Hercegovinas aussprachen. Auch eine im November 1991 durchgeführte Meinungsumfrage offenbarte, daß der Konsens der drei Staatsvölker in entscheidenden Fragen zerbrochen war: So sprachen sich 86% der befragten Kroaten, 55% der Muslime, aber nur 43% der Serben für die Eigenstaatlichkeit der Republik aus. Die Aussichten auf ein Überleben Bosnien-Hercegovinas außerhalb des jugoslawischen Staatsverbandes beurteilten 71% der Kroaten, jedoch lediglich 9% der Serben positiv.[33]

Schrittweise erfaßte die ethnische Fragmentierung der bosnisch-hercegovinischen Gesellschaft alle Bereiche des öffentlichen Lebens. Die jugoslawische Nachrichtenagentur verbreitete im September 1991 das »offene Geheimnis«, daß viele Firmen ihre Steuern nicht mehr an den Staat, sondern direkt an die jeweils bevorzugte Nationalpartei abführten. Diese wiederum hätten längst Pläne zu einer Aufteilung des Volksvermögens nach ethnischen Kriterien ausgearbeitet.[34] Damit fiel auch der bosnische Wirtschaftsraum der schleichenden Erosion anheim.

Der Auflösung der politischen und wirtschaftlichen Strukturen folgte die totale Desintegration auf militärischem Gebiet. Nach Ausbruch des serbisch-kroatischen Krieges in Kroatien konnte man bereits in der zweiten Hälfte des Jahres 1991, ein halbes Jahr vor dem Übergreifen der Kampf-

32 Die Quoten schwankten laut Danas vom 22. 5. 1990 zwischen 83% und 91%.

33 Bosna i Hercegovina izmedju rata i mira, S. 61.

34 Focus, 3. 10. 1991, S. 19.

handlungen auf Bosnien-Hercegovina, sechs Typen von Streitkräften ausmachen (wobei die zahllosen paramilitärischen Verbände zu einem Typus zusammengefaßt wurden).[35] Vor allem die Bewaffnung von Zivilisten führte zu einer regelrechten Atomisierung der militärischen Macht. Nicht nur jede Gemeinde, auch jedes Dorf hat eigene, ethnisch definierte Schutzwehren aufgebaut. Die Zahl der Bewaffneten in der Republik wurde Ende 1991 auf 200000 Personen geschätzt.[36] Nach Angaben der Geheimpolizei befanden sich in den Händen muslimischer Zivilisten 92500 Feuerwaffen, 157200 Stück besaßen Serben und 51800 Kroaten.[37]

Den Höhepunkt der Desintegration bildete gleichwohl erst die Errichtung staatsähnlicher, autonomer politischer Gebilde.

3. Territorialisierung und Gewalteskalation

Mit der Einrichtung sogenannter autonomer Gebiete haben zunächst serbische, später auch kroatische Nationalisten die Souveränität der Republik sukzessive unterhöhlt und schließlich die territoriale und administrative Desintegration vollendet. Die Vorgeschichte zum Krieg in Bosnien-Hercegovina erscheint folglich – ebenso wie zuvor in Kroatien – als Wechselspiel zwischen dem schrittweise verwirklichten Ziel, die serbischen (und später auch kroatischen) Siedlungsgebiete administrativ und politisch aus dem Machtbereich der Republik herauszulösen, und dem Bestreben der Regierung in Sarajevo, ihre Territorialhoheit in den umstrittenen Regionen zu erhalten bzw. wiederherzustellen.

35 Nach ebd., S. 14: 1. Jugoslawische Volksarmee, 2. Reservistenverbände aus Serbien und Montenegro, 3. Polizeikräfte, 4. paramilitärische Verbände, 5. Schutzwehren, 6. bosnische Territorialverteidigung.
36 Focus, 4. 11. 1991, S. 45.
37 Jedan avion i 80 hiljada ljudi, in: Politika, 21. 6. 1993, S. 7.

Schon seit sich an der Jahreswende 1989/90 die Verselbständigung Kroatiens abzeichnete, trieben die großserbischen Nationalisten ihr Vereinigungsprogramm mit erstaunlicher Zielstrebigkeit voran. Bereits im Juli 1990, ein Jahr vor der kroatischen Unabhängigkeitserklärung, konstituierte sich in der Region von Knin ein »Serbischer Nationalrat«, der als offizielles Organ der Serben in Kroatien auftrat. Ein selbstorganisiertes Referendum erbrachte im selben Jahr eine überwiegende Mehrheit für die Autonomie der Krajina. Damit war der Konflikt mit der kroatischen Regierung um die Territorialhoheit dieser Gebiete programmiert, der in der zweiten Hälfte 1991 zum offenen Krieg eskalierte. Im Verlauf der Jahre 1991 und 1992 folgte die Gründung weiterer autonomer Regionen in Kroatien und Bosnien-Hercegovina, die sich kurz darauf zu unabhängigen Republiken, der »Serbischen Republik Krajina« (RSK) in Kroatien und der »Serbischen Republik Bosnien-Hercegovina« (RS) in Bosnien-Hercegovina, erklärten.[38]

Ähnlich wie zuvor in Kroatien verlief die territoriale Desintegration Bosnien-Hercegovinas in folgenden Etappen:

1. *Fragmentierung des staatlichen Gewaltmonopols.* Noch im Verlauf des Jahres 1991 waren unter Federführung der »Serbischen Demokratischen Partei« (SDS) in Bosnien-Hercegovina mehrere Autonome Serbische Gebiete entstanden, in denen serbische Nationalisten administrative und exekutive Aufgaben an sich rissen und dadurch das staatliche Gewaltmonopol unterhöhlten. Pars pro toto beschrieben Experten der Vereinten Nationen 1994 in ihrem Abschlußbericht über die Kriegsverbrechen im ehemaligen Jugoslawien die Systematik der Machtübernahme in der nordwestbosnischen Gemeinde Prijedor, die 1991 zu 44 % von Muslimen und 42 % von Serben besiedelt war. In diesem Bericht wurde der Aufbau der parallelen Machtstrukturen minutiös dokumentiert.[39]

38 Bosanski rulet, in: NIN, 8. 1. 1993, S. 10f.

39 Final Report of the Commission of Experts Established pursuant to Security

Schon im Herbst 1991 hatte die SDS begonnen, serbische Zivilisten zu bewaffnen, die in einer nächtlichen Aktion Ende April 1992 sämtliche Polizeistationen übernahmen. Der erste Schritt zum Machtwechsel beinhaltete den Aufbau einer rein serbischen Polizeitruppe mit geheimdienstlichen Aufgaben. Die legal gewählte Gemeindeversammlung, die in etwa die ethnische Zusammensetzung reflektierte, wurde entmachtet, alle Verkehrswege wurden der Kontrolle der neuen serbischen Exekutivkräfte unterstellt. Nach diesem Muster entstanden in der bosnischen Krajina, in der Romanija, in Nordostbosnien und in der Hercegovina die ersten von der Regierung in Sarajevo losgelösten Gebiete. Ein vergleichbarer Prozeß hatte sich bereits anläßlich der Souveränitätserklärung Kroatiens in Slawonien und in der kroatischen Krajina beobachten lassen.

Auch die Kroaten riefen im Sommer 1992 ein erstes unabhängiges Territorium, die »Kroatische Gemeinschaft Herceg-Bosna« aus, in dem sie sämtliche zentralen Machtpositionen übernahmen.[40] Im September 1993 erklärte sich schließlich die muslimische »Autonome Region Westbosnien« für unabhängig. Als Bosnien-Hercegovina 1992 die Unabhängigkeit antrat, übte die Regierung in Sarajevo folglich ihre Souveränität nur noch in sehr begrenztem Maß aus. Bereits im August 1992 bestanden mindestens fünf »Serbische Autonome Gebiete« (SAO) und zwei »Kroatische Gemeinschaften« (HZ) auf dem Territorium der Republik. Zusammen umfaßten sie fast 80% des Staatsgebiets.[41]

2. *Unabhängigkeitserklärung*. Die ersten Schritte in die Unabhängigkeit leiteten die bosnischen Serben im November 1991 mit einem selbstorganisierten Referendum ein, das eine überwältigende Mehrheit für die Sezession der Serben

Council Resolution 780 (1992), in: United Nations, Security Council, 27. 5. 1994 (S/1994/674), S. 38ff.

40 Kroatenstaat ohne Grenzen, in: Frankfurter Rundschau, 7. 7. 1992, S. 2.

41 Bosansko-hercegovački deseterac, in: Nedjeljna Dalmacija, 28. 10. 1992, S. 6f.

von Bosnien-Hercegovina erbrachte. Einen Monat später, am 21. Dezember 1991, kündigte die »Versammlung des serbischen Volkes« in Bosnien-Hercegovina die Gründung eines serbischen Staates innerhalb der Republik an. Sie bestand aus den serbischen Abgeordneten, die das Parlament in Sarajevo verlassen hatten. In Reaktion auf den Anerkennungsbeschluß der EG-Außenminister riefen die Vertreter der Serben am 7. Januar 1992 die »Serbische Republik Bosnien-Hercegovina« aus und verabschiedeten eine eigene Verfassung. Am 7. April erklärte sich die Republik für unabhängig.

3. *Aufbau quasistaatlicher Strukturen*. Der formalen Unabhängigkeitserklärung folgten die Regierungsbildung, die Errichtung territorialer Sicherheitssysteme (in Form von Armeen, Milizen und paramilitärischen Verbänden) sowie der Aufbau regionaler Wirtschafts- und Verwaltungssysteme in den autonomen Gebieten. Ebenso wie in den serbischen Regionen gingen auch in den kroatischen Gemeinschaften die örtlichen Gewalten zu einer von Sarajevo vollkommen abgekoppelten Innen- und Finanzpolitik über. Sie bauten ein eigenes Gerichtswesen, Steuer- und Bankensystem auf. Weder die serbische noch die kroatische »Republik« wurden freilich von der internationalen Staatengemeinschaft anerkannt.

4. *Ethnisch-kulturelle Homogenisierung*. Mit der Machtübernahme der Ethnokratien in den autonomen Gebieten begann eine kompromißlose Politik der ethnisch-kulturellen Homogenisierung. Dies gilt sowohl für die Kroatisierung wie für die Serbisierung der usurpierten Territorien. Zu diesem Zweck mußten zunächst die noch funktionierenden multiethnischen Milieus zerstört werden.

Nationalistische Konflikte wurden, wie Janusz Bugajski zeigen konnte, zum Teil regelrecht inszeniert.[42] Flüchtlinge

42 Janusz Bugajski, Balkan Futures: Understanding Ethnic Conflict, in: Ministry of Defence/Center for Strategic Studies (Hg.), Armed Conflicts in the Balkans and European Security, Ljubljana 1993, S. 279-291, hier S. 287.

aus gemischtethnischen Gemeinden berichteten, daß die Extremisten als erstes die gemäßigten Kräfte ausschalteten und durch linientreue Anhänger ersetzten. Terrorisierung und Traumatisierung gingen Hand in Hand: Punktuelle Terror- und Gewaltakte gegen Angehörige anderer Nationalitäten führten unweigerlich zu einer Polarisierung der multiethnischen Gemeinschaft. Später schlüpften die neuen Machthaber in die Beschützerrolle gegenüber den Mitgliedern »ihres Volkes« und verteilten Waffen. »Es reicht aus, daß der ›Beschützer‹ von seinem ›Schützling‹ verlangt, seinen Nachbarn zu töten, der zur anderen Seite gehört, und schon dringt die Gewalt in den Alltag der Bevölkerung ein, bis zu ihrer ›Befreiung‹ oder ›Besetzung‹.«[43] Gewaltakte wurden in der Regel schnell verallgemeinert, d. h. kollektiv den »anderen« zugeschrieben. Gerüchte und ausführliche Berichte über die tatsächlichen oder vermeintlichen Greueltaten schufen Märtyrer, deren tragisches Schicksal das Ergreifen von drastischen Gegenmaßnahmen rechtfertigen sollte. So kam eine Endlosspirale in Gang, die immer neue Gewalttaten produzierte. Ohne Übertreibung kann man schließen, daß – wie oben beschriebene – Ethnokonflikte auch *Ergebnis*, nicht unbedingt *Ursache* gewaltsamer Auseinandersetzungen sind. Die Provokation von Haß ist ein Instrument, um konkrete machtpolitische Kriegsziele zu erreichen. Im vorliegenden Fall diente sie dazu, territoriale Eroberungen zu legitimieren.

Angefangen mit der Verdrängung der bosnischen durch serbische bzw. kroatische nationale Symbole, bis hin zur Umbenennung von Städten wurde schließlich alles Bosnische aus dem öffentlichen Leben eliminiert.[44] Mit der Begründung, es gebe keine Republik Bosnien-Hercegovina mehr, hat sich beispielsweise der Staat der bosnischen Serben im August 1992 in »Serbische Republik« umbenannt.[45]

43 Morokvasic, Krieg, Flucht und Vertreibung, S. 13.
44 Mostars Muslime in Bedrängnis, in: Neue Zürcher Zeitung, 3. 2. 1993, S. 3.
45 Novo ime – Srpska Republika, in: Politika, 13. 8. 1992, S. 8.

Nationale Homogenisierung fand zudem in der Sprachenpolitik statt. In den autonomen Gebieten wurden offizielle Sprachregelungen aus den Mutterrepubliken übernommen, die darauf abzielten, das Serbokroatische in zwei getrennte Standardsprachen (nämlich eine serbische und eine kroatische) zu verwandeln.[46] Damit zerfiel auch die sprachliche Einheit der drei Völker. Seit Herbst 1993 lernen die Kinder in der »Serbischen Republik« nach Schulbüchern aus Serbien. Radio und Fernsehen haben die östliche Variante des Serbokroatischen, das im engeren Serbien dominierende Ekavische, zum Sprachenstandard erhoben, obwohl westlich der Drina seit Jahrhunderten ausschließlich Ijekavisch gesprochen wird.[47] Opfer der kulturellen Vereinheitlichungspolitik wurden folglich nicht nur die Angehörigen der nichtserbischen Nationalitäten, sondern auch die bosnischen Serben selbst.

Vor allem in den serbischen, aber auch in den kroatischen Teilstaaten wurde die andersnationale Bevölkerung schließlich einem massiven Assimilations- und Abwanderungsdruck ausgesetzt. Ethnisch eindeutig klassifizierbare Nachnamen mußten geändert werden.[48] In einzelnen serbischen Städten wurden Kroaten und Muslime regelrechten »Rassegesetzen« unterworfen.[49] Aus einigen Gebieten wurde berichtet, daß praktisch die gesamte nichtserbische lokale Elite aus Politik, Verwaltung und Kultur interniert wurde; in anderen Fällen, wie in Prijedor, nahm man alle Männer in Haft, die man des Widerstands gegen die »Serbische Republik« bezichtigte. Gleichzeitig wurden unzählige Zivilisten

46 Vgl. die fast hundert Folgen umfassende Serie »Hrvatski juče i danas« in der Zagreber Tageszeitung Vjesnik; Jezik: ukidanje dvojstva. Bez novog Vuka, in: Vreme, 30. 11. 1992, S. 36f; Srpski bez hrvatskog, in: Borba, 15. 12. 1992, S. 22.

47 Paljanski novoizgovor, in: Vreme, 13. 9. 1993, S. 11; Topovima na jezik, in: Borba, 25./26. 9. 1993, S. VIII.

48 Nepodnošljiva teškoća (prez)imena, in: Borba, 20. 1. 1993, S. 12.

49 Final Report of the Commission of Experts Established pursuant to Security Council Resolution 780 (1992), S. 42.

deportiert.[50] Unter der euphemistischen Bezeichnung »ethnische Säuberungen« fand so eine regional flächendeckende und alle Ebenen des öffentlichen Lebens umfassende nationale Homogenisierung statt, die vor allem die großserbischen Nationalisten, mit geringerer Zielstrebigkeit und Totalität aber auch Kroaten und Muslime realisierten.

5. *Errichtung regionaler Kooperationssysteme*. Die serbischen wie die kroatischen Autonomisten begannen die örtlichen Rechts-, Verwaltungs- und Wirtschaftssysteme an den Standard der Republiken Serbien bzw. Kroatien anzupassen. So haben die Serben in Kroatien und in Bosnien-Hercegovina ein gemeinsames Währungssystem eingeführt. Damit sollte ein geschlossener Wirtschaftsraum der serbischen Siedlungsgebiete in Kroatien, Bosnien-Hercegovina und Serbien hergestellt werden.

Darüber hinaus kam in der bosnischen und in der kroatischen Krajina die Umstrukturierung der Wirtschaft in Gang. Angestrebt wurde die Anpassung an die (rest-)jugoslawische Währung und die Umorientierung der Handelsströme auf Serbien sowie die von Serben kontrollierte kroatische Krajina. Für die Wirtschaft der Krajina, die vor dem Krieg 70% ihres Warenverkehrs mit den nordwestlichen Republiken abwickelte, waren damit allerdings gewaltige Anpassungsprobleme verbunden. Mit der Republik Serbien und den serbischen Siedlungsgebieten in Kroatien, die später zum Hauptwirtschaftspartner avancieren sollen, bestanden vordem kaum Kooperationsansätze.[51]

Um die staatliche Vereinigung zu beschleunigen, verkündeten die Parlamente der bosnischen und der kroatischen Serben im November 1992 die Bildung einer »Union der serbischen Staaten«. Seither führten Vertreter der Serbenrepubliken in Kroatien und Bosnien-Hercegovina Verhandlungen über eine mögliche Vereinigung.[52] Da sich selbst die

50 Ebd., S. 40f.
51 Privreda Bosanske Krajine u mraku rata, in: Borba, 30. 12. 1992, S. 12.
52 »Muslimani dvadesetak dana za opredeljenje«, in: Borba, 7. 7. 1993, S. 7.

radikalen Serbenführer bewußt waren, daß die internationale Gemeinschaft den staatlichen Zusammenschluß nicht anerkennen würde, wollten sie weitere »vollendete Tatsachen« schaffen.[53]

Auch die »Kroatischen Gemeinschaften« (Herceg-Bosna, Mittelbosnien u. a.) haben im Oktober 1992 ihre Vereinigung beschlossen und mit der Einführung des kroatischen Dinars als offizielle Währung keinen Zweifel an ihrer engen Kooperation mit der Nachbarrepublik Kroatien gelassen.[54] Von der Führung der bosnischen HDZ wurde zugegeben, daß die bosnischen Kroaten ihre »Probleme nicht unabhängig von Zagreb lösen« könnten. Immer offener wurde behauptet, »daß Zagreb die Hauptstadt aller Kroaten ist.«[55] Obwohl die Republik Kroatien (anders als Serbien) die Souveränität und territoriale Unversehrtheit Bosnien-Hercegovinas unmittelbar nach dem EG-Beschluß offiziell anerkannt hat, blieb auch die Haltung des kroatischen Präsidenten Franjo Tudjman in dieser Frage widersprüchlich. Er äußerte wiederholt Verständnis dafür, »daß die von Kroaten bewohnten Gebiete Bosniens der Republik Kroatien angeschlossen werden«.[56]

6. *Negation der Staatlichkeit.* Faktisch bedeutete dies die totale Negation der Staatlichkeit Bosnien-Hercegovinas. Serbische und kroatische Nationalisten sprachen der bosnischen Regierung die Legitimation schließlich offen

53 Vgl. das Interview mit dem Vizepräsidenten der »Serbischen Republik Bosnien-Hercegovina«, Nikola Koljević, in: Borba, 23. 4. 1993, S. 5.

54 Ulaganja s probitkom, in: Novi vjesnik, 14. 12. 1992, S. 6A.

55 Intervju. Zdenko Ćosić [Präsident des Exekutivausschusses der HDZ in Bosnien-Hercegovina]. Tko će biti na čelu Bosne i Hercegovine?, in: Slobodna Dalmacija, 24. 10. 1992, S. 13. Das Zitat lautet in voller Länge: »Für das kroatische Volk gibt es keine Teillösungen, und deshalb müssen wir die kroatische Politik in Bosnien-Hercegovina im Kontext der allgemeinen kroatischen Interessen führen, ausgehend von der jahrhundertelangen ethnischen, historischen und landschaftlichen Verbundenheit. Früher konnte man vielleicht nicht offen sagen, daß Zagreb die Hauptstadt aller Kroaten ist.«

56 Serben begrüßen kroatischen Staat in Bosnien, in: Süddeutsche Zeitung, 8. 7. 1992, S. 6.

ab.[57] In der Interpretation von Radovan Karadžić existierten schon 1992 Präsidium, Regierung und Parlament Bosnien-Hercegovinas nicht mehr.[58] Die Republik sei ein »von den Kommunisten geschaffener Kunststaat«.[59] Auch von kroatischer Seite war zeitweise zu hören, das bosnische Präsidium habe durch die Niederlage im Krieg seine Legitimität verloren. Alija Izetbegović dürfe nur noch im Namen der Muslime, nicht in dem der Republik insgesamt (zu dessen Präsident er ja gewählt wurde) verhandeln. Ähnlich wie Karadžić ging auch der Kroatenführer Mate Boban so weit, die Staatlichkeit der Republik als solche in Frage zu stellen. Denn »Bosnien-Hercegovina besteht heute als Staat praktisch nicht, sondern muß erst geschaffen werden. Wenn es keinen Staat gibt, gibt es auch keinen Grund für die Existenz eines Präsidenten.«[60] Und das kroatische Präsidiumsmitglied Mile Akmadžić bezeichnete den Staat sogar als »klinisch tot«.[61]

57 Ambiguités croates en Bosnie, in: Le Monde, 3. 9. 1992, S. 1 u. 3.
58 Borbe oko granica, in: Novosti, 11. 5. 1992, S. 5.
59 »Jeder haßt hier jeden«. Bosniens Serben-Führer Radovan Karadžić über Vergewaltigungen, Vertreibung und den Genfer Friedensplan, in: Der Spiegel, 25. 1. 1993, S. 122 ff.
60 Mate Boban, Samostalna i konfederativna BiH, in: Večernji list, 22. 10. 1992, S. 9.
61 Mile Akmadžić, Država BiH u kliničkoj smrti, in: Borba, 26. 1. 1993, S. 9.

IV. Bosnien-Hercegovina im Krieg

1. Die Kriegsparteien und ihre militärische Stärke

Jugoslawien war nach dem Zweiten Weltkrieg einer der bestgerüsteten Staaten Europas. Die Angst, als blockfreies Land durch den Ost-West-Konflikt aufgerieben zu werden, begründete das Bedürfnis nach einer lückenlosen Verteidigungsfähigkeit. Titos Militärkonzept der »allgemeinen Volksverteidigung« beruhte daher auf zwei Komponenten: einer regulären Armee einerseits und einer kurzfristig abrufbaren, partisanenähnlichen Territorialverteidigung andererseits. Diese Struktur sollte es ermöglichen, binnen kürzester Zeit mindestens zehn Prozent der Bevölkerung zu mobilisieren. Waffen wurden deshalb in allen Republiken in großer Zahl in lokalen Depots, zum Teil aber auch bei Zivilisten zu Hause aufbewahrt. Im Zentrum der jugoslawischen Militärplanung stand die Verteidigung des Landesinneren. Aus diesem Grund befanden sich allein in Bosnien-Hercegovina 50% der Streitkräfte des ehemaligen Jugoslawien und 55% aller Rüstungsbetriebe und Munitionsvorräte. Wie schon im Zweiten Weltkrieg gehörten zum Partisanenkampf auch Sabotage- und Guerillaaktivitäten sowie ein breiter Volkswiderstand auf der Basis zivilen Ungehorsams, zum Beispiel die Blockade der Trinkwasserversorgung und ähnliches. Was die jugoslawischen Soldaten früher gemeinsam zur Verteidigung gegen einen militärisch überlegenen Aggressor geprobt hatten, mußten sie nach 1991, als Angehörige der neuen Republikarmeen oder als Freiwillige bei paramilitärischen Kampfgruppen, gegeneinander einsetzen. In gewisser Weise sind die Jugoslawen also Opfer ihrer eigenen Militärdoktrin geworden.

Schon im Frühjahr 1992 war die militärische Macht der Republik Bosnien-Hercegovina in nationale Untergruppierungen zerfallen. Die früheste und am besten ausgerüstete Privatarmee war die der bosnischen Serben. Sie besaß im April 1994 eine Stärke von rund 100000 Mann, davon 33000 ständiges Personal und 63000 Rekruten. Ungefähr 25000 Offiziere und Wehrpflichtige stammten aus Serbien und Montenegro. Hinzu kamen rund 4000 Freiwillige und Angehörige von Spezialeinheiten aus Serbien sowie ca. 1000 bis 1500 Kriegsfreiwillige aus Rußland, der Ukraine und Bulgarien. Faktisch unterstand diese bosnisch-serbische Armee dem Generalstab in Belgrad und nicht der Regierung in Pale. Ausländische Beobachter meldeten neben Waffenlieferungen auch eine direkte militärische Beteiligung der jugoslawischen Armee am bosnischen Krieg.[1] Es bestand kein Zweifel, daß die bosnischen Serben finanziell, logistisch und militärisch von Belgrad unterstützt wurden.[2]

Auch die Kroaten Bosnien-Hercegovinas gründeten mit dem »Kroatischen Verteidigungsrat« (HVO) eine eigene Militärmacht. Diese kroatischen Truppen, die anfänglich milizähnliche Strukturen aufwiesen, wurden später durch reguläre Einheiten der Armee Kroatiens, örtliche kroatische Polizeikräfte und parteinahe Freiwilligenverbände unterstützt.[3] Zunächst folgten sie dem Oberbefehl Zagrebs. Im April 1992 kommandierte der »Kroatische Verteidigungsrat« rund 37000 Soldaten, Ende 1992 rund 45000. Hinzu kamen zwischen 4000 und 5000 Freiwillige. Obwohl die kroatische Regierung dies leugnete, unterstützte sie die bosnischen Kroaten bei Ausbildung, Bewaffnung und Logistik. Zwischen 15000 und 20000 Mann schickte darüber hinaus die Kroatische Armee in die Westhercego-

1 Kad proleće urani, in: NIN, 21. 1. 1994, S. 25f; James Gow, Belgrade and Bosnia – An Assessment of the Yugoslav Military, in: Jane's Intelligence Review 5 (1993) 6, S. 243-246; Milan Vego, Federal Army Deployments in Bosnia and Herzegovina, in: ebd. 4 (1992) 10, S. 445-449.

2 Srbija nije odustala od odbrane Krajine, in: Borba, 24. 8. 1993, S. 7.

3 Final Report of the Commission of Experts Established pursuant to Security Council Resolution 780 (1992), in: United Nations, Security Council, 27. 5. 1994 (S/1994/674), S. 29ff.

vina und in das Neretva-Tal, um sich direkt an den Kämpfen zu beteiligen.[4]

Anders als die bosnischen Serben und Kroaten zogen die Muslime mangelhaft vorbereitet und schlecht ausgerüstet in den Krieg.[5] Anfänglich nur mit militärähnlichen Kampfgruppen wie der »Patriotischen Liga« ausgestattet, bauten die bosnischen Muslime erst nach und nach ihre eigene Armee auf. Sie ging aus der bosnischen Territorialverteidigung hervor, rekrutierte also zunächst nicht ausschließlich Muslime, sondern auch Serben und Kroaten. Ende April 1992 standen rund 50 000 Soldaten bei ihr unter Waffen, bevor am 14. Mai 1992 die Armee Bosnien-Hercegovinas formal konstituiert wurde.[6] In verschiedenen Ortschaften formierten sich im Verlauf des Jahres 1992 bosnisch-muslimische Heeresverbände, wie die Divisionen »Smail Aga Čengić« in Sarajevo oder »Roter Fes« in Bosanski Novi. Neben den Regierungstruppen kämpften auf seiten der Muslime verschiedenste lokale Milizen, die zwar nominell der bosnischen Regierung, faktisch jedoch häufig örtlichen Befehlshabern unterstanden.[7] Hinzu kamen etliche Freiwillige aus den islamischen Ländern, deren Zahl zwischen 600 und 4 000 geschätzt wird.[8] Obwohl die Armee bald auf eine Stärke von ca. 80 500 Mann anwuchs, kontrollierte sie Ende 1993 kaum noch 20% des bosnischen Staatsgebiets.

Der Grund hierfür lag darin, daß die bosnischen Regierungstruppen am schlechtesten mit Rüstungsgütern versorgt waren. Experten gehen davon aus, daß den 80 500 Soldaten anfänglich nur Ausrüstung für rund 44 000 Mann zur Verfügung stand. Vor allem an schwerem Gerät man-

4 Milan Vego, The Croatian Forces in Bosnia and Herzegovina, in: Jane's Intelligence Review 5 (1993) 3, S. 99-103.
5 Milan Vego, The Army of Bosnia and Herzegovina, in: Jane's Intelligence Review 5 (1993) 2, S. 63-67.
6 Jedan avion i 80 hiljada ljudi, in: Politika, 21. 6. 1993, S. 7.
7 Paul Beaver (Hg.), Jane's Sentinel. The Balkans, London 1994, S. 10.
8 Zaljubljeni u smrt, in: NIN, 9. 10. 1992, S. 28f.

gelte es.[9] Dagegen profitierten die bosnischen Serben vom Erbe der Jugoslawischen Volksarmee (JVA). Als sich das fünfte Korps der JVA im Mai 1992 aus Bosnien-Hercegovina zurückzog, überließ es einen beträchtlichen Teil seiner Waffen und Ausrüstung den serbischen Truppen.[10]

Obwohl die UNO schon 1991 alle Republiken des ehemaligen Jugoslawien einem Waffenembargo unterworfen hatte, gelang es allen Kriegsparteien, in großen Mengen Rüstungsgüter zu importieren. Nach Schätzungen britischer Militärexperten gab die bosnische Regierung 1993 rund 60 Millionen US-Dollar für Kriegszwecke aus.[11] Oft mit inoffizieller Duldung oder gar – wie im Fall Sloweniens – aktiver Beteiligung von Regierungskreisen wurden Kriegsgüter über Italien, Slowenien, Kroatien und Ungarn in das ehemalige Jugoslawien eingeführt.[12] Nach Angaben des Militärfachverlags »Jane's Information Group« wurden zwischen April 1992 und April 1994 Waffen und Munition im Wert von 660 Millionen Dollar an die Kroaten, für 476 Millionen an die Serben und 162 Millionen an die Muslime geliefert.[13]

Ein Teil der Rüstungsgüter wurde trotz der Kämpfe im Lande selbst produziert. Unmittelbar nach Ausbruch des Krieges unterstellten die Konfliktparteien die kriegsrelevanten Unternehmen jeweils ihrer Kontrolle. Der Sarajevoer militärindustrielle Komplex UNIS besaß rund 60 teils unterirdische Fabriken, darunter in Goražde, Vitez und Konjic. Andere bedeutende Rüstungsbetriebe befanden sich in Zenica, Novi Travnik, Tuzla und Banja Luka. Um den Zugang zu diesen Produktionsstätten entbrannten heftigste Gefechte.

Im Verlauf des Krieges gelang es den bosnischen Regierungstruppen schließlich, einen Teil ihres militärischen

9 Mač islama u srcu, in: Vjesnik, 16. 1. 1994, S. 10f.
10 James Gow, Legitimacy and the Military. The Yugoslav Crisis, London 1992.
11 Beaver, Jane's Sentinel, S. 6.
12 Genug Schlupflöcher, in: Wirtschaftswoche, 21. 8. 1992, S. 18ff.
13 Jane's Defence Weekly, Global Update, August 1994, S. 12.

Rückstandes wettzumachen. Dies ging zum einen auf eine Neuordnung, Professionalisierung und Effektivierung ihrer Führungsstrukturen, zum anderen auf illegale Waffenlieferungen und die Eroberung von rüstungsrelevanten Industriebezirken in Zentralbosnien zurück.[14] Kroatische Quellen behaupteten, daß die bosnischen Muslime bis Frühjahr 1994 bereits 20 000 automatische Gewehre, jeweils mehrere Hunderttausend Minen für Mörser und Panzerabwehrraketen, 50 000 Handgranaten und 11 Millionen Schuß Munition für Handfeuerwaffen selbst produziert hatten. In Sarajevo und Zenica waren die militärtechnischen Institute damit befaßt, neue Waffen und Technologie zu entwikkeln.[15] Aber erst im Frühjahr 1995 sollte die Wende auf den bosnischen Schlachtfeldern eintreten.

Mit dem Fortschreiten der Kämpfe haben sich nicht nur die militärischen Gewichte verschoben, auch die Zahl der Akteure veränderte sich. Seit April 1992, als der Krieg in Bosnien-Hercegovina eskalierte, führte die rasche Vervielfältigung der Milizen, Bürgerwehren und aller Arten paramilitärischer Verbände zu einer tiefen Aushöhlung des staatlichen Gewaltmonopols und zur weitgehenden Privatisierung der militärischen und anderer staatlicher Macht. Neben den Armeen der bosnischen Serben, Kroaten und Muslime traten mindestens 45 verschiedene paramilitärische Kräfte auf, die dem Befehl unabhängiger Führer unterstanden, jedoch von den Regierungen der jugoslawischen Nachfolgestaaten ausgebildet und versorgt wurden. Breite Teile der Bevölkerung wurden in das Kampfgeschehen einbezogen. Weder Alter noch Geschlecht stellten einen Hinderungsgrund dar, alle Arten Uniformierter und Nichtuniformierter griffen zu den Waffen. Viele Kriegsteilnehmer wurden direkt von zu Hause mobilisiert und kämpften des-

14 Patrick Moore, A New Stage in the Bosnian Conflict, in: RFE/RL Research Report 3 (1994) 9, S. 33-35.
15 Milan Vego, The Muslim Defence Industry in Bosnia and Herzegovina, in: Jane's Intelligence Review 6 (1994) 5, S. 213f.

halb in Zivil.[16] Uniform, Symbole und Rangabzeichen gaben nur selten Aufschluß über die Herkunft und Zugehörigkeit der Kombattanten. »Obwohl sich Kämpfer als Mitglieder einer bestimmten paramilitärischen Gruppe ausgeben mögen und/oder von ihren Opfern als solche identifiziert werden, muß diese Zuordnung nicht immer stimmen.«[17] Diese Beobachtung von Mitgliedern einer Menschenrechtsorganisation wirft die Frage nach den Befehlsstrukturen, Hierarchieebenen und Kontrollmöglichkeiten der militärischen Akteure, nach Drahtziehern und Verantwortlichen auf.

Viele Beobachter bestätigten, daß die Zahl und der Umfang der von *war-lords* kommandierten Verbände kaum zuverlässig identifiziert werden können. Bei den meisten handelte es sich aber um paramilitärische Verbände, die in der Mehrzahl dem rechtsradikalen bis faschistischen Milieu zuzuordnen sind. Bereits 1991 hatten Parteien begonnen, ihre eigenen Prätorianergarden aufzubauen. So entstanden in Serbien und in Kroatien Kampfgruppen, die den rechtsextremen und faschistischen Parteien angehörten. Nach Militärquellen sollte mindestens jeder zweite von mehreren Zehntausend irregulären Soldaten diesen Gruppierungen nahestehen.

In Kroatien tauchten unter anderem die »Wölfe von Vukovar«, die dem rechten Flügel der »Kroatischen Demokratischen Gemeinschaft« (HDZ) zuneigten, auf, die »Zebras«, die der Ustaša-Erneuerungsbewegung angehörten, sowie die »Schwarze Legion« und die »Kroatische Verteidigungsunion« (HOS), die beide der Kroatischen Rechtspartei zuzurechnen sind.[18] Zu den berüchtigtsten paramilitärischen Gruppierungen auf serbischer Seite gehören die »Knindži«,

16 Report of the CSCE Mission to Bosnia-Hercegovina, 29 August to 4 September, Prague, 16. 9. 1992, S. 6ff.

17 War Crimes in Bosnia-Hercegovina. A Helsinki Watch Report, New York etc. 1992, S. 37.

18 Vgl. James Gow, Military-Political Affiliations in the Yugoslav Conflict, in: RFE/RL Research Report 1 (1992) 20, S. 16-25.

die Anhänger des als skrupellos geltenden »Captain Dragan« (Dragan Vasiljković) und die »Serbische Freiwilligengarde« unter Führung von »Arkan« (Željko Ražnjatović). Der »Serbischen Erneuerungspartei« steht die »Serbische Garde« nahe, der »Radikalen Partei« Vojislav Šešeljs die »Serbische Četnik-Bewegung« und die »Weißen Adler«.[19] Diese Verbände galten als besonders brutal und grausam. Viele ihrer Anführer stehen mittlerweile auf der Liste der Kriegsverbrecher im ehemaligen Jugoslawien.[20]

Nur eine Minderheit dieser Verbände operierte vollkommen auf eigene Initiative und folgte wie die »Gelben Wespen« keinem regulären Militärkommando. Bei den meisten anderen handelte es sich strenggenommen gar nicht um Paramilitär, also um Einheiten, die selbständige Befehls- und Organisationsstrukturen besaßen: Die Truppen Arkans beispielsweise kämpften zunächst unter dem Oberbefehl eines Armeekorps der Jugoslawischen Armee in Novi Sad, später unter dem der Armee der kroatischen Serben in der Krajina. Viele Freiwilligenverbände wurden in den Kasernen der Jugoslawischen Volksarmee zumindest ausgebildet und bewaffnet, einige unterstanden der direkten Kontrolle des serbischen Innenministeriums oder der Armeeführung. Allerdings besaßen sie im Unterschied zur regulären Armee immer besondere Formationen, Führungsstrukturen und Abzeichen.[21]

Schon die Beobachter der KSZE gingen deshalb davon aus, daß die »unkontrollierten Elemente« zu vernachlässigen seien. Generell übe die jeweilige Führung eine effektive Kontrolle über militärische und zivile Strukturen aus. Der Hinweis auf die *war-lords* und die vermeintlich anarchischen Befehlsverhältnisse diene lediglich der Selbstrechtfer-

19 War Crimes in Bosnia-Hercegovina, S. 36.
20 Die »Schlächter vom Balkan«, in: Die Welt, 16. 11. 1992, S. 5.
21 Kako su formirane dobrovoljačke jedinice u Srbiji, in: Borba, 20./21. 11. 1993, S. IIIf.

tigung.[22] Auch die Expertenkommission der UNO kam zu dem Schluß, »daß die Existenz separater militärischer Strukturen und die Vielfalt der Kampfeinheiten von einigen der Kriegsparteien durchaus beabsichtigt sein können ..., um ranghöhere militärische und politische Führer zu entlasten«.[23]

2. Taktische und strategische Ziele

Für die Jugoslawische Volksarmee gab es, als Slowenien, Kroatien und Bosnien-Hercegovina ihren Austritt aus dem Staatsverband erklärten, zunächst nur ein Ziel: Jugoslawien zusammenzuhalten. Den formalen Anlaß zum Krieg in den Teilrepubliken gab daher jeweils deren Unabhängigkeitserklärung bzw. internationale Anerkennung.

Dem Vormarsch der Armee in Bosnien-Hercegovina hatten sich die Verbände der bosnischen Muslime und Kroaten entgegengestellt, die zum Erhalt der territorialen Integrität ihrer Republik ein Militärbündnis schlossen.[24] Schrittweise zog sich die Armee, die anfänglich den stärksten militärischen Faktor bildete, aus den abtrünnigen Republiken zurück.[25] Die internationale Anerkennung schuf vollendete Tatsachen, und immer weniger Rekruten waren bereit, dem Einsatzbefehl Folge zu leisten.[26] Deshalb versuchten die bosnischen Serben als nächstes, die von Serben besiedelten Regionen einschließlich der fehlenden Verbindungsstücke unter ihre Kontrolle zu bringen. Hieraus ergaben sich drei

22 Report of the CSCE Mission to Bosnia-Hercegovina, 29 August to 4 September, Prague, 16. 9. 1992, S. 8.

23 Final Report of the Commission of Experts Established pursuant to Security Council Resolution 780 (1992), S. 72.

24 Militärische Details über den Fortgang des Krieges berichten regelmäßig die Österreichische Militärische Zeitschrift und Jane's Defense Weekly.

25 Reuter, Tragödie, S. 1454; Bosnien als Spielball der Interessen, in: Neue Zürcher Zeitung, 1. 5. 1992, S. 3.

26 Gow, Military-Political Affiliations.

operative Stoßrichtungen: die Sicherung des nördlichen Korridors, der Serbien durch die Posavina über Banja Luka mit der kroatischen Krajina und Knin verband; die Eroberung des östlichen Korridors von Bijeljina und Zvornik über Bratunac und Višegrad in Richtung auf die östliche Hercegovina; sowie den Durchbruch des mittleren Korridors von Knin und Banja Luka nach Foča über Bugojno und Konjic.[27]

Das militärische Ziel der bosnischen Kroaten bestand darin, die Kontrolle über die Posavina und die westliche Hercegovina zu übernehmen. Später versuchten sie aber auch, einige mehrheitlich von Muslimen besiedelte Gebiete außerhalb dieser kroatischen Stammländer zu erobern. Die Strategie der Regierungstruppen dagegen war schon angesichts ihrer militärischen Unterlegenheit anfänglich darauf reduziert, die Angriffe der serbischen, später auch kroatischen Truppen abzuwehren. Erst als sich das Kriegsglück im Verlauf des Jahres 1993 zu ihren Gunsten wendete, gingen sie offensiv gegen die anderen Parteien vor. Sie versuchten, Zentralbosnien zurückzuerobern und einen Landkorridor zur Adria zu öffnen.

In einer Art Blitzkrieg gelang es den Serben binnen kurzem, einen erheblichen Teil ihrer territorialen Ziele zu verwirklichen. In den Monaten April bis Juli 1992 übernahmen sie Ostbosnien, den nördlichen Korridor, die östliche Hercegovina und die serbische Krajina. Ab Mitte 1992 begannen sie, ihre Eroberungen durch ethnische Vertreibungen zu konsolidieren. Seit dieser Zeit gingen aber auch die kroatischen Kräfte offensiv gegen die muslimischen Verbände vor, da sie nun ebenfalls bemüht waren, möglichst große Gebiete unter Kontrolle zu bekommen.[28] Die logische Folge dieser Entwicklung war der Zerfall der muslimisch-kroatischen Militärallianz. Seit Herbst 1992 nahmen

27 Lee Bryant, Chronology of the Battle for Bosnia, in: Warreport August/September 1993, S. 8ff.

28 Ebd.

die Kämpfe zwischen den Koalitionspartnern erheblich an Häufigkeit und Intensität zu, bevor zu Beginn des Jahres 1993 die Koalition fürs erste zu Bruch ging: An der Jahreswende 1992/93 tat sich also eine zusätzliche »Front innerhalb der Front« auf, an der sich die ehemaligen Verbündeten mit der Waffe gegenüberstanden. Erst Anfang 1994 gelang es durch Druck, die Partner wieder zusammenzuführen. Nach der formalen Gründung der kroatisch-muslimischen Föderation im März 1994 kämpften sie wieder Seite an Seite.

Schon Ende 1992 hatte die bosnische Armee eine Gegenoffensive gestartet und einige Gebiete Ostbosniens zurückerobert. Nach der Einnahme der Stadt Gradačac und einiger Vororte von Brčko gerieten die serbischen Kräfte erstmals ernsthaft in Bedrängnis. Allerdings schafften es die Muslime nicht, zu den ostbosnischen Enklaven Srebrenica, Žepa und anderen vorzustoßen. Im Frühjahr 1993 mußten die Regierungstruppen an allen Fronten Niederlagen hinnehmen.

Inzwischen bemühten sich die Serben, ihre Eroberungen weiter zu arrondieren und die ostbosnischen Städte endgültig zu isolieren. Gleichzeitig schritten auch die Kroaten in Zentralbosnien rasch voran und vertrieben die muslimische Bevölkerung aus dem Lašva-Tal. Nur wenige strategisch interessante Orte, wie Sarajevo, Tuzla und Zenica, verblieben in der Hand der Muslime.

Erst im Juni 1993 wendete sich das Blatt wieder zugunsten der Regierungstruppen, die den Kroaten zunächst Travnik abnahmen, um daraufhin weiter in Richtung Gornji Vakuf, Bugojno und Prozor vorzustoßen. Die Hälfte Mostars, das die Kroaten als Hauptstadt ihrer autonomen Region Herceg-Bosna beanspruchten, geriet in muslimische Hand. Nunmehr wurden Tausende Kroaten durch die vorrückenden Regierungstruppen vertrieben. Seit Herbst 1993 befanden sich die muslimischen Truppen endgültig nicht mehr in der Defensive. Sie eroberten ca. 40% der von den ehemals verbündeten Kroaten gehaltenen Gebiete zurück.

Im Frühjahr 1994 starteten sie, wie vielfach erwartet, eine neue Offensive. Nach der kroatisch-muslimischen Aussöhnung hat sich die strategische Situation der Regierungstruppen weiter verbessert. Nunmehr stand ihnen neben den Nachschubwegen via Split und zum Adriahafen Ploče auch die Nutzung der Waffen- und Munitionsfabriken in Vitez, Travnik, Konjic und anderen Orten offen.[29]

Nach der im März 1994 vollzogenen Aussöhnung zwischen den ehemaligen Kontrahenten richteten sich die militärischen Anstrengungen der Muslime und Kroaten wieder konzentriert gegen die serbischen Truppen. Noch während über einen neuen Friedensplan verhandelt wurde, kündigte der Oberbefehlshaber der Regierungstruppen im Juni 1994 den Beginn des »Befreiungskrieges« an, um die ehemals mehrheitlich von Muslimen besiedelten Gebiete von den Serben zurückzuerobern.[30] Heftige Kämpfe fanden in Bihać, Brčko, Goražde, Gornji Vakuf, Maglaj, Mostar, Olovo, Srebrenica, Tuzla, Vitez, Zenica, Žepa und Žepče statt.[31] Der Durchbruch kam jedoch erst im Frühjahr 1995 (vgl. Kap. IX).

Anders als die strategischen Manöver erschien den meisten Beobachtern das Kampfgeschehen selbst anfänglich extrem unübersichtlich. So gab es schon wegen der ethnisch gemischten Bevölkerungszusammensetzung sowie wegen der diffusen militärischen Strukturen keine geschlossene Frontlinie. Gleich einem Leopardenfell waren die Kampfplätze meist ohne innere Verbindung weiträumig über das bosnische Territorium verstreut, so daß die gegnerischen Parteien ihre Kräfte auf mehrere Einsatzorte verteilen mußten.[32] Die Fragmentierung der Kriegsschauplätze und die

29 »La paix? Dans dix ans, peut-être...«, in: Le Monde, 1. 6. 1994, S. 3.
30 Bosnia's New Joint General Staff, in: Foreign Report, 20. 6. 1994, S. 1 f.
31 Hiljadu dana nesreće, in: Vreme, 11. 4. 1994, S. 14f.
32 Anton Žabkar, Basic Characteristics of Armed Struggle in the Area of the Former Yugoslavia and Some Aspects of Its Possible Escalation, in: Ministry of Defence/Center for Strategic Studies (Hg.), Armed Conflicts in the Balkans and European Security, Ljubljana 1993, S. 227-251.

Atomisierung der kämpfenden Truppen machten großangelegte strategische Manöver nahezu unmöglich. Die Schlüsselrolle fiel deshalb den taktischen Einheiten zu, so daß operative Verbände in geringerer Zahl zum Einsatz kamen. Tiefgeführte Angriffsoperationen bildeten die Ausnahme, während sich die militärischen Aktionen hauptsächlich auf das Einschließen des Gegners (häufig in Städten) konzentrierten.

Die Demoralisierung des Gegners durch permanenten Beschuß bildete ein wesentliches Element der Kriegsstrategie. Aus dieser Zermürbungstaktik erklärt sich die – vielen Beobachtern unverständlich – lange Dauer der Kämpfe vor Einnahme strategisch wichtiger Positionen. Obwohl zahlreiche bosnische Ortschaften während des Krieges der Belagerung anheimfielen, konzentrierte sich das öffentliche Interesse fast ausschließlich auf die Hauptstadt.

Die Umzingelung Sarajevos begann am 5. April 1992, dem Vorabend der internationalen Anerkennung Bosnien-Hercegovinas.[33] Obwohl die Serben der Regierungsarmee an Feuerkraft überlegen waren, erschien unwahrscheinlich, daß es ihnen gelingen könnte, die ganze Stadt einzunehmen. Sie konzentrierten sich daher darauf, die Eingeschlossenen durch kontinuierlichen Artillerie-, Mörser- und Panzerbeschuß zu zermürben. Mitarbeiter der UNPROFOR (UN-Protection Force) meldeten einen täglichen Granatenbeschuß von 200 bis 300 Einschlägen an ruhigen und 800 bis 1 000 an lebhaften Tagen.

Die Analyse der Zerstörungen läßt eine genaue Auswahl der Ziele erkennen. Die häufigsten Treffer verzeichneten unter anderem das Krankenhaus, die Rundfunkstationen, das öffentliche Verkehrssystem, das Präsidenten- und das Parlamentsgebäude sowie einige große lebensmittelproduzierende Betriebe. Religiöse und kulturelle Einrichtungen, insbesondere im historischen Stadtzentrum, wurden eben-

33 Final Report of the Commission of Experts Established pursuant to Security Council Resolution 780 (1992), S. 43 ff.

falls systematisch mit Granaten beschossen. All dies deutete auf eine gezielte Zerstörung der Infrastruktur hin.

Gleichzeitig wurden Wohngebiete unter Beschuß genommen, darunter öffentliche Plätze und zivile Einrichtungen wie Schulen, Märkte und Sportplätze. Für die Menschen in der bosnischen Hauptstadt, die sich trotz der Belagerung einen »Rest an Normalität«[34] bewahrten, bedeuteten die Isolation und der alltägliche Terror eine unermeßliche Leidenserfahrung. Viele Briefe, die die Außenwelt dennoch erreichten, legen hierüber Zeugnis ab.[35] Ein Expertenteam der UNO hatte den gezielten Beschuß ziviler Ziele bereits im Juni 1993 als Kriegsverbrechen qualifiziert.[36] Aber erst der Angriff auf einen Marktplatz, bei dem am 5. Februar 1994 mindestens 68 Menschen starben und 200 weitere verletzt wurden, gab der NATO den Anlaß, die bosnischen Serben nach fast zweijähriger Belagerung Sarajevos ultimativ zum Rückzug ihrer schweren Waffen aufzufordern.

Die Einbeziehung der Zivilbevölkerung in die Kampfhandlungen ist indes keine Besonderheit des jugoslawischen Krieges. Nach Angaben der UNICEF aus dem Jahr 1989 waren 90% aller Kriegsopfer nach dem Zweiten Weltkrieg Zivilisten.[37]

34 Ein Rest an Normalität in Sarajevo, in: Neue Zürcher Zeitung, 29. 9. 1993, S. 7.

35 Zlatko Dizdarević, Journal de guerre: Chronique de Sarajevo assiégée, Paris 1993; Anna Cataldi (Hg.), Briefe aus dem belagerten Sarajevo, München 1993; Davor Korić, Und Sarajewo muß für alles zahlen ... Briefe aus dem belagerten Sarajevo, Osnabrück 1993; Juan Goytisolo, Notizen aus Sarajevo, Frankfurt/M. 1993; Ivan Lovrenović, ex tenebris. Sarajevski dnevnik, Zagreb 1994.

36 Final Report of the Commission of Experts Established pursuant to Security Council Resolution 780 (1992), S. 47.

37 Ruth Seifert, Die zweite Front. Zur Logik sexueller Gewalt in Kriegen, in: S+F. Vierteljahresschrift für Sicherheit und Frieden 11 (1993) 2, S. 66-71, hier S. 68.

3. Feindbilder und Propaganda

Kein Krieg wird nur auf den Schlachtfeldern geführt. Es ist üblich, gewaltsame Konflikte durch nationalistische Agitation vorzubereiten und mit einer lebhaften Propagandatätigkeit zu begleiten. Psychologische Kriegsführung hilft den Gegner zu demoralisieren und die Wehrbereitschaft und Kampfmoral in den eigenen Reihen zu stärken. Feindbilder sind vonnöten, um die eigenen Kriegsziele zu legitimieren, Soldaten zu motivieren und ihre Tötungshemmungen abzubauen. Kriege funktionieren nur, wenn das Mitgefühl stirbt.

Das häufigste Muster bei der Feindbildkonstruktion ist, dem Gegner bestimmte extrem negative Eigenschaften und Verhaltensweisen zuzuschreiben. Diese können einen realen Hintergrund besitzen oder auch erfunden sein. Selbst wenn diese Stereotypen den sprichwörtlichen wahren Kern besitzen, bleibt die Gegnerwahrnehmung verzerrt. Feindbilder lassen keine Differenzierungen zu: In der Regel wird die Natur des Gegenübers als absolut inhuman und monolithisch charakterisiert.[38] Häufig schreiben sich Konfliktparteien sogar identische Eigenschaften zu. Feindbilder sind daher meist austauschbar.[39]

Feindbilder beruhen auf projektiven Identifikationen, bei denen persönliche Ängste und Aggressionen auf den Gegner übertragen werden. Projektive Identifikation bezeichnet einen psychischen Mechanismus, der die eigene Person (oder Gruppe) als gut und richtig, die Außenwelt jedoch als bedrohlich wahrnehmen läßt.[40] So erklärt sich die grob antithetische Gegenüberstellung des absolut guten Selbst und des total schlechten Anderen. Nachrichten über tatsächliche oder erfundene Untaten bekräftigen dieses Wahrneh-

38 Flohr, Feindbilder in der internationalen Politik, S. 28ff.

39 C.R. Mitchell, The Structure of International Conflict, New York 1981, S. 104ff.

40 Parin, Das Bluten aufgerissener Wunden, S. 80f.

mungsmuster. Je länger ein Krieg dauert, je weiter sich die Kampfhandlungen ausbreiten, desto gesicherter erscheinen dann die über den Feind gewonnenen Erkenntnisse – und die eigene Rolle. Gemeinsame Projektionen legitimieren die Gruppe, Aggressionen nach außen zu lenken.[41] Bedrohungsvorstellungen und Verfolgungswahn gehen daher nicht selten mit Selbstüberschätzung und Größenwahn einher.

Nur scheinbar entstehen Feindbilder spontan. In Wirklichkeit werden sie produziert oder zumindest manipuliert. Alle Völker Jugoslawiens haben im Verlauf der Geschichte irgendwann einmal traumatische Erfahrungen gemacht: sei es als marginalisierte, deklassierte oder unterdrückte Nationen im königlichen Jugoslawien, sei es als Opfer rassistischer Verfolgung und physischer Vernichtung im Zweiten Weltkrieg. Vielen Menschen ist die Erinnerung an kulturelle Mißachtung, an ungesühnte Verbrechen, an den Verlust von Freunden und Verwandten noch immer präsent. Kollektiv erinnerte und real erfahrene Gefühle von Angst und Haß verschmelzen zu einer neuen Scheinrealität, wenn, wie im jugoslawischen Krieg, zu den vergangenen neue traumatische Erlebnisse hinzutreten. Und der Mechanismus der selektiven Wahrnehmung sorgt dafür, daß nur die Informationen in das Bewußtsein dringen, die mit den vorgefaßten Einstellungen und Meinungen korrespondieren.

Diese unbewußten Prozesse können von der Propaganda verstärkt und ausgenutzt werden. Eine durch Zensur kontrollierte und gelenkte Öffentlichkeit ist der beste Nährboden für die Reaktivierung oder die Konstruktion von Feindbildern. Solange zuverlässige Informationen fehlen, gewinnen mündliche Verbreitungsformen an Bedeutung: Gerüchte über Greueltaten können gezielt gestreut und verbreitet, aber kaum überprüft werden. Horrormeldungen können mal der Täter-, mal der Opferseite nützen: Sei es,

41 Ebd., S. 79 u. 82.

daß Berichte über die tatsächliche oder vermeintliche Brutalität den Gegner dämonisieren, sei es, daß dadurch die eigene Übermacht und Bedrohlichkeit unterstrichen wird. Um Terror- und Traumatisierungseffekte in der Zivilbevölkerung zu erzielen, verbreiteten beispielsweise Angreifer Nachrichten über eigene Kriegsverbrechen. Einschüchterung ist ein wichtiges Instrument, um Eroberungen vorzubereiten.[42] Das »plausible Gerücht« bildet einen festen Bestandteil jeder erfolgreichen Propagandastrategie.[43]

Während des jugoslawischen Krieges ist eine Flut von Gerüchten über Untaten der jeweils anderen Seite in Umlauf gesetzt worden. Vor allem das Thema Kriegsverbrechen, über das im folgenden Kapitel noch mehr gesagt sein soll, wurde von allen Konfliktparteien extensiv zu Propagandazwecken ausgeschlachtet. Alle Seiten nutzten die Präsenz der Medien und der internationalen Hilfsorganisationen aus, um für Unterstützung der eigenen Interessen zu werben. Professionelle Public-Relations-Agenturen wurden beauftragt, eigene und gegnerische Images aufzubauen. Der Sonderberichterstatter der UNO-Menschenrechtskommission Tadeusz Mazowiecki schrieb im August 1992: »Gerüchte und Desinformation sind nicht nur allgemein verbreitet, sondern auch ein Hauptbestandteil der Problematik des aktuellen Balkan-Konflikts, insofern sie erheblich dazu beitragen, Haß- und Rachegefühle zu schüren, Vergeltungstrieb anzustacheln ... Die Bevölkerung im allgemeinen verfügt über keine vertrauenswürdige und objektive Informationsquelle.«[44]

Auch westliche Reporter sind gelegentlich der Desinformation aufgesessen. Um die Rolle der Medien entbrannte deswegen Anfang 1994 eine heftige Polemik. Der amerikani-

42 Final Report of the Commission of Experts Established pursuant to Security Council Resolution 780 (1992), S. 36.

43 Georg Elwert, Fassaden, Gerüchte, Gewalt. Über Nationalismus, in: Merkur (1991), S. 318-332, hier S. 332.

44 Zit. n. Süddeutsche Zeitung, 3./4. 4. 1993, S. 17.

sche Journalist Peter Brock prangerte als erster den westlichen »Meutenjournalismus« an. Er warf Presse und Fernsehen vor, durch Tatsachenverdrehungen und einseitige Berichterstattung zu »Mitkriegführenden« geworden zu sein.[45] Obwohl viele seiner Vorwürfe später widerlegt wurden, warf die Debatte ein Schlaglicht auf die fragwürdige Rolle der Kriegsberichterstattung.[46] Erst der Ruf nach mehr Sachlichkeit schuf Sensibilität für die Problematik, »objektiv« über Ereignisse berichten zu müssen, über die in der Regel widersprüchliche, nicht nachprüfbare Informationen vorliegen. Jeder sollte sich bewußt sein, schrieb die *Neue Zürcher Zeitung* in selbstkritischer Absicht, »daß man bei der Lektüre täglicher Nachrichten vom Balkan oft auf unsicherem Boden wandelt«.[47]

Viele der von der Kriegspropaganda ausgeschlachteten Feindbilder waren übrigens lediglich extreme Überzeichnungen bereits seit längerem gepflegter Auto- und Heterostereotypen. Kulturzentristische Argumente, Vorstellungen von der prinzipiellen (kulturellen oder moralischen) Überlegenheit der eigenen Glaubens- und Lebenswelt waren allen drei bosnischen Konfliktparteien schon vor Ausbruch des Krieges vertraut.

Auffällig erscheint die parallele Struktur ihrer Argumentationsweisen. Wie viele Nationalismen pflegt beispielsweise der serbische den Mythos vom auserwählten Volk. Unter Bezugnahme auf die Volksepik werden die Serben von ihren Führern als »himmlisches Volk« (*nebeski narod*) etikettiert. Aber auch die von Alija Izetbegović verfaßte »Islamische Deklaration« spielt mit der Vorstellung von der Überlegenheit der islamischen Kultur gegenüber säkularen

45 Peter Brock, Bosnien: So logen Fernsehen und Presse uns an, in: Weltwoche, 20. 1. 1994, S. 7ff.

46 Wolfgang Libal, Glanz und Elend der Bosnien-Berichterstattung, in: Europäische Rundschau 22 (1994) 2, S. 47-53.

47 Kriegsverbrechen und der Ruf nach Sachlichkeit, in: Neue Zürcher Zeitung, 1. 1. 1994, S. 2.

gesellschaftlichen Ordnungsprinzipien.[48] Und die kroatischen Nationalisten gerieren sich als eigentliche Repräsentanten mitteleuropäischer Kultur und Zivilisation, während die anderen Völker und Kulturen als barbarisch abqualifiziert werden.

Komplementär zur Überlegenheit wird die Benachteiligung, Ausbeutung und physische Bedrohung der Wir-Gruppe beschworen. Mit Aufleben des kroatischen Nationalismus wurde beispielsweise die (als ausbeuterisch empfundene) Umverteilungspolitik des jugoslawischen Bundesstaats kritisiert. Und die »Islamische Deklaration« beschrieb den Prozeß der Säkularisierung als »neue Versklavung« und beklagte den Verlust von »geistiger Freiheit« und kultureller Identität.[49]

Am schärfsten wurden und werden derartige Vorstellungen jedoch auf serbischer Seite formuliert. Der Topos von der jahrhundertealten Bedrohung und sogar physischen Vernichtung des serbischen Volkes durchzieht die nationalistische serbische Argumentation wie ein roter Faden.[50] In zahlreichen historiographischen und politischen Schriften wird dieser Topos zur Konstante der gesamten serbischen Geschichte stilisiert. In dem 1986 bekanntgewordenen Memorandum der Serbischen Akademie der Wissenschaften, das man durchaus als großserbisches Nationalprogramm verstehen kann, tauchen drei Grundthesen auf: daß sich das serbische Volk in der Geschichte stets für andere geopfert habe, daß es dennoch einer permanenten Benachteiligung ausgesetzt sei, ja daß ihm seit Jahrhunderten der Genozid drohe.[51]

In der Stilisierung der Genozid-Gefahr ergänzen sich historische Mythen und Traumata. Angefangen mit der

48 Izetbegović, Islamska deklaracija, S. 10.

49 Ebd.

50 Jeremija D. Mitrović, Srbofobija i njeni izvori, Beograd 1991.

51 Memorandum SANU, in: Mirko Grmek/Marc Gjidara/Neven Simac (Hg.), »Le nettoyage ethnique«. Documents historiques sur une idéologie serbe, Paris 1993, S. 160ff.

Schlacht auf dem Amselfeld, bei der die serbischen Truppen 1389 eine vernichtende Niederlage durch die Osmanen erlitten, bis hin zur Tito-Ära, in der die Serben angeblich ständigen Benachteiligungen ausgesetzt waren, wird die gesamte Vergangenheit auf die Erfahrung der Bedrohung reduziert. Man hört die Befürchtung, daß die Muslime aufgrund höherer Geburtenraten in wenigen Jahren die absolute Bevölkerungsmehrheit in der Vielvölkerrepublik stellen könnten, um dann zur offenen Diskriminierung der nichtmuslimischen Völker (in erster Linie der Serben) überzugehen. Dies träfe übrigens nicht nur auf Bosnien-Hercegovina, sondern ebenso auf das vorwiegend von Albanern besiedelte Kosovo zu.

Auch die anderen Völker bedienten sich – zu Recht oder Unrecht – des Stereotyps der eigenen Bedrohtheit. Nachdem die kroatisch-muslimische Militärallianz zerbrochen war, las man in den kroatischen Zeitungen häufig über die angeblich von den Muslimen ausgehende Genozidgefahr.[52] Diese wiederum äußerten angesichts der mangelnden westlichen Unterstützung den Verdacht, sie seien Ziel eines christlichen Rachefeldzugs für die Türkenkriege.[53] Es stand zu lesen, das Abendland wolle auf diesem Wege die Frage der Balkanmuslime einer »Endlösung« zuführen.[54]

Dagegen dominiert in der großserbischen Propaganda die Behauptung, die Muslime wollten in Bosnien mit Hilfe von Mudjaheddin aus den arabischen Ländern gewaltsam einen islamischen Gottesstaat errichten. Sie unterstellt, die Muslime hätten den Krieg im Namen Allahs begonnen, während die Serben das christliche Abendland gegen den rückschrittlichen Islam verteidigten. Als die kroatisch-muslimische Militärallianz Risse bekam, zeichnete auch die kroatische

52 Islam zamaglio razum, in: Novi vjesnik, 28. 1. 1993, S. 3.

53 Vergeltung für das Amselfeld?, in: Frankfurter Allgemeine Zeitung, 17. 12. 1992.

54 Degree Varies as Arabs Assist Bosnia's Muslims, in: The New York Times, 23. 8. 1992, S. 16.

Presse das Horrorgemälde vom Vordringen des islamischen Fundamentalismus, dem sich das christlich-katholische Abendland widersetzen müsse.[55] Seit Frühjahr 1994 wird aber wieder – dem politischen Alltagsgeschäft zuträglich – die jahrhundertealte Verbundenheit der beiden Völker propagandistisch hervorgekehrt.

Vieles, was über den Feind berichtet wird, erscheint auf den ersten Blick einleuchtend oder plausibel. Nationalistische Propaganda ist deshalb so wirksam, weil sie einem breiten Publikum leicht eingängige Erklärungen für komplizierte Zusammenhänge anbietet. Stets gibt es einen Urgrund, der die gesamte – in Wirklichkeit widersprüchliche und komplexe – Geschichte auf äußerst einfache Tatbestände reduziert.[56] Diese stereotypisierten Erklärungen lassen sich einsetzen, um politische Ziele zu begründen, zu bewerten und zu rechtfertigen. Und sie dienen dazu, unerwünschte Kritik an eben jenen Zielen abzuwehren. Denn wer den Eindruck vermittelt, gleichsam überzeitlich und universal bedroht zu sein, bedarf zur Rechtfertigung seiner Selbstverteidigung keiner weiteren Argumente. Historisches Selbstmitleid dient dann als ideologisches Bindemittel zur Schaffung einer nicht mehr kritisierten und kritisierbaren nationalen Solidarisierung.[57] Nationalistische Propaganda enthält also immer auch entsprechende Handlungsappelle. Wenn Krieg glaubhaft ausreichende Kompensationen für erfahrene oder nur wahrgenommene kollektive Demütigungen verspricht, werden die dafür notwendigen Risiken, Opfer und Kosten vernachlässigt. Er wird dann zu einer »Erlösungsideologie« umfunktioniert.[58]

Nationalistische Propaganda sucht sich stets ihre kulturspezifischen Ausdrucksformen. Topoi wie der der Benach-

55 Zamke islamske ponude, in: Novi vjesnik, 9. 1. 1993, S. 12A.
56 Elwert, Fassaden, Gerüchte, Gewalt.
57 Wolfgang Höpken, Geschichte und Gewalt. Geschichtsbewußtsein im jugoslawischen Konflikt, in: Internationale Schulbuchforschung 15 (1993) 1, S. 55-73.
58 Thomas Scheffler (Hg.), Ethnizität und Gewalt, Hamburg 1991, S. 22.

teiligung und Bedrohung werden jeweils zum historischen, regionalen und kulturellen Kontext passend verpackt. Dadurch werden die Einmaligkeit und Authentizität der jeweiligen Konfliktumstände und ein hoher Grad an Allgemeinverbindlichkeit suggeriert.

Die häufigsten und attraktivsten Verpackungen nationalistischer Ideologeme sind zum einen die Geschichte, zum anderen die Volkskultur. Nationalbewußte Intellektuelle und Politiker bedienen sich in ihrer Programmatik und Selbstdarstellung gerne der Kraft kultureller Traditionen, historischer Mythen und der Volksepik.[59] So entsteht der Eindruck, daß bestimmte politische Ziele eine universal akzeptierte und weit in die Vergangenheit zurückreichende historische Legitimität besitzen. Tatsächlich dient der Einsatz folkloristischer Elemente aber nur rein propagandistischen Zwecken. Analog zum Rekurs auf geschichtliche Ereignisse und Symbole, der den Ewigkeitsanspruch bestimmter Ideen fundieren soll, suggerieren die Anleihen bei der Volkskultur breite gesellschaftliche Akzeptanz.

Die Propagandisten machen sich dabei die Eigenschaften des kollektiven Gedächtnisses nutzbar, das denkwürdige Begebenheiten in Form von »Erinnerungsfiguren« (Jan Assmann) versinnlicht und aufbewahrt. Solche Erinnerungsfiguren, in denen sozialkulturelle Identität konserviert wird, haften an kulturellen und literarischen Denkmälern, historischen Gestalten oder symbolträchtigen Orten.[60]

Eine dieser von der nationalistischen Propaganda instrumentalisierten Erinnerungsfiguren erschließt sich über den Kult mit symbolhaften Orten und heiligen Stätten im weiteren Sinn. Die serbische politische Propaganda beispielsweise nutzt die Verräumlichung kollektiver Erinnerung in Form von Klöstern, Schlachtfeldern und heiligen Bergen als Kristallisationspunkte. Hervorragende Repräsentanten dieser ideologischen Symbolwelt sind die Gräber, die für die

59 Ivan Čolović, Bordel ratnika. Folklor, politika i rat, Beograd 1993.
60 Assmann, Das kulturelle Gedächtnis, S. 37.

Verbundenheit des Volkes mit der Erde seiner Ahnen, den Wurzeln der nationalen Gemeinschaft per se, stehen.[61] Die serbische Vergangenheit, die als eine jahrhundertelange Geschichte des Opferns und Leidens gezeichnet wird, mündet dergestalt in eine »Blut-und-Boden«-Ideologie kulturspezifischen Zuschnitts. Die Botschaft dieser »morbiden Geopolitik« (Ivan Čolović) lautet, daß sich serbische Heimaterde überall dort befinde, wo infolge heldenhafter und verlustreicher Schlachten in der Vergangenheit serbische Gräber liegen.

In der nationalistischen Propagandawelt werden nicht zuletzt historische und mythologische Gestalten wieder zum Leben erweckt. Der bosnische Serbenführer Radovan Karadžić präsentiert sich gern in der Rolle seines berühmten Namensvetters Vuk Stefanović Karadžić, dem serbischen Sprachreformer des 19. Jahrhunderts.[62] Auch Dragan Vasiljković alias »Captain Dragan«, der als Kommandeur einer berüchtigten Freiwilligeneinheit auf der Liste der international gesuchten Kriegsverbrecher steht, ist es gelungen, sich ein folkloristisch angehauchtes Image aufzubauen. Als Archetyp eines »Retters der Nation« umgibt er sich mit der Aura des sagenhaften Miloš Obilić, dem in der Volksepik verewigten Helden, der während der Kosovoschlacht 1389 den Führer der angreifenden Osmanen, Sultan Murat, ermordete und dadurch einen Rückzug der türkischen Heere erwirkte. Besser noch als der Sagenheld Obilić präsentiert sich »Captain Dragan«, den seine Anhänger liebevoll »Kep« nennen, als ewiger Sieger, unfehlbar, unverletzbar und unsterblich.[63]

61 Ivan Čolović, Die Mythen des Krieges, in: die tageszeitung, 16. 12. 1993, S. 17.
62 Ebd.
63 Obilić naših dana, in: Borba, 17. 12. 1993, S. 15.

V. Von Opfern und Tätern: Menschenrechtsverletzungen und Kriegsverbrechen

Kein Thema hat die deutsche Öffentlichkeit nach Ausbruch des jugoslawischen Krieges so stark erschüttert wie das der Kriegsverbrechen. Seit sich im Sommer 1992 die Berichte über spektakuläre Menschenrechtsverletzungen in Bosnien-Hercegovina häuften, nahm das Interesse an den humanitären Dimensionen des Krieges rasch zu. Scharen von Reportern setzten sich in Bewegung, um immer neue Greueltaten ans Tageslicht zu bringen. Die flächendeckenden ethnischen Vertreibungen, die unhaltbaren Zustände in den Gefangenenlagern und die massenhafte Vergewaltigung von Frauen beschäftigten die Medien besonders.

Angesichts alarmierender Presseberichte faßte der Sicherheitsrat der UNO am 6. Oktober 1992 mit der Resolution 780 den Beschluß, eine fünfköpfige Expertenkommission zur Untersuchung der Menschenrechtsverletzungen in das ehemalige Jugoslawien zu entsenden. Von der großen Zahl der zivilen Opfer und von der »besonderen Brutalität und Grausamkeit« der aufgedeckten Verbrechen zeigten sich selbst die kriegserfahrenen Inspekteure tief erschüttert. Allein in Bosnien-Hercegovina examinierten die Experten der UNO 143 Massengräber und 715 Gefangenenlager. Besondere Aufmerksamkeit widmeten sie auch den ethnischen Vertreibungen, der Belagerung von Städten und den Massenvergewaltigungen. Im Mai 1994 legte das Gremium seinen Abschlußbericht vor.[1] Unabhängig davon trugen auch an-

1 Tadeusz Mazowiecki, Massive Human Rights Violations in Former Yugoslavia, in: U.S. Policy Information and Texts, No. 133, 30. 10. 1992, S. 37ff; Final Report of the Commission of Experts Established pursuant to Security Council Resolution 780 (1992).

dere Institutionen, wie die Europäische Gemeinschaft und die KSZE, nicht zuletzt viele Menschenrechtsorganisationen umfängliches Beweismaterial über Menschenrechtsverletzungen zusammen. Dem im Mai 1993 ins Leben gerufenen internationalen Strafgerichtshof zur Ahndung der Kriegsverbrechen in Den Haag lagen Mitte 1994 rund 65 000 Seiten Text und 300 Stunden Filmaufnahmen vor. Ständig kommen neue Dokumente und Zeugenaussagen hinzu.[2]

1. Flucht und Vertreibung

Mit Kriegsbeginn kam eine gigantische Wanderungsbewegung in Gang. Nach Angaben des UNHCR befanden sich bereits im Juni 1992 1,4 Millionen Jugoslawen auf der Flucht. Ende 1992 hatte ihre Zahl die Zweimillionen-, im Sommer 1993 die Viermillionengrenze überschritten.[3] Nach offiziellen Angaben hielten sich von rund 4,25 Millionen Migranten 2,23 Millionen in Bosnien-Hercegovina, 613 000 in Kroatien, 520 000 in Serbien und Montenegro, 32 000 in Makedonien und 33 000 in Slowenien auf.[4] Weitere 750 000 Jugoslawen fanden Zuflucht in anderen europäischen Ländern, davon mindestens 324 000 in Deutschland.[5]

Chronologisch und systematisch lassen sich vier Wanderungswellen unterscheiden. Die erste setzte schon vor Ausbruch der Kriegshandlungen in Kroatien ein. Damals verließen vorwiegend junge Männer, die sich der Einberufung in die Bundesarmee entzogen, und Serben, die ethnische Verfolgung fürchteten, das Land.[6] Im Juli 1991 registrierte

2 Vgl. u. a. Third Report of the FR Yugoslavia Government on War Crimes Committed in the Territory of the Former SFR Yugoslavia, in: Focus 9/1994, 16. 5. 1994, S. 5 ff.
3 Morokvasic, Krieg, Flucht und Vertreibung, S. 5; The Fate of Refugees and War Resisters, in: RFE/RL Research Bulletin, 20. 6. 1994, S. 1 ff.
4 The Independent, 28. 10. 1993, S. 11.
5 Warreport, October/November 1993, S. 6.
6 Morokvasic, Krieg, Flucht und Vertreibung, S. 6.

das Rote Kreuz 15 000 Flüchtlinge in Serbien, 5 000 in Kroatien und 3 000 in Bosnien-Hercegovina. Ende 1991 wurde die Zahl der Männer, die sich dem Dienst mit der Waffe entzogen hatten, auf 100 000 in Kroatien und 150 000 in Serbien geschätzt.[7] Der Krieg in Kroatien löste im Sommer 1991 einen zweiten Wanderungsschub aus. Ca. 500 000 bis 600 000 Personen verließen die umkämpften Regionen der ehemaligen Militärgrenze bzw. der Krajina. Fast die Hälfte von ihnen fand innerhalb Kroatiens Aufnahme, während der Rest nach Serbien (160 000), Bosnien-Hercegovina (100 000) und Slowenien (23 000) floh. Die dritte und größte Migrationswelle ging im April 1992 von Bosnien-Hercegovina aus, wo sich bereits bis zum Sommer mehr als zwei Millionen Menschen in Bewegung gesetzt hatten. 1995 sind noch einmal besonders große Wanderungsschübe in Gang gekommen: Im Juli wurden rund 40 000 Muslime beim Sturm der serbischen Armee auf die ostbosnischen Enklaven Srebrenica und Žepa vertrieben, rund 170 000 Serben verließen während der kroatisch-muslimischen Offensive Westbosnien.[8] Zuvor hatte der Sturm der kroatischen Armee auf die von Serben besiedelte Krajina eine vierte Migrationswelle ausgelöst. Mehr als 170 000 Serben flohen oder wurden vertrieben.[9]

Die große Masse der Flüchtlinge läßt sich in drei Kategorien einteilen. Die erste Gruppe bilden diejenigen, die als Handelnde, also als Soldaten oder politisch Aktive, verfolgt wurden und daher in anderen Landesteilen Zuflucht suchten. In die zweite Kategorie fallen all jene, die aufgrund ihrer ethnischen oder religiösen Zugehörigkeit Repressionen oder Angriffen auf Leib und Leben ausgesetzt waren. Drittens flohen Menschen vor den allgemeinen Begleiter-

7 Ebd., S. 7.
8 Commission on Human Rights, Situation of Human Rights in the Territory of the former Yugoslavia, 22. 8. 1995 (E/CN.4/1996/9).
9 Report of the Secretary General Submitted pursuant to Security Council Resolution 1009, 23. 8.1995 (S/1995/730).

scheinungen des Krieges, also vor Zerstörung, Kampfhandlungen und Hunger, ohne unbedingt nationalistischen Übergriffen ausgesetzt gewesen zu sein. Aus Erhebungen in verschiedenen Flüchtlingslagern geht eindeutig hervor, daß die meisten Migranten der zweiten und dritten Gruppe zuzurechnen sind. Sie stammten aus umkämpften Gebieten und belagerten Ortschaften oder waren Opfer einer Politik, die sich unter den Euphemismus »ethnische Säuberungen« subsumieren läßt.[10]

Der relativ neue Begriff der »ethnischen Säuberung« bezeichnet den Einsatz von Gewalt und aller Arten von Einschüchterung, um die Einwohner bestimmter Gebiete, die ethnisch homogenisiert werden sollen, zur Flucht zu bewegen. Er suggeriert, daß durch die »Bereinigung« unübersichtlicher Siedlungsverhältnisse die eigentliche Ursache unterschiedlichster Konfliktlagen (nämlich Multiethnizität an sich) beseitigt würde. Nationalistische Politiker werden nicht müde zu behaupten, die Völker könnten nicht friedlich koexistieren. In Wahrheit liegt die Kausalkette jedoch genau andersherum: Die Homogenisierungsbestrebungen sind Resultat einer Ideologie, die exklusiven Nationalismus, historische Ansprüche und traumatisch Erlebtes miteinander vermengt und deren Intention es schon vor Kriegsbeginn war, die Nationen auseinanderzudividieren. Der Sonderberichterstatter der UNO-Menschenrechtskommission für Jugoslawien, Tadeusz Mazowiecki, kam zu dem Schluß, daß »ethnische Säuberung« »nicht die Konsequenz dieses Krieges, sondern... *Ziel* dieses Krieges« ist.[11]

Anders als der Begriff ist der Tatbestand der »ethnischen Säuberungen« kein neuer. Nationale Homogenisierung, sei es in Form von Bevölkerungsaustausch, Vertreibung, De-

10 Morokvasic, Krieg, Flucht und Vertreibung, S. 12.

11 Interview mit dem UNO-Beauftragten Tadeusz Mazowiecki: »Nicht die gesamte serbische Nation beschuldigen«, in: Süddeutsche Zeitung, 19. 12. 1992, S. 12.

portation, Assimilation oder Genozid, ist weder eine Erfindung des 20. Jahrhunderts, noch ist sie in den Balkanländern entstanden. Schon in der Antike und im Mittelalter wurden unliebsame Völkerschaften und Religionsgemeinschaften aus ihren angestammten Siedlungsgebieten vertrieben. Während der Kolonialisierung wurde die Ureinwohnerschaft ganzer Kontinente Opfer rassistischer Verfolgung.[12] Auch die Gegenwart kennt – außerhalb des Gebietes des früheren Jugoslawien – zahlreiche Fälle ethnischer Vertreibungen.[13]

In den ethnisch heterogenen Regionen Südosteuropas nahmen die im Zeitalter der Nationalstaaten überall erkennbaren Homogenisierungsbestrebungen allerdings besonders krasse Formen an. Die enge Verzahnung des unter dem Kultureinfluß Herders aus dem deutschen Raum übernommenen ethnischen Nationsverständnisses mit der aus Frankreich entlehnten Vorstellung, daß Staat mit Nation identisch sei, programmierte angesichts der multiethnischen Situation eine Kette nationalistischer »Flurbereinigungen«, womit neben Massenumsiedlungen auch Zwangsassimilationen bis hin zum Ethnozid gemeint sind.[14] Schon der Zusammenbruch des Osmanischen Reiches und der Habsburger Monarchie löste organisierte Massenumsiedlungen und ethnische Vertreibungen auf dem Balkan aus. Eine erste große Wanderungswelle ist aus der Zeit der Orientalischen Krise (1875-1878) überliefert, eine zweite folgte den Balkankriegen 1912/13 und der staatlich-territorialen Neuordnung Südosteuropas durch die Pariser Vorortverträge.[15] Im Vertrag von Lausanne beispielsweise vereinbarten 1923 die Türkei und Griechenland erstmalig in der Ge-

12 Andrew Bell-Fialkoff, A Brief History of Ethnic Cleansing, in: Foreign Affairs 72 (1993) 3, S. 110-121.

13 Joseph B. Schechtmann, Postwar Population Transfers in Europe, 1945-1955, Philadelphia 1962; Heintze, Selbstbestimmungsrecht, S. 28 ff.

14 Sundhaussen, Von der Multiethnizität zur nationalen Homogenität, S. 4.

15 G.F. Kennan, The Balkan Crisis: 1913 and 1993, in: The New York Times Book Review 40 (1993) 13, S. 3-7.

schichte einen Zwangsaustausch ihrer nationalen Minderheiten.[16]

Unter Herrschaft der Nationalsozialisten ging schließlich der bislang umfassendste Bevölkerungstransfer und Völkermord der Geschichte vonstatten. Hitler hatte sich des Instruments ethnischer Umsiedlungen bedient und mehrere Hunderttausend Volksdeutsche aus den osteuropäischen Ländern und aus Tirol ins Reich umgesiedelt, um später die neu eroberten Ostgebiete Polens und Rußlands zu »germanisieren«.[17] Mit einigen osteuropäischen Staaten waren zu diesem Zweck Bevölkerungsaustauschverträge geschlossen worden, in anderen, wie Serbien und Griechenland, fanden Zwangsumsiedlungen statt.[18] Insgesamt kamen auf jugoslawischem Staatsgebiet mehr als 500 000 Menschen durch die »ethnographische Neuordnung« Hitlers in Bewegung: 260 000 Slowenen wurden nach Kroatien und Serbien ausgesiedelt; aus Kroatien und der Batschka wurden 160 000 bzw. 35 000 Serben vertrieben; 70 000 Kroaten mußten »Restserbien« in Richtung Kroatien verlassen. Darüber hinaus wurden mehrere Zehntausend Juden und Angehörige anderer Volksgruppen deportiert.[19] In allen Landesteilen beteiligten sich während des Zweiten Weltkrieges Anhänger nationalistischer oder faschistischer Bewegungen und Organisationen an den ethnischen Verfolgungen.

Die Idee, Nationalitätenprobleme durch Aus- und Um-

16 Hans Lemberg, »Ethnische Säuberung«: Ein Mittel zur Lösung von Nationalitätenproblemen?, in: Aus Politik und Zeitgeschichte, B 46/1992, S. 27-38.

17 Robert Koehl, RKFDV: German Resettlement and Population Policy, 1939-1945, Cambridge 1957.

18 Hellmuth Hecker, Die Umsiedlungsverträge des Deutschen Reiches während des Zweiten Weltkrieges, Frankfurt/M. 1971; Joseph B. Schechtmann, European Population Transfers, 1939-1945, New York 1946.

19 Hans Ulrich Wehler, Nationalitätenpolitik in Jugoslawien. Die deutsche Minderheit 1918-1978, Göttingen 1980, S. 68ff; Slobodan Milošević, Izbeglice i preseljenici na teritoriji okupirane Jugoslavije, Beograd 1981, S. 114ff; Tone Ferenc, Nacistička politika denacionalizacije u Sloveniji u godinama od 1941. do 1945., Ljubljana 1979.

siedlungen zu beseitigen, ist die grausame Konsequenz jenes ethnobiologischen Nationsverständnisses, das im 19. Jahrhundert in Deutschland entstand und das viele südosteuropäische Länder übernahmen. Dieses Konzept begriff die Nation, das Fundament der staatlichen Organisation, als Bluts- und Abstammungsgemeinschaft.[20] Im Unterschied zum demotisch-unitarischen und zum ethnisch-pluralen Nationalstaatskonzept verstand es die Gemeinschaft nicht primär politisch. Statt gemeinsamer Traditionen, Werte und Institutionen sollten Herkunft oder Sprache die Vergemeinschaftung begründen.[21]

Auch der serbische Nationalismus argumentiert primär ethnobiologisch. Eine Analyse der neuesten serbischen Schulbücher erbrachte, daß von 280 Lehreinheiten 200 die nationale Gemeinschaft auf Grundlage von Blutsverwandtschaft definierten, während sie nur 50 als administrativ, 5 als kulturell begriffen.[22] Darüber hinaus besitzt der serbische Nationalismus eine ausgeprägte territoriale Komponente. Nach geläufigen Vorstellungen eine die serbische Nation nicht nur ihre gemeinsame Geschichte, sondern auch und gerade das Territorium, auf dem das serbische Volk lebt, in dem seine Vorfahren zu Hause waren und wo sich historisch symbolträchtige Plätze befinden.[23]

Obwohl ideologisch verbrämt, entspringt die aktuelle Politik der nationalistischen Vertreibungen in erster Linie einem reinen Machtkalkül. Waren in der Zwischenkriegszeit die meisten nationalistischen Theoretiker noch der Ansicht, daß man die Angehörigen anderer Völker durch Assimilation und Akkulturation in die eigene Nation integrieren könne, erscheint dies angesichts des gewachsenen politischen Bewußtseins der Betroffenen und der Fortent-

20 Heckmann, Ethnische Minderheiten, Volk und Nation, S. 211.
21 Ebd., S. 214ff.
22 Vgl. Novi Mirko i Slavko, in: Vreme, 5. 7. 1993, S. 28.
23 Ružica Rosandić, Nationalism and Patriotism in Elementary School Textbooks, unveröffentl. Manuskript, Braunschweig, November 1993, S. 7.

wicklung des Völkerrechts heute kaum noch möglich. Statt die heterogenen Bevölkerungsgruppen in die eigene Nation zu integrieren, werden sie daher lieber zur Abwanderung gezwungen, ihre Kulturräume zerstört. »Ethnische Säuberungen« sollen Territorialhoheit begründen und stabilisieren, konkreter gesagt: Die tatsächlichen sollen den gewünschten ethnischen Verhältnissen angepaßt werden, um dadurch Gebietsansprüche zu legitimieren. Gleichzeitig dienen die Vertreibungen dazu, die Zahl der Opponenten gegen die Eroberungspolitik zu minimieren. Je weniger Angehörige »fremder« Volksgruppen in den beanspruchten Regionen verbleiben, desto zielstrebiger können die neuen Machthaber ihre Herrschaftsposition ausbauen und neue staatliche Instanzen schaffen. Zudem besitzt die Homogenisierungspolitik eine präventive Komponente. Sie verhindert, daß nach einem Friedensschluß die staatliche Souveränität durch international kontrollierte Minderheitenrechte eingeschränkt wird. Damit läßt sich überdies auch der internationale Einfluß reduzieren. »Ethnische Säuberungen« machen also in mehrfacher Hinsicht herrschaftstechnisch Sinn.

Offensichtlich gingen die meisten Vertreibungen auf das Konto der bosnischen Serben. Hauptabwanderungsgebiete waren die strategisch wichtigen Regionen, die die Republik Serbien mit den serbisch besiedelten Gebieten Bosnien-Hercegovinas und Kroatiens verbinden.[24] Seit 1993 mehrten sich Meldungen, daß auch die anderen Kriegsparteien Gewalt anwendeten, um eroberte Gebiete zu homogenisieren.[25] Ta-

24 Final Report of the Commission of Experts Established pursuant to Security Council Resolution 780 (1992), S. 33 ff; Amnesty International, Bosnia Herzegovina: Gross Abuses of Human Rights, October 1992 (EUR 63/01/92); dass., Bosnia-Herzegovina. »You have no place here«: Abuses in Bosnian Serb-Controlled Areas, June 1994 (EUR 63/11/94).

25 Amnesty International, Central and Southwest Bosnia-Herzegovina: Civilian Population Trapped in a Cycle of Violence, January 1994 (EUR 63/01/94); Second Periodic Report on the Situation of Human Rights in the Territory of the Former Yugoslavia submitted by Mr. Tadeusz Mazowiecki, 23. 2. 1993,

deusz Mazowiecki beschrieb in einem im Mai 1993 vorgelegten Bericht die »massive und systematische Verletzung von Menschenrechten und internationalem humanitärem Recht« durch kroatische Truppen in Zentralbosnien.[26]

Alle Völker sind im Verlauf des Krieges demnach Opfer ethnischer Vertreibungen geworden. Die eigentliche Zielgruppe der Vertreibungspolitik waren die Muslime, aber auch Serben und Kroaten gehören zu den Leidtragenden der nationalistischen Aussiedlungen.[27] Nach Angaben des UNHCR und von Amnesty International hatten bis März 1994 rund 450 000 Menschen die serbisch kontrollierten Gebiete Westbosniens und weitere 290 000 Ostbosnien verlassen. In umgekehrter Richtung wanderten rund 400 000 Serben aus den kroatisch und muslimisch beherrschten Gebieten ab, wobei die Serben, die außerhalb Bosnien-Hercegovinas Aufnahme fanden, nicht eingerechnet sind.[28] Ende 1995 hielten sich innerhalb Bosnien-Hercegovinas 2,7 Millionen, in Kroatien 463 000 und in Serbien 449 000 Flüchtlinge auf.[29]

2. *»Ethnische Säuberungen« und ihre Instrumente*

Eine Befragung von 250 Flüchtlingen und Vertriebenen, die im Winter 1992/93 in österreichischen und kroatischen Aufnahmelagern durchgeführt wurde, gab Aufschluß über drei typische Muster, nach denen serbische Truppen »ethnische Säuberungen« praktizierten: Vertreibungsdruck, Deporta-

in: Focus, 2. 6. 1993, S. 42-51; Final Report of the Commission of Experts Established pursuant to Security Council Resolution 780 (1992), S. 36.

26 Second Periodic Report on the Situation of Human Rights in the Territory of the Former Yugoslavia submitted by Mr. Tadeusz Mazowiecki, 23. 2. 1993, in: Focus, 2. 6. 1993, S. 42-51.

27 Ethnic Cleansing in Bosnia First Used against Serbs, in: Focus, 15. 6. 1994, S. 15 ff; Vesna Ivanović/Nero Vlahušić, Stradanje Hrvata u ratu u BiH 1991-1993, Zagreb 1993.

28 Amnesty International, Bosnia-Herzegovina, June 1994, S. 5 f.

29 War Report 38 (1995), S. 50.

tion und Tötung. Welche der drei Varianten zum Einsatz kam, hing von folgenden Variablen ab: der Bevölkerungszusammensetzung in der betroffenen Stadt oder Region, der Nähe der Vertreibungsregion zu den Kampfgebieten sowie davon, welche politische Fraktion in diesem Gebiet gerade die Macht innehatte. Generell ließ sich beobachten, daß die Repression um so größer war, je höher der muslimische Bevölkerungsanteil in den von Serben beanspruchten Ortschaften lag und je mehr irreguläre Verbände an den Aktionen partizipierten.[30] Viele Flüchtlinge berichteten, daß die Gewaltakte vorwiegend nachts stattfanden, um die Identität der meist uniformierten Täter zu verschleiern.[31]

Während in den vorwiegend von Muslimen bewohnten Städten den Vertreibungen häufig militärische Angriffe, Entführungen, Terrorakte und Tötungen vorangingen, konnte man in den gemischtethnischen Orten eine eher gradualistische, quasi-administrative Politik der »ethnischen Säuberungen« erkennen. Amnesty International berichtet, daß der Vertreibungsdruck, wenn nicht auf Befehl der lokalen Autoritäten, so doch zumindest mit deren Billigung ausgeübt wurde. Wer sich aufgrund von Diskriminierung und Gewaltandrohung schließlich zur Abwanderung bereit fand, mußte in den meisten Fällen Hab und Gut den lokalen Behörden überschreiben. Viele Migranten bezeugten, daß sie Schlepper mit Devisen bezahlen mußten, um »sicher« abreisen zu können. In anderen Fällen wurden die Vertreibungen regelrecht angeordnet, wobei die serbischen Behörden Busse und Lastwagen für den Massentransport organisierten.[32]

Im Lichte der Dokumentationen der Vereinten Nationen und verschiedener Menschenrechtsorganisationen besteht kein Zweifel an der Systematik der »ethnischen Säuberun-

30 Cheryl Benard, Bosnia: Was It Inevitable?, in: Zalmay M. Khalilzad (Hg.), Lessons from Bosnia, Santa Monica (Rand) 1993, S. 18-25.
31 Amnesty International, Bosnia-Herzegovina, June 1994, S. 2.
32 Benard, Bosnia, S. 19f.

gen«. Die allermeisten Terrorakte kamen nicht zufällig, sporadisch oder durch unkontrollierte Elemente zustande. Die Art der Ausführung, die Dauer und der regionale Kontext, in dem sie stattfanden, deuten auf systematische Planung und Koordination hin.[33] Durch Angriffe auf Hab und Gut, durch Deportationen, Internierungen, Vergewaltigungen, Folter, Verstümmelungen, Mord und andere Gewalttaten sollten die unerwünschten Bevölkerungsgruppen in den beanspruchten Regionen demoralisiert und zur Abwanderung bewegt werden.[34] Waren ethnische Vertreibungen das *Ziel*, gehörten Mord, Gewalt, Raub und Niederbrennen von Häusern zu den *Methoden* dieses Krieges.[35] Das eigentlich Erschütternde schien also weniger die beispiellose Brutalität und die hohe Zahl der zivilen Opfer zu sein, als die Tatsache, daß Verbrechen gegen die Menschlichkeit strategischen Zwecken dienten.

Schon die Wanderungsstatistik allerdings belegt, daß es nicht zu den primären Zielen der jugoslawischen Kriegsparteien gehört, andere Völker *physisch* zu vernichten: »Tötung ist ein wesentliches Instrument dieser Politik [der ›ethnischen Säuberungen‹], aber das Ziel der Führung ist die Entfernung der nichtserbischen Minderheiten. Es gibt keinen Beweis für einen allgemeinen Plan, die muslimische Bevölkerung systematisch zu töten.«[36] Doch neben der großflächigen Vertreibung ging es darum, die ethnokultu-

33 Final Report of the Commission of Experts Established pursuant to Security Council Resolution 780 (1992), S. 35.

34 CSCE Urged to Denounce »Ethnic Cleansing« in Bosnia, in: U.S. Policy Information and Texts, No. 115, 18. 9. 1992, S. 23 ff; Report of the CSCE Mission to Bosnia-Hercegovina, 29 August to 4 September, Prague, 16. 9. 1992; The Ethnic Cleansing of Bosnia-Hercegovina. A Staff Report to the Committee on Foreign Relations United States Senate, Washington, August 1992.

35 Tadeusz Mazowiecki, Serbien trägt die größte Schuld, in: Die Zeit, 11. 12. 1992, S. 12.

36 The Ethnic Cleansing of Bosnia-Hercegovina. A Staff Report to the Committee on Foreign Relations United States Senate, Washington, August 1992, S. 3.

relle Identität anderer Nationen, in erster Linie die der Muslime, zu zerstören. So begleiteten die »ethnischen Säuberungen« Angriffe auf die elementarsten und überlebensnotwendigen Bereiche menschlicher Existenz. Im Fall der Muslime erfaßten sie alle Aspekte symbolisch-lebensweltlicher und sozialkultureller Selbstvergewisserung, bedrohten soziale Systeme und kollektive Bewußtseinsformen. Insofern kann man von einem Ethnozid sprechen.

Unter anderem wurden während des Krieges einige der ältesten und bedeutendsten islamischen Kulturdenkmäler auf europäischem Boden vernichtet. Im November 1992 waren bereits mehr als 70% der historischen Gebäude, Gotteshäuser, Friedhöfe, Bibliotheken und Archive zerstört.[37] Damit verschwanden traditionsreiche Zentren islamischer Kultur auf dem Balkan und Symbole jahrhundertelangen multikonfessionellen Zusammenlebens.[38] Allerdings beklagen auch Serben und Kroaten die systematische Zerstörung ihrer Kirchen und anderer Kulturgüter.

Dem »rituellen Städtemord«[39], der systematischen Verwüstung islamisch oder multikulturell geprägter Innenstädte wie derjenigen Sarajevos, Fočas und Mostars, um nur einige prominente Beispiele aufzuzählen, kam die Funktion zu, das hier meist intakte multiethnische Milieu anzugreifen.[40] Zerstört wurden die Städte nicht nur physisch, sondern auch ideell, als Symbole menschlicher Zivilisation und Hochkultur. So ist nicht nur das traditionsreiche Händlerviertel von Sarajevo, die Baščaršija, dem Urbizid zum Opfer gefallen. Die berühmte Brücke von Mostar, seit 1566 Sinnbild der Verbundenheit europäischer und orientalischer

37 Više od lomače, in: Vreme, 23. 11. 1992, S. 50ff.

38 Serbiens Kampf gegen den Islam in Bosnien, in: Neue Zürcher Zeitung, 24. 11. 1992.

39 Bogdan Bogdanović, Der rituelle Städtemord, in: Die Zeit, 18. 9. 1992, S. 74.

40 Bogdan Bogdanović, Die Stadt und der Tod, Klagenfurt 1993; Mostar – eine zerstörte Stadt, in: Neue Zürcher Zeitung, 5. 2. 1993, S. 5; Srbinjci protiv Fočaka, in: Borba, 10. 1. 1994, S. 15.

Kultur auf dem Balkan, wurde durch gezielten Beschuß kroatischer Truppen am 9. November 1993 in Schutt gelegt. Viele gemischtnationale bosnische Orte zerfielen im Lauf des Krieges in ethnische Quartiere ohne innere Verbindung. Offensichtlich wurde beabsichtigt, die kosmopolitische Gestalt und den toleranten Geist der zentralen Orte zu beschädigen.

Es ist offensichtlich, daß durch die Politik der verbrannten Erde nicht nur die kulturelle, sondern auch die soziale Identität der Menschen gefährdet ist. Die Demolierung der Kultstätten behindert natürlich in erster Linie die Religionsausübung. Mit den Moscheen sind aber auch – ebenso wie mit den Stadtkernen – historisch gewachsene und sozial funktionale Kommunikationszentren verschwunden. Dadurch wurden vielschichtige Gruppen- und Gemeinschaftsbeziehungen durchschnitten. Ende 1992 sollen bereits über 300 Moscheen, aber auch mehr als 150 serbisch-orthodoxe und weitere 50 katholische Kirchen schwer beschädigt gewesen sein.[41]

Kollektive Identitäten sind auch in ihren abstrakten Dimensionen bedroht. Die Tatsache, daß mit der Zerstörung des Orientalischen Instituts die älteste und umfassendste Sammlung historischer Dokumente und anderer Kulturgüter vernichtet wurde und daß in der National- und Universitätsbibliothek von Sarajevo rund eine Million Druckschriften verbrannten, hat praktisch die gesamte geisteswissenschaftliche Forschung der Republik lahmgelegt. 7500 historische Handschriften und 7000 inventarisierte Quellenbestände gingen unwiederbringlich verloren.[42] Auch das Kloster und die Kirche des Franziskanischen Priesterseminars, eine Fundgrube historischer Schriften und Kunstschätze, fiel der Zerstörung anheim.[43]

41 Više od lomače, in: Vreme, 23. 11. 1992, S. 50ff.

42 Ebd.

43 Ivan Lovrenović, Zerschossene Bilder, verbrannte Bücher, in: Frankfurter Allgemeine Zeitung, 3. 6. 1993, S. 33.

Ohne die jahrhundertealten osmanischen und habsburgischen Quellen läßt sich nicht einmal mehr die Geschichte Bosnien-Hercegovinas aufzeichnen, geschweige denn die der muslimischen Nation schreiben. Dies ist alswegen um so bedeutsamer, als gerade die Historiographie für die Herausbildung kollektiver nationaler Identitäten konstitutiv ist.

Die Politik der nationalen Homogenisierung gegenüber den Muslimen, die nicht nur die Serben, sondern auch die Kroaten in ihren autonomen Regionen betrieben, verfolgte dasselbe Ziel. Durch die Eliminierung der bosnischen Ortsnamen, die Verdrängung der bosnischen Nationalsymbole und den Ersatz der serbokroatischen Standardsprache wurden weitere lebensweltliche Elemente ethnischer Identität bedroht. Da nationalbewußte Serben und Kroaten jeweils neue kroatische und serbische Standardsprachen kodifizierten, verloren die bosnischen Muslime buchstäblich ihre Schriftsprache. Sie stehen vor der Aufgabe, nun auch ihre eigene, bosnisch-muslimische Standardsprache zu kreieren.

Obwohl sich die Kriegsparteien bereits auf der Londoner Friedenskonferenz für das frühere Jugoslawien am 27. August 1992 verpflichtet hatten, das humanitäre Völkerrecht zu respektieren und alle Aktionen, die im Zusammenhang mit den »ethnischen Säuberungen« stehen, zu unterbinden, wurden immer neue Menschenrechtsverletzungen bekannt. Zu den Verbrechen, die die Öffentlichkeit am meisten beunruhigten, gehörten neben den flächendeckenden ethnischen Vertreibungen die unhaltbaren Zustände in den Gefangenenlagern und die massenhafte Vergewaltigung von Frauen.

Beide Themen standen seit August 1992 auf der Agenda, nachdem der amerikanische Journalist Roy Gutman in der New Yorker Tageszeitung *Newsday* mehrere Artikel über von Serben geleitete »Konzentrations-«, »Vergewaltigungs-« und »Todeslager« in Nordbosnien veröffentlicht hatte.[44] Kurz darauf gingen Bilder von zu Skeletten abgemagerten Gefangenen um die Welt. Zeugen berichteten von systematischen Massentötungen in Omarska, Trnopolje und Manjača, wo angeblich Tausende in Metallkäfigen interniert gewesen seien.

Die aufsehenerregenden und schockierenden Berichte veranlaßten verschiedene Institutionen und Menschenrechtsorganisationen, die Vorwürfe zu überprüfen. Die ersten zuverlässigen Berichte stammen aus den Nachforschungen der KSZE, die im August 1992 eine Untersuchungskommission nach Bosnien-Hercegovina entsandte. Die Gesandten kamen zu dem Schluß, daß nur der geringere Teil der Internierten, die monatelang unter unmenschlichen Umständen festgehalten wurden, als Kriegsgefangene im eigentlichen Sinne betrachtet werden könne. Bei der Mehrzahl handelte es sich um Zivilisten aller Altersstufen und beiderlei Geschlechts, die als Geiseln in Haft kamen.[45]

Die UNO-Gesandten besuchten im Laufe ihrer zweijährigen Nachforschungen 715 als »Lager« bezeichnete Gefangeneneinrichtungen. Davon befanden sich 237 unter serbischer, 89 unter muslimischer und 77 unter kroatischer Kontrolle. 4 Hafteinrichtungen standen unter kroatisch-muslimischer Verwaltung; bei 308 war die Zuständigkeit nicht eindeutig zu bestimmen. Größe, Zweck und Bedingungen der Lager variierten erheblich. In den meisten waren die hygienischen Verhältnisse und die Gesundheitsversorgung katastrophal.[46] Die Experten bezeugten, daß in vielen Haftanstalten Gefangene geschlagen, verletzt und exekutiert wurden, zogen aber keine abschließende Bilanz. Der Tenor ihres Fazits lautete, daß im allgemeinen die Situation in den serbischen Gefangenenlagern schlechter war als

44 Roy Gutman, Augenzeuge des Völkermords. Reportagen aus Bosnien, Göttingen 1994, S. 93ff.

45 Report of the CSCE Mission to Bosnia-Hercegovina, 29 August to 4 September, Prague, 16. 9. 1992, S. 6ff.

46 Final Report of the Commission of Experts Established pursuant to Security Council Resolution 780 (1992), S. 51.

in den Lagern anderer Kriegsparteien. Die internationalen Proteststürme veranlaßten die Bürgerkriegsparteien schließlich zu der Vereinbarung, ihre Gefangenen bis Ende Oktober 1992 freizulassen. Als dies schließlich geschah, waren jedoch nur wenige Staaten bereit, die Internierten aufzunehmen.

Schwieriger erwies sich die Überprüfung des im Sommer 1992 erhobenen Vorwurfs von Massenvergewaltigungen, den die Journalistin Maria von Welser im November 1992 in der Fernsehsendung *Mona Lisa* aufgriff und damit eine Flut von Interviews und Reportagen in den deutschen Medien auslöste.[47] Die Medien wetteiferten bei der Verbreitung immer neuer Horrormeldungen. Zagreber Frauenverbände, die anfänglich 16 Vergewaltigungslager in Bosnien-Hercegovina eruiert hatten, warteten im Februar 1993 mit einer Liste von 42 auf. Roy Gutman ging so weit zu behaupten, daß es in Bosnien-Hercegovina keine Frau zwischen 15 und 25 gebe, die nicht sexuell mißbraucht worden sei.[48] Kroatische und muslimische Stellen bezifferten die Zahl der Vergewaltigten auf ca. 60000.[49]

Obwohl Amnesty International seit Jahren auf geschlechtsspezifische Menschenrechtsverletzungen hinweist, darunter Vergewaltigungen und sexuellen Mißbrauch von Frauen in Kriegen, wie in Kuwait, Birma, Peru und Äthiopien, empörte sich die Öffentlichkeit nie so stark wie angesichts von Berichten aus dem ehemaligen Jugoslawien.[50] Dies mag daran liegen, daß erst in den letzten Jahren Frauen vermehrt Positionen in Politik und Medien einnehmen, die

47 Maria von Welser, Am Ende wünschst du dir nur noch den Tod. Die Massenvergewaltigungen im Krieg auf dem Balkan, München 1993; Alexandra Stiglmayer (Hg.), Massenvergewaltigung. Krieg gegen Frauen, Freiburg 1993.

48 Die Frau als Kriegswaffe, in: Süddeutsche Zeitung, 17. 11. 1992, S. 13.

49 Vergewaltigungen als eine Taktik im Krieg, in: die tageszeitung, 2. 12. 1992, S. 3.

50 Öffentliche Anhörung: »Systematische Vergewaltigungen in Bosnien-Herzegowina« (Stenographisches Protokoll v. 7. 12. 1992), in: S+F. Vierteljahresschrift für Sicherheit und Frieden 11 (1993) 2, S. 107ff.

es ermöglichen, geschlechtsspezifische Interessen zu thematisieren.

Aufgrund der anhaltenden Proteste entsandte die EG im Winter 1992/93 eine Mission unter Leitung von Dame Ann Warburton in das ehemalige Jugoslawien, um die Situation der muslimischen Frauen zu erhellen. Auch Tadeusz Mazowiecki befaßte sich daraufhin mit dieser Frage. Die Menschenrechtsorganisationen Helsinki Watch und Amnesty International sowie die Gesellschaft für bedrohte Völker unternahmen zusätzlich eigene Recherchen. Den Experten erschien es allerdings kaum möglich, zwischen Tatsachenberichten, Gerüchten, Übertreibungen und wechselseitiger Propaganda zu unterscheiden. Vertreter von Amnesty International erklärten, daß sich »ein nicht unbeträchtlicher Teil« der Medienberichte »vor Ort als unwahr oder irreführend« herausstellte.[51] Selbst Politikerinnen der Grünen, die sich des Themas eingehend angenommen hatten, gewannen den Eindruck, daß Behauptungen über Vergewaltigungen für propagandistische Zwecke instrumentalisiert wurden.[52]

Die objektive Beweisaufnahme scheiterte zum einen daran, daß Orte, in denen sich angeblich »Vergewaltigungslager« befanden, aufgrund von Kriegshandlungen nicht zugänglich waren. Zum anderen hatten die Opfer sexuellen Mißbrauchs offensichtlich Angst vor sozialer Stigmatisierung und verweigerten das Zeugnis. Viele Berichte von massenhaften Vergewaltigungen beruhen daher lediglich auf Hörensagen. Nicht einmal den Verfassern einer von der UNO in Auftrag gegebenen Pilotstudie gelang es, aufgrund der gesammelten Informationen diesbezüglich einen Prima-Facie-Beweis zu führen.[53]

51 Ebd., S. 108 u. 113.

52 Die Grünen im Landtag Nordrhein-Westfalen, Krieg gegen Frauen, Sonderinfo, Düsseldorf 1993.

53 Final Report of the Commission of Experts Established pursuant to Security Council Resolution 780 (1992), S. 57.

Trotz der erheblichen Quellenprobleme kamen die neutralen Beobachter aber übereinstimmend zu dem Schluß, daß sexuelle Gewalt gegen Frauen offensichtlich ein großes Ausmaß erreicht hat und daß sie alle Altersgruppen betrifft.[54] Aus dem vorliegenden Beweismaterial geht heute klar hervor, daß Opfer *und* Täter unter Angehörigen *aller* Völker zu finden sind. Das summarische Fazit sämtlicher Expertenberichte allerdings lautet: Die meisten Übergriffe erlitten die Musliminnen, die meisten Täter stammten aus den Reihen der bosnischen Serben. Zeugenaussagen deuten darauf hin, daß Vergewaltigungen in Zusammenhang mit Kampfhandlungen und Vertreibungen sowie unter Ausnutzung persönlicher Machtpositionen und an Haftorten stattfanden.[55] Regelrechte »Vergewaltigungslager« wurden aber nicht aufgespürt.

Angesichts der Recherchen der EG und der UNO müssen die aufsehenerregenden Medienberichte folglich relativiert werden. Hatten kroatische und muslimische Regierungsstellen eine Zahl von 60000 vergewaltigten Frauen genannt, ging die von der EG in Auftrag gegebene Untersuchung von rund 20000, die UNO-Recherche von etwa 12000 Fällen aus.[56] Alle betonten aber, daß sich der tatsächliche Umfang des sexuellen Mißbrauchs angesichts der

54 Amnesty International, Bosnien-Herzegowina. Vergewaltigung und sexueller Mißbrauch durch bewaffnete Kräfte (Januar 1993), zit. n. S+F. Vierteljahresschrift für Sicherheit und Frieden 11 (1993) 2, S. 113. In diesem Sinne äußert sich auch Kenneth Blackwell, Vertreter der USA bei der UNO-Menschenrechtskommission im Januar 1993 (ebd., S. 117); European Community investigative mission into the treatment of Muslim women in the former Yugoslavia. Report to European Community Foreign Ministers, in: United Nations, Security Council, 3. 2. 1993 (S/25240).

55 Amnesty International, Bosnien-Herzegowina. Vergewaltigung und sexueller Mißbrauch durch bewaffnete Kräfte, S. 113.

56 European Community investigative mission into the treatment of Muslim women in the former Yugoslavia. Report to European Community Foreign Ministers, in: United Nations, Security Council, 3. 2. 1993 (S/25240), S. 5; Horst Fischer, Grundlagen der völkerstrafrechtlichen Verfolgung von Vergewaltigungen im bosnischen Krieg, in: S+F. Vierteljahresschrift für Sicherheit und Frieden 11 (1993) 2, S. 71-77, hier S. 73.

vielfältigen Schwierigkeiten nicht zuverlässig bestimmen ließe.

Obwohl nicht nachgewiesen werden konnte, daß die Vergewaltigungen auf Anweisung von Offizieren und Politikern stattfanden, wurden sie als deutlich erkennbares, systematisch eingesetztes Element der Kriegsstrategie identifiziert. Die Experten der UNO ordneten die Vergewaltigungen in den Kontext anderer Demoralisierungs- und Vertreibungsmethoden, wie Folter, Verstümmelung und Mord, ein. Die Opfer und ihre Familien sollten so weit gebracht werden, nie mehr in ihre Heimatorte zurückkehren zu wollen.[57]

In Zusammenhang mit den Kriegsverbrechen ist die These geäußert worden, daß die Vergewaltigung kulturspezifische Gründe habe. Angeblich herrsche in den südslawischen Ländern ein historisch begründeter Männlichkeitskult.[58] Selbst wenn dies richtig wäre – wogegen spricht, daß die jugoslawischen Frauen verglichen mit denen anderer europäischer Gesellschaften nach dem Zweiten Weltkrieg besonders große emanzipatorische Fortschritte machten –, würde dies die Massenvergewaltigungen noch nicht erklären. Zwar trifft es zu, daß Umfang und Ausdrucksformen sexueller Gewalt in hohem Maße durch den sozialkulturellen Kontext definiert werden. Und unbestritten ist, daß sich Kriegspropaganda gern sexueller Anspielungen bedient und erotische Phantasien pflegt.[59] Wie Klaus Theweleit zeigte, ist auch in westlichen Gesellschaften eine latente Mißachtung von Frauen kulturell verankert, die in militärischen Kontexten aktiviert und aggressiv ausgelebt wird.[60] Und

57 Final Report of the Commission of Experts Established pursuant to Security Council Resolution 780 (1992), S. 60.

58 Karl Kaser, Ahnenkult und Patriarchalismus auf dem Balkan, in: Historische Anthropologie 1 (1993) 1, S. 93-122; ders., Hirten, Helden und Haiduken. Zum Männlichkeitskult im jugoslawischen Krieg, in: L'homme Z.F.G. 3 (1992) 1, S. 155-162.

59 Čolović, Bordel ratnika, S. 71 ff.

60 Klaus Theweleit, Männerphantasien, 2 Bde., Reinbek bei Hamburg 1993.

neuere Forschungen belegen, daß Gesellschaften mit hohen Vergewaltigungsziffern nicht etwa die sind, in denen Frauen besonders wenig Rechte besitzen, sondern jene, in denen die männliche Vormacht durch Modernisierung und Frauenemanzipation ins Wanken geriet. Demnach wäre Gewalt gegen Frauen in sozialen Konfliktsituationen eher ein Instrument, das Geschlechterverhältnis umzudefinieren.[61]

Sexuelle Folter von Frauen ist – ähnlich wie rassistische Vertreibung – weder ein neues noch ein kulturspezifisches Phänomen. In ihrem klassischen Werk beschrieb Susan Brownmiller schon in den siebziger Jahren Krieg und Vergewaltigung als Ausdruck männlicher Herrschaft seit der frühen Menschheitsgeschichte.[62] Hans Peter Duerr hat umfängliche Quellen zur Geschichte von Sexualität und Gewalt vorgelegt.[63] Auch im 20. Jahrhundert sind organisierte Vergewaltigungen als Element der Kriegsstrategie in vielen verschiedenen regionalen und kulturellen Kontexten glaubhaft überliefert. Gut dokumentierte Beispiele stammen aus dem Zweiten Weltkrieg und dem amerikanischen Vietnam-Krieg. In Bangladesh sollen 1971 200 000 bis 400 000 Frauen von pakistanischen Soldaten mißbraucht worden sein.[64]

Auch die These, daß Vergewaltigungen im Krieg Ausdruck übermäßiger Triebhaftigkeit seien, ist nicht mehr haltbar. Nirgendwo, auch im ehemaligen Jugoslawien nicht, handeln Vergewaltiger aus sexuellen Motiven, sondern um Aggression, Macht- und Herrschaftswillen zu artikulieren. Sexuelle Gewalt dient in erster Linie der Eroberung und Kontrolle, in zweiter Linie der Rache, Vergeltung,

61 Ruth Seifert, Krieg und Vergewaltigung. Ansätze zu einer Analyse, in: Stiglmayer, Massenvergewaltigung, S. 85-108, hier S. 88.

62 Susan Brownmiller, Gegen unseren Willen: Vergewaltigung und Männerherrschaft, Frankfurt/M. 1980.

63 Hans Peter Duerr, Obszönität und Gewalt. Der Mythos vom Zivilisationsprozeß, Bd. 3, Frankfurt/M. 1993. Über Vergewaltigungen in Kriegen vgl. S. 391 ff.

64 Seifert, Die zweite Front; Tatjana Volk, Vergewaltigung und sexueller Mißbrauch als Strategie eines Ethnozids, in: S+F. Vierteljahresschrift für Sicherheit und Frieden 11 (1993) 2, S. 90-93.

Erniedrigung und Demütigung der Opfer. Daß Täter unter Umständen aus der Traumatisierung, Demoralisierung und Stigmatisierung anderer Menschen Befriedigung ableiten, steht auf einem anderen Blatt. Die im Krieg begangenen Vergewaltigungen sind also weder primär triebbedingt noch »aggressiver Ausdruck von Sexualität«. Man müßte sie eher als »sexuellen Ausdruck von Aggression« definieren.[65]

Häufig geht es aber bei Kriegsvergewaltigungen gar nicht primär darum, gezielt die weibliche Bevölkerung anzugreifen. Sexuelle Gewalt gegen Frauen in Kriegen ist immer auch ein Instrument gegenseitiger männlicher Kommunikation: Sie vermittelt dem Feind, daß er nicht in der Lage ist, seine Zivilbevölkerung zu beschützen. So werden die Widersacher nicht nur in ihrer männlichen Ehre gekränkt, sondern auch in ihrer Rolle als Kämpfer und Verteidiger demoralisiert.

Massenhafte sexuelle Gewalthandlungen sind folglich nicht lediglich als Begleiterscheinung des Krieges zu betrachten – ergänzend wäre anzumerken, daß sie das auch in anderen historischen und regionalen Kontexten nie waren. Vergewaltigungen drohen immer dann, wenn während eines Krieges der Männlichkeitswahn in den Vordergrund tritt und die Zivilbevölkerung zum Objekt der Kampfhandlungen wird. Frauen werden dann nicht nur als Gegnerinnen, also wegen ihrer Person, ihrer Überzeugung und Aktivitäten, sondern auch aufgrund ihrer sozialen Rolle, als Ehefrauen und Verwandte, verfolgt. Damit ist beabsichtigt, Druck auf die ihnen nahestehenden Männer auszuüben.[66] In der Regel können die Täter, meist Soldaten oder Paramilitärs, sogar noch mit der Verschwiegenheit ihrer Opfer rechnen. »Frauen sollen – für die Täter straflos – gedemütigt, eingeschüchtert und in ihrer Persönlichkeit gebrochen

65 Seifert, Krieg und Vergewaltigung.

66 Amnesty International, in: Öffentliche Anhörung: »Systematische Vergewaltigungen in Bosnien-Herzegowina«, S. 108.

werden.«[67] Die Erniedrigung wird potenziert, wenn man die Opfer zwingt, eine ungewollte Schwangerschaft auszutragen.

Offensichtlich verfolgten die Vergewaltiger im jugoslawischen Krieg dennoch auch kulturzerstörerische Ziele.[68] Im Selbstverständnis von Nationen nehmen Frauen eine Schlüsselposition ein: als Schöpferinnen und Hüterinnen der Familie, der kleinsten Einheit einer nationalen Gemeinschaft, gelten sie als Hauptverantwortliche für die biologische und sozialkulturelle Reproduktion. Daß Nationen gerade Frauengestalten zu Symbolen des eigenen »Volkskörpers« stilisieren, wie die amerikanische Freiheitsstatue, die französische Marianne oder die deutsche Germania, sei nur zur Illustration angemerkt. In vielen Kulturen und Religionen bedeutet Vergewaltigung eine von den Tätern beabsichtigte soziale Stigmatisierung. »Die Vergewaltigung von Frauen einer Gemeinschaft, Kultur oder Nation kann demnach als symbolische Vergewaltigung des Körpers dieser Gemeinschaft betrachtet werden.«[69] Sofern patriarchalische Wertstrukturen vorherrschen, untergraben Vergewaltigungen die Familienbeziehungen und damit einen wichtigen Baustein ethnischer Identitätsbildung. Dies bedeutet, daß sexueller Mißbrauch von Frauen nicht nur ein Angriff auf Individuen, sondern auch auf soziale Systeme darstellt.

3. Motivation und Sozialprofil der Täter

Die Frage, warum der jugoslawische Krieg mit solcher Brutalität geführt wurde, findet viele verschiedene – brauchbare und weniger brauchbare – Antworten. Zu den geläufigsten zählen biologische, kulturologische, psychologische und soziologische Erklärungen. Eine beliebte, aber nur schein-

67 Ebd., S. 109.
68 Volk, Vergewaltigung, S. 62 f.
69 Seifert, Die zweite Front, S. 69.

bar plausible These rekurriert auf das Stereotyp, daß die Balkanvölker – wie angeblich schon aus der Geschichte ersichtlich – traditionell wild und grausam seien.[70] Gerne wird in diesem Zusammenhang auf die gewaltverherrlichende Tradition der Heldenlieder, auf patriarchalische Bräuche und militaristische Traditionen in der Volkskultur Südosteuropas verwiesen.[71] Nach dieser kulturologischen Deutung ließe sich eine Traditionslinie von den montenegrinischen Hirten, serbischen Hajduken und kroatischen Militärgrenzern zu den jugoslawischen Kriegern des späten 20. Jahrhunderts ziehen.[72] Demnach lebte im jugoslawischen Krieg also lediglich das frühneuzeitliche balkanische Heldenideal wieder auf, das Widerstandswillen, Wehrhaftigkeit und patriarchalische Dominanz verband. Gegen den kulturellen Determinismus ist allerdings einzuwenden, daß auch in den nichtbalkanischen europäischen Gesellschaften traditionelle Männlichkeitsattribute, wie Kraft, Stärke, Angriffslust und Mut, idealisiert und in Konfliktsituationen zur Norm erhoben werden, weshalb das Argument, daß die südslawischen Gesellschaften besonders patriarchalisch seien, zur Erklärung des jugoslawischen Krieges kaum etwas beiträgt. »Wenig strukturierte fanatische Banden sind eher spezifisch für ein auseinanderfallendes Gesellschaftsgefüge als für den Balkan.«[73]

Auch die biologisch-anthropologische Erklärung kann man angesichts des Forschungsstandes in das Reich der Mythen verweisen. Während Wissenschaftler früher einen biologisch bedingten, autochthonen Antrieb zu aggressivem

70 Vgl. u. a. Thomas Brey, Die Logik des Wahnsinns. Jugoslawien – von Tätern und Opfern, Freiburg etc. 1993, S. 33ff; Ronald Grossarth-Maticek, Der Haß auf dem Balkan. Die psychokulturellen Wurzeln des jugoslawischen Bürgerkrieges, in: Psychologie heute (1992) 3, S. 46-51.

71 Reinhard Lauer, Aus Mördern werden Helden, in: Frankfurter Allgemeine Zeitung, 6. 3. 1993; Kaser, Ahnenkult und Patriarchalismus auf dem Balkan; Klaus Roth, Abwendung von Europa? Über die ethnologische Dimension des jugoslawischen Konflikts, unveröff. Manuskript, München 1993.

72 Kaser, Hirten, Helden und Haiduken.

73 Parin, Das Bluten aufgerissener Wunden, S. 74.

Verhalten in der menschlichen Natur vermuteten, sind heute nur noch wenige Psychologen und Ethologen der Ansicht, daß Wut, Haß und Mordlust triebhaft verankert sind. Seit den sechziger Jahren gehen die meisten Forscher lediglich von einer latenten Gewaltbereitschaft aus, die aus Gründen der Selbstverteidigung unter bestimmten Bedingungen aktiviert werden kann.[74]

Plausibler erscheinen dagegen soziologische und psychologische Erklärungen, die man den in den vorhergehenden Kapiteln angeführten politischen Gründen beiordnen muß. Wie oben ausgeführt, gingen die meisten Gewalttaten nicht auf Irrationalismen, sondern in ihrer Zielsetzung auf Ideologien, in ihrer Ausführung auf systematische Planung zurück. Warum aber hat die Brutalität ein solches Ausmaß angenommen?

Berichte der UNO bestätigen, daß die Verbrechen nicht nur von Funktionsträgern und Angehörigen des Militärs, sondern auch von Zivilpersonen begangen wurden. Nicht nur einzelne gewaltbereite Menschen, sondern breite Teile der Bevölkerung, ehemalige Nachbarn, Freunde und Verwandte, wurden zu Tätern. Vieles erklärt sich aus den gesteigerten Rachegefühlen, die entstehen, wenn nahe Bekannte der Aggression zum Opfer fielen. Persönliche Enttäuschung, Wut und Haß werden zusätzlich größer, wenn die Täter aus dem Bekanntenkreis oder der nächsten Umgebung stammen.[75] Gewalt erzeugt Gegengewalt, eine ständige Erhöhung des Eskalationsniveaus ist die Folge.

Will man die Motivlage derjenigen ergründen, die während des Krieges Verbrechen gegen die Menschlichkeit verübten, muß man zumindest zwei Täterkreise unterscheiden: diejenigen, die freiwillig, aus Überzeugung und mit gewisser Befriedigung an den Gewalttaten partizipierten, und

74 Martin Mendler/Wolfgang Schwegler-Rohmeis, Bilanz und Analyse der sozialwissenschaftlichen Kriegsursachenforschung, Frankfurt/M. 1989 (HSFK-Forschungsbericht; 3), S. 120ff.

75 Woher dieser Haß?, in: die tageszeitung, 16. 12. 1993, S. 16.

andere, die auf Befehl, aus Angst, infolge sozialen Drucks oder aufgrund von Rachegefühlen in den Strudel der Gewalt gerieten.

Deshalb ist ein Blick auf das Sozialprofil der Täter aufschlußreich. Ausführende Organe waren in den meisten Fällen Angehörige der untersten hierarchischen Ebenen, die von den Oberen beeinflußt, angestiftet und gedeckt wurden.[76] Wenn man von den Vordenkern und Auftraggebern der nationalistischen Eroberungspolitik absieht, die großteils dem bürgerlich-intellektuellen Milieu zuzurechnen sind, handelten die meisten nicht primär aus ideologischen Motiven. Aus politischen oder persönlichen Antrieben meldeten sich beispielsweise jene Serben als Freiwillige zu den paramilitärischen Verbänden, die selbst oder deren Eltern aus den serbischen Siedlungsgebieten Kroatiens oder Bosniens stammten. Hinzu kamen einige patriotisch oder extrem nationalistisch eingestellte Studenten, die aus Sendungsbewußtsein in den Krieg zogen. Das Gros der Freiwilligen stammte jedoch aus den mittleren und unteren sozialen Schichten und war politisch im Grunde desinteressiert.

Nach einer Erhebung der Belgrader Tageszeitung *Borba* war der durchschnittliche Freiwilligenkämpfer zwischen 30 und 35 Jahre alt. Er hatte die Mittelschule absolviert und bereits eine gescheiterte Ehe hinter sich. In ländlicher Umgebung geboren, lebte er später sozial entwurzelt in einer heimatfernen serbischen Mittelstadt wie Smederovo oder Leskovac. Jeder fünfte Freiwillige war mindestens einmal mit dem Gesetz in Konflikt gekommen, einige schlossen sich direkt nach einem Gefängnisaufenthalt den Paramilitärs an.[77] Neben der serbischen Provinz lassen sich noch andere charakteristische Herkunftsmilieus ausmachen. Ein

76 Final Report of the Commission of Experts Established pursuant to Security Council Resolution 780 (1992), S. 36.

77 Kako su formirane dobrovoljačke jedinice u Srbiji, in: Borba, 20./21. 11. 1993, S. IIIf.

nicht unerheblicher Teil der Paramilitärs war sozial ebenfalls niederer, jedoch städtischer Herkunft. In ihrer Gründungsphase rekrutierte beispielsweise die »Serbische Garde« ihre Mitglieder aus dem Belgrader Stadtteil Voždovac, während Arkan den Kern seiner Miliz in den Reihen der Fans des Belgrader Fußballvereins »Roter Stern« fand.[78] Diese Männer suchten in erster Linie eine neue Aufgabe, nicht selten aus ökonomischen Gründen.

Wenn man davon absieht, daß Nationalismus besonders in Zeiten des Mangels und angesichts kollektiver Benachteiligungsgefühle immer auch »Erlösung« suggeriert und damit psychisch-soziale Bedürfnisse anspricht, stießen viele Freiwillige aus rein wirtschaftlichen Erwägungen zu den paramilitärischen Einheiten: Sei es, weil sie sich als »Wochenend-Kämpfer« mit dem Sold ein Zubrot verdienen wollten, sei es, weil sie auf die soziale Absicherung spekulierten, die ihnen als Angehörigen der Militärverbände zustand. Kriegsversehrte und Hinterbliebene erhielten immerhin eine Rente aus der Kasse der Verbände, kein zu vernachlässigender Anreiz in Extremzeiten.

Und: Mit dem Beitritt zu einer paramilitärischen Vereinigung verbanden sich nicht selten auch Möglichkeiten zu sozialem Aufstieg. Viele Freiwillige waren politisch ungebunden, zumindest keine Parteimitglieder, stiegen aber nach ihrer Rückkehr von der Front in der militärischen oder politischen Hierarchie einer extremistischen Organisation oder Partei auf.[79] Einigen Führern gelang es, durch Waffengeschäfte und Schwarzhandel Reichtum zu erwerben. Andere, wie Arkan, gründeten Wirtschaftsunternehmen.[80] So wuchs aus der Illegalität eine neue »Elite« hervor.

Natürlich zogen nicht alle aus vergleichsweise profanen

78 Andreas Corti, Il livello paramilitare, in: Marco Carnovale (Hg.), La guerra di Bosnia: Una tragedia annunciata, Rom 1994, S. 95-106.

79 Kako su formirane dobrovoljačke jedinice u Srbiji, in: Borba, 20./21. 11. 1993, S. IIIf.

80 Iz Erduta, s puta ..., in: Vreme, 4. 4. 1994, S. 9f.

Gründen in den Krieg. Jede Gesellschaft hält ein Reservoir an Menschen parat, die aufgrund ihrer psychischen Dispositionen zu Gewalthandlungen tendieren. Überall gibt es Personen, die demütigende Erfahrungen, Einschränkungen, Kränkungen und andere Frustrationen durch narzißtische Aggressionslust kompensieren. Man muß also davon ausgehen, daß sich ein Teil der Täter auch aus dem Kreis dieser pathologisch gewaltbereiten Personen rekrutiert.[81] In einem vom Deutschlandfunk ausgestrahlten Interview schilderte beispielsweise ein Heckenschütze aus Sarajevo das Hochgefühl, das er verspürte, wenn er seine Opfer ins Visier nahm. Er genoß die Empfindung, Herr über Leben und Tod zu sein, wenn er zielte. Weniger das Töten selbst als die Allmacht verschafften ihm Lust und Befriedigung.

Von der überwiegenden Mehrheit der Täter muß man gleichwohl annehmen, daß sie weniger aus Lust an der Gewalt handeln. Viele Verbrechen, zum Beispiel die Vergewaltigungen, wurden in Gruppen ausgeführt. Dies ist ein Indiz dafür, daß es eher um die Befriedigung sozialer als triebhafter Bedürfnisse geht. Ein nicht unerheblicher Teil der Gewalttaten wurde aus sozialem Druck begangen. Viele Verbrecher sind Mitläufer, die bestimmten Ritualen folgen, in denen Geschlechterrollen und Statushierarchien demonstriert werden.

Psychologen sind der Ansicht, daß nicht die aggressive Handlung im Krieg an sich attraktiv erscheint, sondern die Exzeptionalität der Erlebnisumstände. Mutproben und Heldentaten verschaffen Anerkennung und Selbstbestätigung, und die in Anbetracht der akuten Lebensgefahr entstehende Grenzerfahrung oder die Solidarisierung mit Gleichgestellten können Sinnhaftigkeit suggerieren. Viele Beschreibungen und Lebenserinnerungen von Kriegsteilnehmern, wie die Ernst Jüngers, lassen auf diese psychoso-

81 Stavros Mentzos, Der Krieg und seine psychosozialen Funktionen, Frankfurt/M. 1993, S. 88ff.

zialen Funktionen der Kampferfahrung schließen.[82] Durch Zeitzeugen ist überliefert, daß der Krieg auch auf Menschen, die ihn nicht unbedingt zur narzißtischen Homöostase benötigen, Faszination ausübt.

Im Prinzip kann aber nicht nur der Krieg, sondern jeder riskante Einsatz, eine sportliche Extremleistung zum Beispiel, außergewöhnliche Gefühle hervorrufen. Grenzerfahrungen im Krieg werden in der Regel nicht *wegen*, sondern *trotz* der Grausamkeiten positiv konnotiert.[83] Im allgemeinen besitzen Menschen sogar eine natürliche, psychische Aggressionshemmung. Kompromißlose Gewaltbereitschaft tritt nur dort auf, wo Gruppen ihre Überlegenheit demonstrieren oder Herrschaftspositionen verteidigen müssen.[84]

Ein wichtiges Instrument, um die Aggressionshemmungen auszuschalten, ist die Kriegspropaganda.[85] Durch massive Beeinflussung kann die latente Gewaltbereitschaft, der dem menschlichen Verhalten immanente Schutzmechanismus, freigesetzt und positiv verstärkt werden. Voraussetzung dafür, daß Aggression offen ausbricht, wäre aber, daß dies – zum Beispiel in der Ausnahmesituation des Krieges – die Umstände zulassen. Der Psychologe Nicholas Groth erklärt etwa die Massenvergewaltigungen in Kriegen mit der sozialen Streßsituation, in denen sich die Täter angesichts ihrer Todesangst befinden. Nach seiner Analyse könne jeder Mann unter bestimmten Umständen eine Vergewaltigung begehen, besonders dann, wenn in Kriegszeiten Opfer als Feinde identifiziert werden und wenn aggressives Verhalten innerhalb der eigenen Machtgruppe unterstützt wird.[86]

Kriegspropaganda, anarchische Rechtsverhältnisse, die

82 Ernst Jünger, In Stahlgewittern, Berlin 1929[5].
83 Mentzos, Krieg, S. 180.
84 Scheffler, Ethnizität und Gewalt, S. 20.
85 Mentzos, Krieg, S. 186.
86 Nicholas Groth, Men Who Rape – The Psychology of the Offender, New York 1979, S. 104ff.

Auflösung jeglicher moralischer Kategoriensysteme, der Verlust gesellschaftlicher und juristischer Sanktionsmöglichkeiten begünstigen aggressives Verhalten. Denn: »Was sonst als egoistisch und inhuman angeprangert wird, ist im Krieg nicht nur erlaubt, sondern sogar erwünscht. Raub fremden Eigentums ... kann innerhalb eines kollektiv legitimierten Kontextes geboten sein bis hin zu pogromartigen Exzessen. ... Menschen können mit Hilfe von Symbolisierungsprozessen und bestimmten Techniken (Ausschaltung von Informationsinput, künstliche Aktivierung des Feindbildes etc.) *ad infinitum* im Stadium aggressiver Gier ohne Schuldgefühle verharren.«[87]

Und, um noch einmal auf die Kulturthese zurückzukommen: Nicht die Ursachen von Gewalt liegen in der Volkskultur begründet, sondern bestenfalls ihre Ausdrucksformen. Daß sich Verbrecher in bestimmten Kontexten des Messers, in anderen des Revolvers bedienen, hat neben kulturellen Traditionen auch etwas mit der Verfügbarkeit von Waffen, weniger mit der Motivlage als solcher zu tun.

4. *Grundlagen der völkerstrafrechtlichen Verfolgung von Kriegsverbrechern*

Der Umfang, die Brutalität und die Systematik der Menschenrechtsverletzungen im ehemaligen Jugoslawien haben die Debatte über die Möglichkeiten einer völkerstrafrechtlichen Verfolgung von Kriegsverbrechern stark belebt. Unzweifelhaft handelte es sich bei den »ethnischen Säuberungen«, denen die allermeisten Gewaltakte nachgewiesenermaßen dienten, um grobe Verstöße gegen geltendes humanitäres Völkerrecht. Aber die Frage, wie sich diese Erkenntnis in die Rechtspraxis umsetzen ließ, stellte die Juristen der Vereinten Nationen vor diverse Probleme.

87 Mentzos, Krieg, S. 174f.

Obwohl die Menschenrechtsverletzungen im ehemaligen Jugoslawien bereits frühzeitig publik wurden, dauerte es mehr als ein Jahr, bis die Völkergemeinschaft erste Schritte zu ihrer Ahndung einleitete. Zwar verurteilte der Sicherheitsrat der UNO seit Frühjahr 1992 mehrfach die »ethnischen Säuberungen«, indem er sie beispielsweise in den Resolutionen 752 vom 15. Mai 1992 und 780 vom 13. August 1992 als verbotene Kriegführungsmethode im Sinne eines Bruchs der Genfer Konvention von 1949 brandmarkte.[88] Aber erst mit der Resolution 808 erklärte er schließlich am 22. Februar 1993 seine Absicht, einen internationalen Strafgerichtshof zur Ahndung der Kriegsverbrechen im ehemaligen Jugoslawien einzurichten. Unter Kapitel VII der UNO-Charta erließ er am 25. Mai 1993 durch Resolution 827 sein Statut. Zu den Aufgaben des Gerichts, dessen Sitz Den Haag ist, gehören die Untersuchung und Bestrafung aller Arten von Kriegsverbrechen, insbesondere Massenhinrichtungen, Vergewaltigungen und »ethnische Säuberungen«. Damit hatte sich die Staatengemeinschaft seit den Nürnberger Prozessen erstmals wieder auf eine internationale Strafinstanz geeinigt.[89]

Die Ahndung der Kriegsverbrechen bzw. schwerer Verstöße gegen humanitäres Völkerrecht stützt sich auf unterschiedliche Rechtsquellen. Unter humanitärem Völkerrecht versteht man alle internationalen Rechtsnormen, die dem Schutz von Menschen in bewaffneten Konflikten dienen. Dazu gehören in erster Linie die Haager Landkriegsordnung von 1907 und die Genfer Konvention vom 12. August 1949 einschließlich ihrer beiden Zusatzprotokolle. Das Statut des Strafgerichtshofs bezieht sich darüber hinaus auf die Völkermord-Konvention von 1948 sowie die Charta des

88 Heintze, Selbstbestimmungsrecht, S. 33 ff.

89 Christian Tomuschat, Ein Internationaler Strafgerichtshof als Element einer Weltfriedensordnung, in: Europa-Archiv 49 (1994) 3, S. 61-70; Theodor Meron, The Case for War Crimes Trials in Yugoslavia, in: Foreign Affairs 72 (1993) 3, S. 122-135.

Nürnberger Gerichtshofes von 1945, die Verbrechen gegen die Menschlichkeit ächtet.

Die tragende Säule der internationalen Strafverfolgung der jugoslawischen Menschenrechtsverletzungen sind die vier Genfer Konventionen und ihre beiden Zusatzprotokolle. Sie definieren schwere Verletzungen humanitären Völkerrechtes als Kriegsverbrechen. Laut Artikel 147 der Genfer Konvention gelten als »schwere Verletzung« des Völkerrechts unter anderem vorsätzliche Tötung, Folterung oder unmenschliche Behandlung, vorsätzliche Verursachung großer Leiden, schwere Beeinträchtigung der körperlichen Unversehrtheit oder der Gesundheit, rechtswidrige Gefangenhaltung, die Festnahme von Geiseln sowie die Zerstörung und Aneignung von Eigentum, die durch militärische Erfordernisse nicht gerechtfertigt und willkürlich sind.[90] Mit Ausnahme der Vergewaltigungen lassen sich die meisten der während der »ethnischen Säuberungen« begangenen Gewalttaten als Kriegsverbrechen identifizieren.

Die Frage, ob Vergewaltigung von Frauen aufgrund der geltenden Rechtsnorm als international ahndbares Kriegsverbrechen zu betrachten ist, beantworten Juristen unterschiedlich.[91] Das Genfer Abkommen und seine Zusatzprotokolle nennen das Verbot sexuellen Mißbrauchs nur in Zusammenhang mit einer allgemeinen Aufforderung zum Schutz der Zivilbevölkerung.[92] Verstöße unterständen demnach lediglich nationalem Strafrecht. International werden Kriegsverbrechen jedoch nur verfolgt, sofern sie »schwere Verstöße« im Sinne von Artikel 147 darstellen.

90 Final Report of the Commission of Experts Established pursuant to Security Council Resolution 780 (1992), S. 13ff.

91 Fischer, Grundlagen der völkerstrafrechtlichen Verfolgung von Vergewaltigungen im bosnischen Krieg; Helga Wullweber, Kriegsverbrechen Vergewaltigung, in: Stiglmayer, Massenvergewaltigung, S. 247-268.

92 Vgl. Art. 27: »Frauen werden besonders vor jedem Angriff auf ihre Ehre und namentlich vor Vergewaltigung, Nötigung zur gewerbsmäßigen Unzucht und jeder unzüchtigen Handlung geschützt.«

Trotz dieser gesetzlichen Unklarheit sind die Völkerrechtler der UNO der Auffassung, daß es die Mehrheit der weltweit geltenden nationalen Strafrechtssysteme rechtfertige, sexuellen Mißbrauch von Frauen auch international zu verfolgen. Unter Expertinnen gehen die Meinungen dennoch darüber auseinander, ob der bestehende Kodex ausreicht, die geschlechtsspezifischen Menschenrechtsverletzungen zu bestrafen, oder ob die international anerkannte Liste der Kriegsverbrechen, wie die der Genfer Konvention, nicht noch um den Tatbestand der Vergewaltigung ergänzt werden muß. Nichts spräche schließlich dagegen, Vergewaltigung auch explizit als »schweren Verstoß« humanitären Völkerrechts zu deklarieren.

Die zweite Säule, auf der die internationale Strafverfolgung ruht, ist die Konvention über die Verhütung und Bestrafung von Völkermord vom 9. Dezember 1948. Nach Artikel II bedeutet »Völkermord eine der folgenden Handlungen, die in der Absicht begangen wird, eine nationale, ethnische, rassische oder religiöse Gruppe als solche ganz oder teilweise zu zerstören«. Strafbar sind nicht nur versuchter und begangener Völkermord, sondern auch Anstiftung und Aufforderung zu seiner Ausführung. Die Einzeldelikte umfassen:»(a) Tötung von Mitgliedern der Gruppe; (b) Verursachung von schwerem körperlichem oder seelischem Schaden an Mitgliedern der Gruppe; (c) vorsätzliche Auferlegung von Lebensbedingungen für die Gruppe, die geeignet sind, ihre körperliche Zerstörung ganz oder teilweise herbeizuführen; (d) Verhängung von Maßnahmen, die auf die Geburtenverhinderung innerhalb der Gruppe gerichtet sind; (e) gewaltsame Überführung von Kindern der Gruppe in eine andere Gruppe.«

Um Angeklagte aufgrund der Völkermord-Konvention verurteilen zu können, muß nachgewiesen werden, daß die Verbrechen gegen die Menschlichkeit mit voller Absicht begangen wurden, eine bestimmte Gruppe ganz oder teilweise zu zerstören, was erfahrungsgemäß nur selten gelingt. »Es ist das Absichtselement ..., aufgrund dessen Massenmord und Verbrechen gegen die Menschlichkeit als Genozid qualifiziert werden können.«[93]

Schon deshalb hat sich der internationale Strafgerichtshof in Den Haag die Aufgabe gesetzt, nicht nur die Verbrechen ausführenden Personen, sondern auch ihre Befehlsgeber anzuklagen. Auf der Liste der Kriegsverbrecher stehen daher nicht nur die Chefs der paramilitärischen Verbände und die Lagerkommandanten, sondern auch militärische und politische Führungspersönlichkeiten. Erschwert wird die Verfolgung freilich dadurch, daß Verfahren in Abwesenheit des Angeklagten nicht zulässig sind. Aber alle Staaten sind verpflichtet, auf Ersuchen Angeklagte an den Gerichtshof zu überstellen – eine Regel, die auch für eigene Staatsangehörige gilt.

Kein Täter kann sich zu seiner Entschuldigung auf fehlende Rechtsnormen berufen. Die oben zitierten Dokumente gelten international bereits als Gewohnheitsrecht. Darüber hinaus verpflichteten sich die kriegführenden Parteien Bosniens am 22. Mai 1992 schriftlich zur Achtung aller zentralen humanitären Grundsätze. Sie vereinbarten, die einschlägigen Teile der Genfer Abkommen, einschließlich der Bestimmungen zum Schutz der Zivilbevölkerung, einzuhalten. Ohnehin standen die genannten Verbrechen, darunter die Vergewaltigung im Krieg, auch nach altem jugoslawischem Recht unter Strafandrohung.

Auch mangelnde Kontrolle über Untergebene oder Handeln auf Befehl akzeptiert der Gerichtshof nicht als Verteidigungsgründe. »Die Art, der Umfang und die Dauer der ... Rechtsbrüche implizieren in hohem Maße Befehlsverantwortung aufgrund von Auftrag und Unterlassung und zeigen zugleich, daß der absolute Verteidigungsgrund, auf übergeordneten Befehl gehandelt zu haben, ungültig und unbegründet ist. Dies ist inbesondere in Hinblick auf die lockeren

93 Final Report of the Commission of Experts Established pursuant to Security Council Resolution 780 (1992), S. 26.

Kommando- und Befehlsstrukturen evident, unter denen gesetzeswidrige Befehle nicht befolgt werden konnten, ohne daß einzelne persönlichen Schaden riskiert hätten. ... Gewöhnlich existierte eine moralische Wahlmöglichkeit.«[94]

Und trotz der hochgradigen Emotionalisierung kann sich keine der kriegführenden Parteien auf ihre historische Leidenserfahrung oder ihre ursprüngliche Opferrolle herausreden. Niemand darf sich im nachhinein darauf berufen, lediglich aus Rache Verbrechen begangen zu haben. Die sogenannte Repressalie, den Grundsatz »wie du mir, so ich dir«, erkennt das Völkerrecht als Verteidigungsgrund nicht an.

Die meisten Experten beurteilen die Konzeption des internationalen Strafgerichtshof in ihrer vorliegenden Form als positiv. Juristinnen nahmen mit Erstaunen zur Kenntnis, daß das Gericht Verfahrensregeln erhielt, die – zumindest was Prozesse gegen Vergewaltiger angeht – als besonders fortschrittlich gelten und die trotz langjähriger Forderungen bislang noch keinen Eingang in nationales Recht fanden.[95] Zweifel bestehen eher dahingehend, ob sich genügend Beweismaterial finden läßt, wie die Täter gefaßt werden können und wie der Strafvollzug aussehen soll. Und auch die Kosten erscheinen beträchtlich: Die Völkergemeinschaft hat für die Arbeit des internationalen Strafgerichtshofs allein 1993 32 Millionen US-Dollar aufgewendet. Die Verurteilung der Kriegsverbrecher im ehemaligen Jugoslawien stellt sich folglich eher als praktisches denn als rechtliches Problem dar. Schon angesichts dessen kann man nur davor warnen, allzu große Hoffnungen in die strafrechtliche Bewältigung der Kriegsverbrechen zu setzen.

94 Ebd., S. 72.

95 Beispielsweise, daß die Aussagen vergewaltigter Frauen nicht durch zusätzliche Beweise abgestützt werden müssen oder daß das frühere sexuelle Verhalten des Opfers nicht in der Verhandlung berücksichtigt wird.

VI. Die Reaktion der internationalen Gemeinschaft: Optionen und Instrumente

Während vergleichsweise reichhaltige Literatur darüber existiert, wie Kriege entstehen, liegt weitgehend im dunkeln, wie sie beigelegt werden können.[1] Dies gilt besonders für tief verwurzelte und langdauernde ethnische und bürgerkriegsähnliche Konflikte. Mit Johan Galtung kann man jedoch davon ausgehen, daß Optionen und Instrumente der Konfliktregulierung durch zwei Determinanten bestimmt werden: die Konfliktstrukturen zum einen, das Verhalten und die Einstellungen der Konfliktparteien zum anderen.[2] Eine erfolgreiche Interventionsstrategie müßte also nicht nur die widerstreitenden Interessen der gegnerischen Seiten ausgleichen, sondern auch auf ihre mentalen und psychischen Dispositionen, nicht zuletzt auf ihr Verhalten einwirken.

Das jugoslawische Beispiel illustriert, daß es in hochgradig komplexen Konfliktsituationen keine schnellen und einfachen Lösungen gibt.[3] Alle relevanten Faktoren erschwerten die Suche nach einer dauerhaften Friedenslösung für Bosnien-Hercegovina extrem. Zum einen überlagerten sich Interessen-, Wert-, Beziehungs- und Zielkonflikte unterschiedlichster Gewichtung und Tragweite, so daß das Krisenbild ständig neue Schattierungen gewann. Die internationale Gemeinschaft hatte es mit wechselnden Koalitionen und Frontstellungen zu tun. Wie in jedem Krieg waren die Zielsetzungen und die Handlungsstrategien der gegneri-

1 Vgl. u. a. Donald L. Horowitz, Ethnic Groups in Conflict, Berkeley etc. 1985; Peter Waldmann, Ethnischer Radikalismus. Ursachen und Folgen gewaltsamer Minderheitenkonflikte am Beispiel des Baskenlandes, Nordirlands und Quebecs, Opladen 1989.
2 Hier zit. n. Mitchell, Structure, S. 15 ff.
3 John W. Burton, Resolving Deep-Rooted Conflict. A Handbook, Lanham etc. 1987.

schen Parteien einem permanenten Wandlungsprozeß unterworfen. Und auch die hochgradige Komplexität der Konfliktstrukturen, ihre Prozeßhaftigkeit und innere Dynamik behinderten die externen Schlichtungsversuche erheblich. Zum zweiten zeigten sich die Denkmuster und Wahrnehmungsweisen der kriegführenden Parteien gegenüber Argumenten und Sanktionen vermittelnder Instanzen weitgehend resistent. Dies war in den südslawischen Ländern nicht anders als etwa in Angola, Somalia, Ruanda oder Kambodscha. Zum dritten behinderten die Verhaltensorientierungen der Kontrahenten die Friedensbemühungen. Alle Erfahrungen bestätigen, daß es ausgesprochen schwierig ist, einen Krieg zu beenden, wenn erst einmal Blut geflossen ist. Je gewaltsamere Formen der Konfliktaustrag annimmt, desto langwieriger gestaltet sich seine Befriedung. Externe Einflußnahme in *protracted conflicts* muß sich, so unbefriedigend dies sein mag, meist auf die Schlichtung, das Management und die Eindämmung der Auseinandersetzungen beschränken.[4]

In jedem Konflikt gibt es jedoch Momente, in denen besonders günstige Bedingungen für eine Lösung bestehen. Externe Vermittler wissen, daß ein möglichst frühes Eingreifen die größten Erfolgsaussichten besitzt.[5] Mit fortschreitender Eskalation kompliziert sich in der Regel die Konfliktsituation, und meistens erweisen sich die zur Verfügung stehenden Instrumente dann als zu schwerfällig, um auf die veränderten Rahmenbedingungen flexibel und effektiv zu reagieren. Je länger ein Krieg dauert, je größer der humanitäre Einsatz und die materiellen Verluste, desto höher liegt die Schwelle zum Friedensschluß.

Auch in lang andauernden Konflikten gibt es aber zumindest Wendepunkte, einen »reifen Moment«, an denen eine

4 Vgl. William I. Zartman, Ripe for Resolution. Conflict and Intervention in Africa, New York/Oxford 1989².

5 Jenonne Walker, International Mediation of Ethnic Conflicts, in: Survival 35 (1993) 1, S. 102-117.

Lösung wahrscheinlich wird und an dem sich die Streitparteien von außen beeinflussen lassen.[6] William I. Zartman geht davon aus, daß Konfliktlösungsreife eintritt, wenn eine politische oder militärische Pattsituation zwischen den Konfliktparteien erreicht ist, wenn sich die Akteure dessen bewußt sind, sich in einer ausweglosen Situation zu befinden, und wenn die Kontrahenten bereit sind, sich auf einen konkreten Kompromißvorschlag einzulassen.[7] Häufig befinden sich, wie im ehemaligen Jugoslawien, die kämpfenden Seiten längst im Zustand gegenseitiger militärischer Blockade, ohne jedoch zu erkennen, daß sie ihre ursprünglichen Kriegsziele nicht mehr erreichen können. Aufgabe der Vermittler wäre es dann, den Konfliktparteien klarzumachen, daß Kompromißfähigkeit und verhandelte Lösungen mehr Vorteile als eine auf Gewinn ausgerichtete Strategie versprechen.

Voraussetzung für einen Friedensschluß wäre also zum ersten, daß die gegnerischen Seiten das Kräfteverhältnis und die Konfliktsituation gleich einschätzen, unter Umständen, daß die unterlegene Partei den Sieg der anderen ohne weiteren Widerstand akzeptiert. Zum zweiten müssen die jeweiligen Kosten-Nutzen-Kalküle der Streitparteien dahingehend übereinstimmen, daß sie aufgrund einer militärischen und politischen Pattsituation oder aus ökonomischen Motiven ein Einlenken der auf militärischen Sieg gerichteten Konfliktstrategie vorziehen.[8] Eine Kompromißlösung müßte also subjektiv größere Vorteile als die anhaltende kriegerische Blockade versprechen.[9]

Viele Erfahrungen bestätigen, daß sich die Kosten-Nutzen-Kalküle von Konfliktparteien beeinflussen lassen, daß

6 Fred Charles Iklé, Every War Must End, New York/London 1971.

7 Vgl. William I. Zartman, Conflict and Resolution: Contest, Cost, and Change, in: The Annals of the American Academy of Political and Social Science (November 1991) 518, S. 11-22.

8 Mitchell, Structure, S. 165 ff.

9 Håkan Wiberg, Conflict Resolution in Yugoslavia: Lessons for the Future, unveröffentl. Manuskript, Copenhagen 1993.

sich Friedensbereitschaft von außen fördern oder sogar herstellen läßt.[10] Denkbar wären diplomatische, politische, wirtschaftliche und militärische Sanktionen, um die stärkeren Parteien zu schwächen; Waffenlieferungen oder andere militärische Unterstützung der unterlegenen Seite, um das Kräftegleichgewicht herbeizuführen; oder eine Kombination aus Drohungen und positiven Anreizen, um die Kompromißbereitschaft aller Beteiligten zu fördern. Alle drei Alternativen wurden im ehemaligen Jugoslawien in Betracht gezogen.

Schon in einer relativ frühen Phase hat sich die internationale Gemeinschaft mit der Auflösung Jugoslawiens und ihren Folgen befaßt. Lange Zeit blieb allerdings umstritten, ob und in welcher Form sie in den Mitte 1991 ausgebrochenen Krieg zwischen den jugoslawischen Nachfolgestaaten intervenieren sollte. Verzerrte Wahrnehmungen, verspätete Reaktionen und inkonsequentes Auftreten gehörten zu den folgenreichsten Fehlern und Versäumnissen beim Management der jugoslawischen Krise. Nur zögernd setzte sich in den europäischen Hauptstädten die Auffassung durch, daß die serbische Regierung, wenn auch nicht die alleinige, so doch die Hauptverantwortung für die gewaltsame Eskalation der jugoslawischen Konflikte trägt. Die Hauptvorwürfe lauteten, daß die serbische Seite die territoriale Integrität der Republiken Slowenien, Kroatien und Bosnien-Hercegovina mißachtete und daß sie durch ihre radikale Vertreibungspolitik humanitäres Völkerrecht verletzte. Der Sicherheitsrat der UNO drückte in seiner Resolution 752 vom 15. Mai 1992 tiefe Besorgnis über die Eskalation des Krieges in Bosnien-Hercegovina aus, mahnte zum Frieden und rief zum Rückzug der externen militärischen Kräfte aus der Republik, vor allem der Jugoslawischen Volksarmee, auf. Immer wieder forderte die Weltgemeinschaft, die territoriale Integrität, Souveränität und politi-

10 Vgl. Zartman, Ripe for Resolution.

sche Unabhängigkeit Bosnien-Hercegovinas wiederherzustellen, einen dauerhaften Frieden zu schließen, die ethnischen Vertreibungen rückgängig zu machen und die humanitären Hilfstransporte ungehindert passieren zu lassen. Wie sich diese Appelle durchsetzen ließen, blieb allerdings in der Staatengemeinschaft umstritten.

1. Die Diskussion um die Militärintervention

Als 1991 die jugoslawische Krise auf ihren Höhepunkt zusteuerte, stand die öffentliche Meinung noch voll unter dem Eindruck des Golfkrieges und der Erwartung, daß die internationale Gemeinschaft die »neue Weltordnung« entschlossen gegen weitere Völkerrechtsverletzungen durchsetzen wolle. In allen westlichen Staaten meldeten sich Intellektuelle und Politiker zu Wort, die zum Teil mit großer Emotionalität für militärische Gewaltanwendung Partei ergriffen.[11] Auch Friedensforscher und Oppositionelle aus dem ehemaligen Jugoslawien forderten eine »humanitäre Intervention« und die Errichtung eines UNO-Protektorats über Bosnien-Hercegovina.[12] Die weitestgehende Forderung an die Adresse des Militärs lautete, durch eine Operation »Balkansturm« den serbischen Teilstaat zu zerstören und die territoriale Integrität und volle Souveränität Bosnien-Hercegovinas wiederherzustellen. Dies hätte zunächst eine Invasion mit Bodentruppen, später die komplette Besetzung des Landes bedeutet.

Ihre Forderung stützten die Interventionsbefürworter auf folgende Argumente: Zum einen handelte es sich bei

11 The New Interventionists, in: Voice, 10. 5. 1994, S. 29ff; Klaus Bittermann, Der Intellektuelle als Kriegshetzer, in: ders. (Hg.), Serbien muß Sterbien. Wahrheit und Lüge im jugoslawischen Bürgerkrieg, Berlin 1994, S. 178-201.

12 Peter Schlotter (Red.)/Peter Billing/Gert Krell/Hans-Joachim Schmidt/Bruno Schoch (Hg.), Der Krieg in Bosnien und das hilflose Europa. Plädoyer für eine militärische UN-Intervention, Frankfurt/M. 1993 (HSFK-Report 5-6/1993).

den jugoslawischen Nachfolgestaaten um souveräne Völkerrechtssubjekte, deren territoriale Integrität verletzt wurde und die als Mitglieder der UNO und der KSZE Anrecht auf internationale Unterstützung besaßen. Zum anderen stellten Völkermord, ethnische Vertreibungen und andere grobe Menschenrechtsverletzungen eine ernsthafte Friedensbedrohung dar und hätten aufgrund von Kapitel VII der UNO-Charta international geahndet werden können. Obwohl sich in der bisherigen Staatenpraxis noch kein Rechtsbewußtsein zugunsten »humanitärer Interventionen« durchgesetzt hat, wurde schon früher gefordert, schwere Menschenrechtsverletzungen notfalls von außen durch militärische Gewalt zu beenden. Unter Völkerrechtlern herrscht insoweit Konsens, daß Zwangsmaßnahmen zur Sicherung demokratischer und menschenrechtlicher Mindestanforderungen ergriffen werden dürfen, sofern grob gegen humanitäres Völkerrecht verstoßen wird, wenn die politische Macht eines Staates in einem Maße fragmentiert ist, daß keine Streitpartei mehr die staatliche Souveränität repräsentieren kann, oder wenn einzelne Konfliktparteien die Auslieferung humanitärer Hilfsgüter willkürlich behindern.[13] Alle drei Bedingungen waren in Bosnien-Hercegovina schließlich gegeben.

Seit Kriegsbeginn ist die Frage eines bewaffneten Eingreifens in unterschiedlichsten internationalen Gremien immer wieder diskutiert worden. Die drei am gründlichsten geprüften Alternativen betrafen erstens die Entsendung einer internationalen Bodenstreitmacht, die den politischen und militärischen Status quo ante wiederherstellen sollte; zweitens selektive Luftangriffe auf serbische Stellungen sowie

13 Winrich Kühne (Hg.), Blauhelme in einer turbulenten Welt. Beiträge internationaler Experten zur Fortentwicklung des Völkerrechts und der Vereinten Nationen, Baden-Baden 1993, S. 35 ff; Christopher Greenwood, Gibt es ein Recht auf humanitäre Intervention?, in: Europa-Archiv 48 (1993) 4, S. 93-106; Horst Fischer, Der Schutz von Menschen im Krieg. Humanitäres Völkerrecht und Humanitäre Intervention, in: Volker Matthies (Hg.), Frieden durch Einmischung?, Bonn 1993, S. 87-103.

drittens die einseitige Aufhebung des Waffenembargos zugunsten der bosnischen Regierungstruppen.[14]

Es ist – insbesondere in Zusammenhang mit den aus der jugoslawischen Krise zu ziehenden Lehren – wiederholt behauptet worden, daß eine frühzeitige militärische Drohgebärde von seiten der westlichen Mächte, beispielsweise die Verlegung von Flottenverbänden vor die adriatische Küste, als im Herbst 1991 Dubrovnik unter Beschuß geriet, die Jugoslawische Volksarmee hätte disziplinieren und damit den Krieg eindämmen können.[15] Dagegen spricht, daß die jugoslawische Armeeführung schon 1991 die Möglichkeiten eines westlichen Eingreifens sehr genau prüfte, jedoch zu der Einschätzung gelangte, daß es aus verschiedenen Gründen keine dem Golfkrieg vergleichbare »Operation Balkansturm« geben werde.[16] Schon 1991 prognostizierten die jugoslawischen Militärexperten in der Fachzeitschrift *Vojno Delo* eine ausgesprochen geringe Interventionsneigung des Westens. Mit ihren Analysen sollten sie Recht behalten.

Tatsächlich hielt nur der geringere Teil der internationalen Experten eine Militärintervention größeren Umfangs für politisch sinnvoll und militärisch machbar. Auf Regierungsebene und innerhalb der NATO schälte sich deswegen bald ein breiter Konsens gegen ein umfassendes militärisches Engagement heraus.[17] Man gelangte zu dem Schluß, daß bei einer Militärintervention im ehemaligen Jugoslawien Zweck und Mittel in einem groben Mißverhältnis zueinander stünden, daß die politischen und militärischen

14 Patrick M. Cronin, Perspectives on Policy and Strategy, in: Strategic Review 20 (1992) 4, S. 65-69.

15 Reiner K. Huber, Deterrence in Bosnia-Herzegovina, Universität der Bundeswehr, unveröffentl. Manuskript, Neubiberg 1994; Phillip A. Karber/Thomas S. Stewart, Yugoslavia: Were there Missed Opportunities?, Center for Technology and Public Policy Research, unveröffentl. Manuskript, Februar 1994.

16 James Gow, Yugoslavia and Lessons from the Gulf War, Centre for Defence Studies, London 1993, S. 4ff.

17 Holger M. Mey, Germany, NATO, and the War in the Former Yugoslavia, in: Comparative Strategy 12 (1993) 2, S. 239-245.

Risiken kaum kalkulierbar und die Aussichten auf einen politischen Erfolg verschwindend gering seien.[18] Man war der Ansicht, daß Gewaltanwendung ohne politische Lösungen keinen Sinn mache und daß der Umfang, die Dauer und die Gefahren eines solchen Einsatzes unabsehbar seien.[19]

Das wahrscheinlich wichtigste Argument gegen einen bewaffneten Einsatz im ehemaligen Jugoslawien von seiten des Militärs lautete, daß erst die politischen Ziele definiert sein müßten, bevor strategische Planungen Sinn hätten.[20] Welche Staatenordnung sollten die alliierten Streitkräfte im ehemaligen Jugoslawien herstellen? Welche Verfassung könnten sie mit dem Willen und der Unterstützung seiner Völker in Bosnien-Hercegovina implementieren? Die Politiker, die allzu vehement auf militärische Lösungen drängten, hatten die Frage nach einer konsensfähigen und langfristig stabilen politischen Neustrukturierung des postjugoslawischen Raumes zu beantworten. Aber niemand wußte, auf welcher Grundlage Serben, Kroaten und Muslime nach Abschluß einer Militärintervention würden zusammenleben wollen.

Ein zweites Argument betraf den Umfang, die Dauer und damit die Kosten des militärischen Engagements. Je nach Temperament, militärischer Entwicklung und strategischem Kalkül schätzten die Experten, daß eine Armee von 100 000 bis 500 000, unter Umständen sogar einer Million Soldaten erforderlich wäre, um die Lage unter Kontrolle zu bringen. Die NATO ging zuletzt von 460 000 Mann aus, um den Raum langfristig zu stabilisieren. Britische Experten schätzten aber schon die jährlichen Kosten einer Interventionsmacht von nur 60 000 Mann auf 2,5 Milliarden Pfund.

18 Henry Kissinger, Yugoslavia: Before Sending Troops, Marshal the Arguments, in: International Herald Tribune, 21. 9. 1992, S. 5; Mark Helprin, Stay out of Bosnia, in: The Wall Street Journal, 21. 9. 1993, S. 12.

19 Dieter S. Lutz, Militärische Gewalt – Mittel gegen den Krieg in Bosnien-Herzegowina?, in: S+F. Vierteljahresschrift für Sicherheit und Frieden 8 (1992) 3, S. 146-150.

20 Colin L. Powell, Die Ziele müssen klar sein, in: Die Zeit, 16. 10. 1992, S. 16.

Proportional zur Zahl der Soldaten und zum zeitlichen Aufwand stiegen die finanziellen Belastungen.[21]

Unbestritten erschien ferner, daß ein militärischer Einsatz im ehemaligen Jugoslawien angesichts der geographischen Verhältnisse und der Kampftechnik der Milizen für die Bodentruppen mit erheblichen Gefahren verbunden gewesen wäre.[22] Die Deutsche Wehrmacht hatte während des Zweiten Weltkrieges einschlägige Erfahrungen mit den Partisanen gemacht; die amerikanischen Truppen mußten später in Vietnam ein ähnliches Debakel erleben.[23] Die Militärdoktrin der USA, die der Vorsitzende der Vereinten Stabschefs der USA, Colin Powell, formulierte, knüpfte künftige Einsätze an drei Voraussetzungen: einen »entschiedenen Gewalteinsatz« (*decisive use of force*), deutliche politische Zielvorgaben sowie eine klare Exit-Strategie, also Aussichten auf eine rasche Beendigung der Operationen.[24]

In Wahrheit verbargen sich hinter dem langen Zögern der westlichen Regierungen also triftige Motive. Anders als in der Golfregion, wo die westliche Allianz klar definierte strategische, politische und ökonomische Ziele verfolgte, die gleichzeitig den Rahmen für eine politisch gewünschte Strukturierung des Raumes absteckten, sahen die westlichen Verbündeten im ehemaligen Jugoslawien keine vitalen nationalen Interessen bedroht. Nach Ende des Ost-West-Konflikts hatte der blockfreie Staat, der bis dato als Bollwerk gegen die sowjetische Machtausdehnung an der Adria fungierte und aus strategischen Gründen westliche Protektion genoß, seinen Platz in der Militärplanung der

21 Edward Cowan, The Price of Intervention, in: The Independent, 30. 4. 1993, S. 23.

22 Jochen Hippler, Irreguläre Kriegführung und die Schwierigkeiten externer Intervention, in: Matthies, Frieden durch Einmischung?, S. 139-154.

23 Mark F. Cancian, The Wehrmacht in Yugoslavia: Lessons of the Past?, in: Parameters 23 (1993) 3, S. 75-84; Paul Beaver, In Yugoslavia, Only Fools March In, in: The Wall Street Journal, 16. 12. 1992, S. 6.

24 Thomas Paulsen, Die Jugoslawienpolitik der Vereinigten Staaten 1989-1994, unveröffentl. Manuskript, Ebenhausen 1994.

NATO verloren. Darüber hinaus besaß das Land keine ökonomischen Ressourcen von überragendem Wert. Kurz gesagt erschien den westlichen Verantwortlichen die Region als zu unwichtig, als daß sie ein riskantes und im Resultat ungewisses militärisches Unternehmen gewagt hätten. Keine Regierung wollte es auf sich nehmen, den Verlust von Menschenleben für sekundäre Interessen vor der eigenen Öffentlichkeit rechtfertigen zu müssen.

Als Alternative beschränkte man sich auf humanitäre Unterstützungsleistungen, und damit rückte nunmehr ein weiteres Argument gegen militärische Einsätze in den Vordergrund. Solange die UNO mit der Verteilung von Hilfsgütern befaßt war, schied externe Gewaltanwendung de facto aus. Sie hätte nicht nur die internationalen Organisationen in ihrer Funktion als Vermittler diskreditiert, sondern auch in eine gefährliche Geiselrolle gebracht. Die Serben hatten mehrfach angekündigt, im Falle militärischer Aktionen von seiten der NATO Mitarbeiter der Vereinten Nationen gefangenzunehmen. Im Umfeld der zu Beginn des Jahres 1994 von der NATO gestellten Ultimaten in Sarajevo und Goražde haben sie ihre Drohung auch wahr gemacht. Um die Serben nicht zusätzlich zu provozieren und eine Verlängerung und regionale Ausweitung der Kämpfe zu verhindern, setzte der Westen auf Deeskalation.

Je länger der Krieg dauerte, desto unwahrscheinlicher wurde das militärische Engagement am Boden. Je weiter die Serben bei der Verwirklichung ihrer Kriegsziele voranschritten, desto gefährlicher, teurer und länger wäre der Militäreinsatz geworden. Jede neue Prüfung der militärischen Optionen erbrachte, daß die Risiken und die mutmaßlichen Kosten einer Intervention immer weiter stiegen.

In der Summe ergaben sich aus diesem Kalkül drei Grundsätze für den Streitkräfteeinsatz im ehemaligen Jugoslawien. Erstens sollten schon aus Kostengründen selbst begrenzte Militäraktionen nur unter dem Dach der Vereinten Nationen stattfinden. Zweitens sollte das Militär vorwiegend humanitären Zwecken dienen, also die Versorgung der Zivilbevölkerung sichern und die UNO-Blauhelme vor Angriffen schützen. Drittens sollten vor Abschluß eines dauerhaften Waffenstillstandes keinesfalls Bodentruppen, lediglich Luft- und Seestreitkräfte mit begrenztem operativem Auftrag zum Einsatz kommen. Damit entspann sich eine Diskussion über selektive Luftangriffe auf serbische Bodenziele.

Ähnlich wie die Entsendung von Bodentruppen wurde auch die Praktikabilität und der Nutzen selektiver Luftangriffe von den Militärexperten kontrovers beurteilt. Nur eine Minderheit vertrat die Auffassung, daß die Kampfflugzeuge der NATO die schweren Waffen (Artillerie und Panzer), Entscheidungszentren und Nachschubbasen der Serben problemlos aufklären und zerstören könnten, ohne große Kollateralschäden, also Opfer unter der Zivilbevölkerung, anzurichten.[25] Nach ihrer Meinung reichte es aus, 20% des serbischen Militärpotentials auszuschalten, um das Kräftegleichgewicht zwischen den kämpfenden Parteien auszutarieren. Andere – und zwar die Mehrheit der Militärs – hielten entgegen, daß die anvisierten Ziele aufgrund von Topographie, Klima und der serbischen Waffenmobilität nicht ohne weiteres zu bestimmen seien und daß mit bedeutenden Verlusten unter Soldaten und Zivilisten zu rechnen sei.[26] Sollten friedenserzwingende Operationen aus der Luft überhaupt Erfolg haben, müßten in jedem Fall zusätzlich Bodentruppen entsandt werden, wozu aber, wie oben ausgeführt, keine Bereitschaft bestand.[27] Andere, wie die Anhänger der amerikanischen *lift and strike*-Initiative, wiederum waren der Ansicht, daß nicht die NATO, son-

25 Graf Hanno von Kielmannsegg, In Bosnien-Hercegovina geht auch Europa mit zugrunde, in: Frankfurter Allgemeine Zeitung, 11. 2. 1994, S. 7.

26 Tony Mason, Air Intervention in Bosnia: Risks and Possibilities, unveröffentl. Manuskript, Wilton Park, April 1993.

27 Jonathan Eyal, The West Ponders (Useless) Air Strikes ..., in: The Wall Street Journal, 8. 2. 1994, S. 10.

dern die bosnischen Regierungstruppen selbst die Serben bezwingen könnten, vorausgesetzt, sie erhielten das Recht, sich auf legale Weise genügend Waffen zu beschaffen. Sie befürworteten gezielte Luftangriffe auf serbische Stellungen und strategisch wichtige Verkehrsverbindungen zusammen mit der einseitigen Aufhebung des Waffenembargos zugunsten der bosnischen Muslime. Obwohl auch innerhalb Europas prominente Politiker für das *lift and strike*-Modell Partei ergriffen, lehnten die Zwölf Anfang April 1993 den amerikanischen Vorschlag ab.[28]

Dennoch plädierten nicht nur in den USA, sondern auch in allen europäischen Staaten starke Lobbies für die Aufhebung des schon im September 1991 über alle jugoslawischen Teilstaaten verhängten Rüstungsboykotts. Im amerikanischen Repräsentantenhaus stimmte die Mehrheit der Abgeordneten mehrfach dafür, das Lieferverbot für Bosnien-Hercegovina einseitig auszusetzen. Sie vertraten die Ansicht, daß die internationale Gemeinschaft, wenn sie den Opfern des jugoslawischen Krieges schon direkte militärische Unterstützung verweigere, ihnen wenigstens die Möglichkeit zur Selbstverteidigung verschaffen müsse.[29] Im Rahmen der UNO machten sich vor allem die islamischen Staaten für die Aufhebung des Waffenembargos stark.

Doch nur theoretisch erschien es sinnvoll, den Rüstungsboykott zu beenden und das Kräfteverhältnis der kämpfenden Parteien durch Waffenlieferungen an die Schwächeren auszugleichen. Dagegen sprach, daß die vollkommene Aufhebung des – ohnehin durchlässigen – Embargos die Kämpfe ganz sicher verlängert und intensiviert hätte. Die Sicherheit der UNO-Blauhelmtruppen, die humanitäre Hilfsgüter verteilten, wäre dann nicht länger gewährleistet gewesen. Darüber hinaus bestand die Gefahr, daß militäri-

28 Margaret Thatcher, Stop the Serbs with Air Strikes and Arms for Their Adversaries, in: International Herald Tribune, 5. 5. 1994, S. 6.

29 Albert Wohlstetter, The Way Out, in: The Wall Street Journal, 5. 7. 1993, S. 10; ders., Arms, Not Words, for Bosnia, in: ebd., 13. 5. 1994, S. 10.

sches Material über die muslimisch besiedelten Gebiete Serbiens auch in andere Krisenherde gelangte und daß sich der Krieg an seiner östlichen und südlichen Flanke ausweitete. Nicht zuletzt hatte sich Kroatien, das als Durchfuhrland für die Rüstungsgüter hätte fungieren müssen, gegen die Aufhebung des Embargos ausgesprochen.

Mit dem Scheitern der *lift and strike*-Initiative kam die Debatte um einen Militäreinsatz im Frühjahr 1993 in den USA zu einem vorläufigen Ende. An die Stelle strategischer Planungen traten Überlegungen, wie die humanitäre Katastrophe in Bosnien-Hercegovina zu verhindern sei. Erst im Juli 1994 zog der amerikanische Präsident die Aufhebung des Waffenembargos wieder in Betracht, als sich die bosnischen Serben ein weiteres Mal den Friedensvorschlägen der internationalen Gemeinschaft widersetzten. Nach wie vor hielt aber die Mehrheit der europäischen Verbündeten diese amerikanische Drohung für verfehlt.

2. Die Wirkung nichtmilitärischer Sanktionen und des Wirtschaftsembargos

Mit dem Verzicht auf militärische Gewaltanwendung reduzierten sich die Handlungsalternativen der internationalen Gemeinschaft auf wirtschaftliche, währungspolitische, völkerrechtliche, kulturelle, elektronische und technische Sanktionen.[30]

Schon der unmittelbar nach der Unabhängigkeitserklärung Sloweniens und Kroatiens ausbrechende Krieg zwischen den Armeen der abtrünnigen Republiken auf der einen, der Jugoslawischen Volksarmee und serbischen Truppen auf der anderen Seite veranlaßte die relevanten internationalen Organisationen – insbesondere die KSZE, EG und die UNO –, das schließlich nur noch aus Serbien und Mon-

30 Vgl. Achim Schmillen/Erich Schmidt-Eenboom, Friedliche Konfliktregelung und aktive Konfliktaustragung, in: Mediatus 12 (1992) 5, S. 3-6.

tenegro bestehende Jugoslawien mit diplomatischen, politischen und wirtschaftlichen Sanktionen zu belegen.[31] Faktisch wurde die neue jugoslawische Föderation aus allen wichtigen internationalen Gremien und Institutionen, darunter die UNO, der Internationale Währungsfonds und die Weltbank, ausgeschlossen. Alle relevanten wissenschaftlichen, technischen, kulturellen und sportlichen Kooperationsbeziehungen wurden abgebrochen.

Die Finanz- und Wirtschaftssanktionen bildeten das gewichtigste Instrument. Bereits im November 1991 hatte die EG erste Embargomaßnahmen in Kraft gesetzt, denen sich der Sicherheitsrat der Vereinten Nationen am 30. Mai 1992 mit seiner Resolution 757 anschloß.[32] Er unterband den Warenverkehr mit Serbien und Montenegro, fror Zahlungen und Kredite ein und legte den Flugverkehr still. Darüber hinaus wurde die Zusammenarbeit in den Bereichen Sport, Kultur und Technik suspendiert. Durch Resolution 787 vom 16. November 1992 und Resolution 820 vom 17. April 1993 wurden die Sanktionen noch einmal erheblich verschärft und ihre Kontrolle verbessert. Seit Juli 1993 wurden sie durch NATO und WEU effektiv überwacht.

Inwieweit wirtschaftliche Sanktionen allerdings geeignet sind, die Politik ihrer Adressaten zu beeinflussen, ist umstritten. Im überwiegenden Teil der Literatur galten ökonomische Zwangsmaßnahmen lange Zeit als ineffektiv.[33] Administrative Lücken und mangelnde Solidarität unter den Embargoteilnehmern sind häufig dafür verantwortlich, daß sich Boykottmaßnahmen kaum effektiv durchsetzen lassen. Darüber hinaus erscheint fraglich, inwieweit man über die Ökonomie überhaupt Einfluß auf politische Entscheidungen nehmen kann. Einige Kritiker gingen so weit, die Wir-

31 Eine Chronologie der Ereignisse legten u. a. die Wissenschaftlichen Dienste des Deutschen Bundestages, Info-Brief 131/93 v. 15. 2. 1993, vor.

32 United Nations, Security Council, Distr. General, 30. 5. 1992 (S/Res/757).

33 Einen Forschungsbericht mit weiterführenden Literaturangaben bietet Peter A. G. van Bergeijk, Success and Failure of Economic Sanctions, in: Kyklos 42 (1989) 3, S. 385-404.

kung wirtschaftlicher Einflußnahme vollkommen zu leugnen.

In den vergangenen Jahren sind verschiedene Autoren jedoch zu differenzierteren Beurteilungen dieser Frage gelangt. In einer vielbeachteten Studie kamen Gary Clyde Hufbauer und Jeffrey J. Schott zu dem Ergebnis, daß Wirtschaftssanktionen unter bestimmten, eng definierten Voraussetzungen durchaus ihren Zweck erfüllen können. Sind die angestrebten Ziele begrenzt und wird ein Embargo rasch und entschlossen verhängt, wachsen seine Erfolgschancen.[34] Zudem könnten Wirtschaftssanktionen »zwar nicht unbedingt absolut effektiv, aber (im Sinne der Kosten/Nutzen-Relation) relativ vorteilhafter als alternative außenpolitische Instrumentarien oder der völlige Verzicht auf Maßnahmen« sein.[35] Liegen wie im ehemaligen Jugoslawien die Kosten militärischer Gewaltanwendung hoch, ihr Nutzen jedoch im ungewissen, werden ökonomische Instrumente der Außenpolitik aufgewertet. Nicht zuletzt erfüllt ein Embargo expressive, innenpolitische Funktionen in der sanktionierenden Gesellschaft, da es der eigenen Öffentlichkeit Handlungswillen, Reaktionsfähigkeit und politische Präsenz demonstriert. Und ökonomische Strafmaßnahmen sind durchaus geeignet, dem Zielland schweren Schaden zuzufügen.

Tatsächlich erleidet die serbische Volkswirtschaft seit Verhängung des Wirtschaftsembargos eine der schwersten Krisen ihrer Geschichte. Die Sanktionen haben die strukturellen Schwächen der serbischen Volkswirtschaft so weit verstärkt, daß die Republik 1994 zu den ärmsten Ländern der Welt zählt. Auch die Ökonomien der übrigen Balkanstaaten wurden schwer in Mitleidenschaft gezogen: Griechenland, Makedonien, Bulgarien, Rumänien und Ungarn

34 Gary Clyde Hufbauer/Jeffrey J. Schott, Economic Sanctions in Support of Foreign Policy Goals, Washington D. C. 1983.

35 Vgl. Hanns W. Maull, Wirtschaftssanktionen als Instrument der Außenpolitik, in: Jahrbuch für Politik 1 (1991) 2, S. 341-367, hier S. 342.

beklagen jeweils Ausfälle von mehreren Milliarden US-Dollar.[36]

Bereits in den achtziger Jahren hatte sich in Jugoslawien eine ernsthafte ökonomische Krise bemerkbar gemacht.[37] Schon vor Verhängung des Embargos war die serbische Handelsbilanz negativ, und die Staatsausgaben wurden zu großen Teilen über die Notenbank finanziert. Zwischen 1979 und 1990 ging die Pro-Kopf-Produktion um rund 32 % zurück; das Bruttosozialprodukt fiel in der zweiten Hälfte der achtziger Jahre jährlich um 1,2 %. Durch den Zerfall des jugoslawischen Wirtschaftsraums und den Zusammenbruch der osteuropäischen Märkte kam darüber hinaus der interregionale Handel zum Erliegen. Die serbische Industrie verlor durch die Abspaltung Sloweniens und Kroatiens wichtige Wirtschaftspartner und erlitt einen Nachfrageausfall von 20 bis 40%.[38] Einige Ökonomen behaupten deshalb, daß der Zerfall Jugoslawiens die Republiken Serbien und Montenegro näher an den Ruin gebracht habe als das Wirtschaftsembargo.[39]

Seit Verhängung des Embargos hat sich die Talfahrt der jugoslawischen Wirtschaft allerdings stark beschleunigt. Nach zwei Jahren Wirtschaftsblockade war das Bruttosozialprodukt pro Kopf von 3 000 US-Dollar auf 700 US-Dollar gefallen.[40] Bis Januar 1994 hatte das Embargo bereits einen Gesamtschaden von 25 Milliarden US-Dollar verursacht.[41]

36 Vgl. u. a. Sabine Riedel, Bulgarien und das UN-Handelsembargo gegen Jugoslawien, in: Südosteuropa 42 (1993) 5, S. 267-281; Dan Ionescu, Romania Straddles the Fence on the Yugoslav Conflict, in: RFE/RL Research Report 1 (1992) 35, S. 27-31.

37 Herbert Büschenfeld, Armut auf breiter Front. Die wirtschaftliche Talfahrt Restjugoslawiens 1991/92 und ihre sozialen Auswirkungen, in: Osteuropa 43 (1993) 9, S. 864-870.

38 Michael R. Palairet, How Long Can the Milošević Regime Withstand Sanctions?, in: RFE/RL Research Report 2 (1993) 34, S. 21-25.

39 Godine brzog propadanja, in: Ekonomska politika, 14. 6. 1993, S. 19f.

40 Effects of Trade Sanctions on the Yugoslav Economy so Far, in: Focus, 16. 5. 1994, S. 35ff.

41 Privredni pregled, 10. 1. 1994, S. 4.

Im August 1994 wurde er auf 45 Milliarden US-Dollar, die Langzeitfolgen wurden auf 147 Milliarden US-Dollar geschätzt.[42]

Zunächst verzeichneten alle relevanten Sektoren nur milde Einbrüche. Da Serbien und Montenegro nicht unbedeutende Rohstoff-, Devisen- und Energiereserven besaßen, machten sich die Folgen des Embargos erst mit mehrmonatiger Verzögerung bemerkbar. Rund 1,2 Millionen Tonnen Rohöl wurden jährlich im Lande selbst produziert. Aber noch im Verlauf des Jahres 1992 beschleunigte sich der ökonomische Schrumpfungsprozeß und ergriff schrittweise alle volkswirtschaftlichen Sektoren. Die höchsten Verluste erlitten zunächst der serbische Außenhandel und die Industrieproduktion, aber selbst die Landwirtschaft verzeichnete einen Produktionsrückgang von rund 25 %, weil sowohl Treibstoffe als auch Dünge- und Schädlingsbekämpfungsmittel fehlten.[43] Obwohl das Embargo an zahlreichen Stellen durchbrochen wurde, gab es schon Mitte 1993 keine Nische mehr, die von seinen Folgen unberührt blieb.

Allein die Handelssanktionen der EG reduzierten die serbischen Exporte im Mai 1992 um 26 % gegenüber dem Vorjahr. Durch die Verhängung des UNO-Embargos schrumpfte die Ausfuhr zwischen Juni und Dezember 1992 um 63 %, die Einfuhr um 56 %. Seit die UNO auch noch den Warentransit unterband, strebte der jugoslawische Außenhandel gänzlich gegen Null.[44] Aufgrund der Paralyse des Export-Import-Geschäfts mußten zahlreiche Betriebe die Produktion einschränken oder ganz einstellen. Zwischen Juli und Dezember 1992 fiel die Industrieproduktion um 40 % gegenüber der ersten Jahreshälfte.[45] Im Mai 1993

42 Süddeutsche Zeitung, 3. 8. 1994, S. 1.

43 Disastrous Effects of UN Sanctions, in: Focus, 18. 5. 1993, S. 71 ff.

44 Ebd.

45 David Dyker/Vesna Bojicic, The Impact of Sanctions on the Serbian Economy, in: RFE/RL Research Report 2 (1993) 21, S. 50-54.

lag der Index der Industrieproduktion lediglich noch bei 37 gegenüber 1990. Die größten Einbußen nahm die industrielle Massen- und Serienfertigung hin sowie all jene Branchen, die von der Einfuhr von Halbfertigwaren und ausländischer Technologie abhingen. Zu diesem Zeitpunkt hatten 94 % der serbischen Fabriken ihre Produktion reduziert oder zeitweilig eingestellt, da die nötigen Rohmaterialien oder Energieträger fehlten.[46] Ende 1993 wurden die Kapazitäten nur noch zu 25 % ausgelastet.[47]

Die internationalen Wirtschaftssanktionen trafen ferner den jugoslawischen Staatshaushalt, der ohnehin durch wachsende Ausgaben für Polizeiapparat und Militär stark belastet war.[48] Nach Ausbruch des Krieges kamen Unterstützungsleistungen für die bosnischen und kroatischen Serben hinzu. Nach offiziellen Angaben der Belgrader Regierung flossen rund 20 % des serbischen Bruttoinlandsprodukts in die Krajina und nach Bosnien, was allerdings stark übertrieben erscheint. Experten sind der Ansicht, daß die Hilfe für die Serbenrepubliken die verzweifelte Wirtschaftslage erklären soll. Sie gehen von einer Transferleistung von maximal 5 % aus.[49] Auch die Versorgung von rund einer halben Million Kriegsflüchtlingen, die sich in Serbien und Montenegro aufhielten, verschlang riesige Summen. Darüber hinaus belastete der Rückgang der Beschäftigung den Haushalt mit ständig wachsenden Sozialausgaben. Fehlende Steuereinnahmen und steigende Transferleistungen an Unternehmen und Einzelpersonen rissen große Löcher in die Staatskasse. Um die Ausgaben decken zu können, rekurrierte der Staat auf die Notenpresse und heizte damit die chronische Geldentwertung an. Bereits 1992 schnellte die Inflationsrate steil nach oben. Im Dezember 1993 erreichte

46 Disastrous Effects of UN Sanctions, in: Focus, 18. 5. 1993, S. 71 ff.

47 Ljubomir Madzar, Rump Yugoslavia Mired in Economic Problems, in: RFE/RL Research Report 2 (1993) 39, S. 45-49, hier S. 47.

48 Koliko Srbiju i Crnu Goru košta rat, in: Borba, 9. 8. 1993, S. 9.

49 Preuveličavanje s razlogom, in: Borba, 10. 8. 1993, S. 14.

sie den Rekord von einer Million Prozent gegenüber dem Vormonat.[50]

Den höchsten Preis für die Sanktionen zahlte die lohnabhängige Bevölkerung. Der durch den Rückgang der Produktion ausgelöste rapide Anstieg der Arbeitslosigkeit, die galoppierende Inflation, nicht zuletzt Leistungsausfälle der öffentlichen Hand angesichts der dramatisch gesunkenen Staatseinnahmen stürzten breite Schichten der Bevölkerung in absolute Armut.[51] Zu den 750 000 offiziell registrierten Arbeitslosen gesellte sich ein ständig wachsendes Heer von mehreren Hunderttausend Erwerbstätigen, die infolge von Produktionsstop, Kurzarbeit und betrieblich begründetem Zwangsurlaub ihren Beruf nicht mehr ausüben konnten. Rund 750 000 Sozialhilfeempfänger und 1,2 Millionen Rentner reduzierten die Erwerbsquote zusätzlich.[52] So schmolz die Lohnsumme in Serbien und Montenegro auf einen Bruchteil des Vorkriegsniveaus zusammen. Mitte 1993 betrug das Durchschnittseinkommen lediglich 50 DM im Monat, wenige Monate später sogar nur noch 13 DM. Im Februar 1993 lebten bereits vier Millionen Menschen in Serbien unterhalb des Existenzminimums.[53] Ende 1993 fielen nun schon 90 % der Bevölkerung unter die Armutsgrenze.[54] Lediglich eine kleine Gruppe von Schmugglern, Waffenhändlern und mafiaähnlichen Banden zog aus den schwierigen Lebensbedingungen Profit.

Angesichts der desolaten ökonomischen Situation wanderten viele Erwerbsfähige in die Illegalität ab. Den meisten Menschen wäre ohne die Schattenwirtschaft, die nach und nach alle Sektoren der Volkswirtschaft erfaßte, das Überleben unmöglich gewesen. Schon 1992 sollen rund 30% der gesamten Wirtschaftsaktivitäten auf dem Schwarzmarkt

50 Šta sadrži program, in: Ekonomska politika, 17. 1. 1994, S. 12ff.
51 Inflation Continues Skyrocketing, in: Focus, 23./24. 12. 1993, S. 31f.
52 Madzar, Rump Yugoslavia, S. 47.
53 Četiri miliona ljudi na granici siromaštva, in: Politika, 11. 2. 1993, S. 11.
54 Siromašno 90 odsto gradjana, in: Politika, 12. 10. 1993, S. 7.

realisiert worden sein.[55] Vor allem der Devisenhandel verlagerte sich größtenteils auf die Straße.[56]

Obwohl die serbische Regierung immer wieder versuchte, auf den Embargodruck zu reagieren, die sozialen Gefahren abzufedern und die Volkswirtschaft umzustrukturieren, waren zunächst alle Stabilisierungsmaßnahmen zum Scheitern verurteilt. Im Sommer 1993 wurden für 80% der Waren Preiskontrollen eingeführt, wichtige Grundnahrungsmittel und Güter des täglichen Bedarfs mußten rationiert werden.[57]

Mit Einführung des »Super-Dinars« zog die Regierung der Bundesrepublik Jugoslawien im Januar 1994 aber schließlich die Notbremse gegen die Hyperinflation. Der neue Dinar sollte im Verhältnis 1:1 an die D-Mark gebunden werden und zu 100% durch Gold- und Devisenreserven gedeckt sein. Gleichzeitig kündigte der Ökonom Dragoslav Avramović, der als erfahrener Weltbank-Mitarbeiter das Programm ausgearbeitet hatte, einen strikten fiskalpolitischen Austeritätskurs an. Ziele der Maßnahmen waren die Stabilisierung von Preisen und Devisenkursen, die Beseitigung der Schattenwirtschaft und ein Anschubeffekt für die Produktion. Die serbischen Finanzfachleute hofften auf einen Zuwachs an Vertrauen in die jugoslawische Währung, der es erlauben sollte, die auf den schwarzen Märkten kursierenden Devisen für den Staat nutzbar zu machen und wieder mehr Waren in den regulären Handel zu bringen. Zur Finanzierung des Reformpakets wollte die Republik Serbien deshalb 1,5 Milliarden US-Dollar bereitstellen.[58]

Überraschenderweise konnte das Stabilisierungsprogramm, das den serbischen Ökonomen international einen Achtungserfolg einbrachte, die Hyperinflation aufhalten.

55 Polovina privrede na crnoj berzi, in: Politika, 9. 4. 1993.
56 Jelica Minic, The Black Economy in Serbia: Transition from Socialism?, in: RFE/RL Research Report 2 (1993) 34, S. 26-29.
57 David A. Dyker, Rump Yugoslavia's New Economic Policy Package, in: RFE/RL Research Report 2 (1993) 41, S. 33-36.
58 Šta sadrži program, in: Ekonomska politika, 17. 1. 1994, S. 12ff.

Auch das Warenangebot verbesserte sich. Aber schon die Analyse der Wirtschaftsdaten vom Mai 1994 zeigt, daß der »Super-Dinar« der Bevölkerung nur eine kurze Atempause verschafft hatte. Produktivität und Sozialprodukt waren schon im Frühjahr 1994 wieder im Sinken begriffen, so daß sich alle Hoffnungen auf eine substantielle wirtschaftliche Erholung zerstreuten.[59]

Obwohl das Embargo verheerende wirtschaftliche, soziale und demographische Auswirkungen auf Jugoslawien und sein näheres regionales Umfeld zeitigte, erfüllte es seine politischen und militärischen Zwecke nicht. Vor allem das militärische Ziel, die Beendigung des bosnischen Krieges, wurde verfehlt. Trotz des nahen Kollapses der serbischen Volkswirtschaft finanzierte die Regierung in Belgrad ihre Armee mit Rekordsummen: 1993 verschlang der Militäretat 75 % des Staatsbudgets.[60] Darüber hinaus wurden weiterhin erhebliche Mittel an die kroatischen und bosnischen Serben abgeführt. Auch die erhoffte politische Wirkung trat nicht ein. Mit der Verhängung der Sanktionen verband sich nämlich die Erwartung, das Regime in Belgrad zu destabilisieren und einem Machtwechsel den Boden zu bereiten. Allerdings hat man bereits häufiger beobachtet, daß Regierungen die internationale Isolation instrumentalisierten, um ihre eigene Position zu stärken.[61] So erfüllte sich auch die Prognose, daß die dramatische Verschlechterung der ökonomischen Lage einen Umsturz der innerserbischen Machtverhältnisse bewirken würde, nicht. Da Präsident Milošević die internationale Isolation geschickt propagandistisch auszuschlachten verstand, hat er sein autoritäres Regime durch zwei Wahlen hindurch sogar noch festigen können. Statt eine Veränderung der Machtverhältnisse her-

59 Kritična faza programa, in: Ekonomska politika, 18. 7. 1994, S. 14f.
60 Brdo novca za novu vojsku, in: Borba, 21. 12. 1992, S. 10; Nema para za dve vojske, in: Borba, 14. 9. 1993, S. 12f.
61 Vgl. J. M. Scolnick, How Governments Utilize Foreign Threats, in: Conflict 8 (1988), S. 12-22.

beizuführen, hat der Verdruß der Bevölkerung über die vermeintliche Verschwörung des Westens gegen Serbien die radikalen, nationalistischen Kräfte gestärkt.[62] Und statt die oppositionellen Bewegungen zu kräftigen, hat das Embargo im Gegenteil eher eine nationale Homogenisierung der politischen Parteien bewirkt. Einhellig setzten bei den Wahlen im Dezember 1993 Regierung und Opposition auf die nationale Karte: So wurde der Schutz der Serben in Kroatien und Bosnien-Hercegovina zu einem der wichtigsten Wahlkampfthemen.[63] Paradoxerweise besaß die Regierung in den sozial schwachen und weniger gebildeten Schichten, die die Sanktionsfolgen am schmerzlichsten zu spüren bekamen, die größte Anhängerschaft.[64] Unmut erregte allerdings, daß die Regierung den Serben in Kroatien und in Bosnien-Hercegovina mit beträchtlichen Geldsummen half, während im eigenen Land Not herrschte. Auch die Kriegsflüchtlinge waren in Serbien nicht gern gesehen.

Die hoffnungslose Situation Serbiens bewegte die serbischen Eliten erst im dritten Kriegsjahr dazu, die Kosten ihrer Pläne zu überdenken. Das Land war in einem Maße politisch isoliert und wirtschaftlich zerrüttet, daß nicht mehr nur Mitglieder von Antikriegsgruppen und einsame Intellektuelle zum Einlenken aufriefen. Auch außerhalb der Friedensbewegung setzte sich allmählich ein pragmatischer Kurs durch. Schon anläßlich der Parlamentswahlen 1993 machte der serbische Präsident Slobodan Milošević nur noch nebulöse Andeutungen darüber, wie er die nationale Frage der Serben zu lösen gedenke. Angesichts zusätzlicher massiver Sanktionsdrohungen vollzog er schließlich im August 1994 den spektakulären Bruch mit den bosnischen Serben und riegelte die jugoslawische Grenze ab. Seither

62 Milan Andrejevich, The Radicalization of Serbian Politics, in: RFE/RL Research Report 2 (1993) 13, S. 14-24; ders., What Future for Serbia, in: RFE/RL Research Report 1 (1992) 50, S. 7-17.
63 Svi igraju na nacionalnu kartu, in: Borba, 17. 12. 1993, S. 12.
64 I gladni veruju vlasti, in: Borba, 10. 8. 1993, S. 10.

wurden alle Unterstützungsmaßnahmen von offizieller Seite eingestellt. Im jugoslawischen Fall scheint sich daher zu bestätigen, daß Wirtschaftssanktionen zwar keine absolute Kehrtwende, jedoch – Ausdauer vorausgesetzt – deutlich erkennbare Kurskorrekturen bewirken können.

3. Elemente einer Politik der Schadensbegrenzung

Im Kern entwickelte sich die internationale Jugoslawienpolitik folglich aus zwei Prämissen: Erstens war schon in einem relativ frühen Stadium des Krieges klar, daß sich kein Staat zu verstärktem militärischem Engagement bereitfinden und Bodentruppen in die Bürgerkriegsregion entsenden würde. Damit schieden alle Alternativen aus, die gewaltsam hätten durchgesetzt werden müssen. Zum zweiten ließ sich vorhersehen, daß die Wirtschaftssanktionen einen vielleicht jahrelangen Vorlauf benötigten, um überhaupt Wirkungen zu entfalten. Zu erwarten stand, daß sie das Verhalten der serbischen Regierung zunächst bestenfalls graduell beeinflussen würden. Angesichts der relativen Erfolglosigkeit der internationalen diplomatischen Bemühungen konzentrierte sich die internationale Gemeinschaft schließlich immer stärker auf eine reine Politik der Schadensbegrenzung.

Diese im jugoslawischen Krieg mit internationalem Konsens verfolgte *containment*-Strategie richtete sich auf mehrere Ziele. In einem durchaus eigennützigen Sinne ging es zum einen darum, den humanitären und wirtschaftlichen Schaden in der Bürgerkriegsrepublik einzudämmen und die Kosten für die Versorgung von Flüchtlingen und Zivilbevölkerung zu begrenzen. Schließlich lag auf der Hand, daß die Streitparteien über die humanitäre Hilfe einen Teil der Kriegskosten auf das Ausland abwälzten und daß sie spätere Wiederaufbauhilfen von seiten der Europäer in ihr Kalkül einbezogen. Zum zweiten war die Staatenwelt bestrebt, die

Eskalationsdynamik des Krieges aufzuhalten und die Ausweitung der Kampfhandlungen auf andere Regionen zu verhindern. Obwohl nicht zwangsläufig zu erwarten stand, daß sich der Konflikt über Bosnien-Hercegovina ausweitete und in einer Art Dominoeffekt einen großen Balkankrieg auslöste, mußten die vielfältigen *spill-over*-Risiken einkalkuliert werden. In einer späteren Phase des Konflikts schließlich kam das Motiv hinzu, den außenpolitischen Schaden zu begrenzen, der durch die Handlungsunfähigkeit und die diplomatische Erfolglosigkeit der internationalen Gemeinschaft entstanden war. Je länger der Krieg dauerte und je empörter die Öffentlichkeit reagierte, desto stärker machte sich die Notwendigkeit geltend, den Ansehensverlust der internationalen Institutionen aufzuhalten und ihre Glaubwürdigkeit wiederherzustellen.

Schon Mitte 1992 wurde daher begonnen, den bosnischen Krieg nicht mehr als primär sicherheitsgefährdendes, sondern als humanitäres Problem zu definieren. Im Mai 1992 erklärte der UNO-Sicherheitsrat durch seine Resolution 752 die dringende Notwendigkeit, die Menschen in Bosnien-Hercegovina finanziell und materiell zu unterstützen. Gleichzeitig forderte er freien Zugang zu den Flughäfen, um die Hilfslieferungen ins Land bringen zu können. In zahlreichen anderen Dokumenten wurde immer wieder die tragende Rolle der humanitären Hilfeleistung für die Friedensbemühungen der UNO betont.

Angesichts anhaltender Kämpfe entsandte die UNO im Frühsommer 1992 ihre Schutztruppe UNPROFOR nach Bosnien-Hercegovina.[65] Anders als in Kroatien, wo im Februar 1992 eine aus 14000 Blauhelmsoldaten bestehende Schutztruppe stationiert worden war, um die Kriegsparteien nach Einstellung der Kampfhandlungen auseinanderzuhalten, sollte in Bosnien-Hercegovina in erster Linie die

65 United Nations, The United Nations and the Situation in the Former Yugoslavia, New York 1994; Yugoslavia: The United Nations Protection Force (UNPROFOR) and Other Multilateral Missions, Washington 1993.

Verteilung der humanitären Hilfsgüter gewährleistet werden. Rund 2,7 Millionen Menschen waren auf externe Versorgung angewiesen. UNPROFOR, die aus zivilem und leicht bewaffnetem militärischen Personal bestand, war als friedenserhaltende Kraft entsandt worden. Die Mission hatte sich an die traditionellen *peacekeeping*-Prinzipien zu halten, sollte also unparteiisch auftreten und nur mit dem Konsens der Konfliktparteien handeln. Gewalt sollte nur zur Selbstverteidigung eingesetzt werden. Dies war insofern paradox, als die Blauhelm-Soldaten mitten in aktives Kriegsgebiet entsandt wurden und somit die Voraussetzungen für eine echte *peacekeeping*-Mission gar nicht bestanden. Alles in allem waren im Sommer 1994 rund 33 000 Blauhelme im ehemaligen Jugoslawien stationiert.

Trotz der Anstrengungen des UNHCR, des Roten Kreuzes und anderer Hilfsorganisationen blieben große Teile Bosnien-Hercegovinas ohne Versorgung, und in den unter Blockade stehenden Städten verschlechterte sich die Situation täglich.[66] Am 28. Februar 1993 begannen die Amerikaner die von der Außenwelt abgeschnittene Bevölkerung Ostbosniens über eine Luftbrücke zu versorgen. Aus mehr als 3000 Meter Höhe warfen Flugzeuge Hilfspakete über den belagerten Ortschaften ab.[67]

Viele Staaten und private Hilfsorganisationen trugen seither dazu bei, auf bilateralem oder multilateralem Wege die Not der jugoslawischen Bevölkerung zu lindern. Unter großem persönlichem und finanziellem Einsatz wurden Millionen Tonnen an Lebensmitteln und Medikamenten in die umkämpften Gebiete und zu den Flüchtlingslagern gebracht. Allein die G 24-Staaten hatten bis Ende 1993 rund drei Milliarden DM in die humanitäre Hilfe im ehemaligen Jugoslawien investiert. Deutschland hatte über 221 Millio-

66 Dražen Petrović, International Humanitarian Aid to the Civilian Population of Sarajevo – Some Remarks, in: Sonja Biserko (Hg.), Yugoslavia. Collapse – War – Crimes, Belgrade 1993, S. 267-274.

67 Dušan Reljić, Provokative Hilfe, in: Die Zeit, 5. 3. 1993, S. 12.

nen beigesteuert und ist seit Juli 1992 auch mit zwei Transall-Maschinen an der Luftbrücke in die bosnische Hauptstadt Sarajevo beteiligt.[68]

In weiten Teilen des Landes waren die Hilfsorganisationen und die Blauhelme ständigen Behinderungen ausgesetzt. Immer wieder kam die Versorgung der Flüchtlinge zum Stillstand, weil Lastwagen aufgehalten oder sogar angegriffen wurden.[69] Häufig wurden Hilfstransporte systematisch behindert, um politische Ziele zu verwirklichen.[70]

Angesichts der rasch eskalierenden Kämpfe und der massiven Menschenrechtsverletzungen wurde der Auftrag UNPROFORs ständig ausgeweitet. Mehr als zweihundert Resolutionen hat der Sicherheitsrat zur Lage im ehemaligen Jugoslawien verabschiedet. Die meisten waren vage und mehrdeutig. Alle zusammen ergaben schließlich ein hochkomplexes und in sich widersprüchliches Mandat, besonders seit die Blauhelm-Soldaten 1993 erstmals Aufgaben erhielten, deren Erfüllung den Einsatz von Gewaltmitteln voraussetzte. Zuletzt, im Sommer 1995, umfaßte es so unterschiedliche Aufgaben wie den Schutz von Konvois des UNHCR, die Vermittlung und Überwachung von Waffenstillständen, die Durchsetzung von militärischen Ausschlußzonen und die »Abschreckung« von Angriffen auf Schutzzonen. Dies führte die Mission in ein tiefes Dilemma. Denn einige Aufgaben wurden UNPROFOR unter Kapitel 7 der UNO-Charta zugewiesen, legitimierten also militärische Mittel. Andere standen jedoch unter Kapitel 6, das nur gewaltfreie Operationen abdeckte. Unklar blieb, inwieweit und in welchen Situationen der Einsatz von Gewalt über reine Selbstverteidigung hinaus legitimiert war und wann

68 Auswärtiges Amt/Arbeitsstab Humanitäre Hilfe, Die humanitäre Hilfe der Bundesrepublik Deutschland für die Opfer des Konflikts im ehemaligen Jugoslawien, Bonn, 10. 11. 1993.

69 United Nations, High Commissioner for Refugees, Information Notes on Former Yugoslavia 8/1993, 1. 8. 1993.

70 Humanitäre Hilfe als politische Waffe in Bosnien, in: Neue Zürcher Zeitung, 20. 2. 1993, S. 3.

die Schutztruppe aufgrund der traditionellen *peacekeeping*-Prinzipien (Unparteiischkeit, Handeln mit Konsens der Konfliktparteien, Gewalteinsatz nur zur Selbstverteidigung) agieren sollte. Schließlich pochten die truppenstellenden Länder darauf, daß ihre Soldaten nicht zu Kampfeinsätzen autorisiert seien.

Schon seit Mitte 1992 wurde versucht, den humanitären Auftrag der UNO-Blauhelme mit härteren Maßnahmen durchzusetzen. Im Oktober 1992 verhängte der Sicherheitsrat der UNO ein Flugverbot über den bosnischen Luftraum, um die Auslieferung der Versorgungsgüter zu gewährleisten. Mit Resolution 824 vom 6. Mai 1993 erklärte er die Städte Srebrenica, Goražde, Žepa, Tuzla, Sarajevo und Bihać zu Sicherheitszonen, in denen jeweils mehrere zehntausend Menschen eingekesselt waren und wo die Versorgung mit Trinkwasser, Lebensmitteln und Medikamenten kritisch war.[71] Auch die USA, Rußland, Frankreich, Großbritannien und Spanien unterstützten mit ihrem am 22. Mai 1993 der Öffentlichkeit präsentierten »Gemeinsamen Aktionsplan« den Schutz und die Versorgung der muslimischen Zivilbevölkerung in den »sicheren Zonen«.[72] Kaum überraschend stellte sich jedoch bald heraus, daß die Menschenrechtsverletzungen nicht abrissen, obwohl die Zivilisten qua Resolution in den Schutzzonen internationale Protektion genossen.

Mit Resolution 836 vom 4. Juni 1993 erweiterte der Sicherheitsrat der UNO daher das Mandat seiner Schutztruppe und ermächtigte die UNPROFOR, Angriffe auf die Schutzzonen »abzuschrecken«. Ausdrücklich wurde die NATO aufgefordert, den UNO-Truppen bei der Verwirklichung ihres Auftrags zu helfen. Die Allianz lehnte es jedoch vorerst ab, dem Wunsch der Weltorganisation zu entsprechen.

Erst als wenige Wochen später eine Granate auf einem Sa-

71 United Nations, Security Council, S/25700, 30. 4. 1993.

72 Vgl. U.S. Policy Information and Texts, No. 055, 25. 5. 1993, S. 5ff u. 25ff.

rajevoer Marktplatz einschlug und zahlreiche Menschen tötete, entschied die NATO am 2. August 1993 auf Initiative der USA, »entschlossenere Maßnahmen« zu ergreifen, um die »Strangulierung Sarajevos« zu beenden. Da die bosnischen Serben die Allianz seit Monaten mit Leichtigkeit zu übertölpeln schienen, erlebte sie einen rasanten Glaubwürdigkeitsverlust: Zahnlosigkeit gehörte zu den harmloseren Vorwürfen, die sich das Bündnis gefallen lassen mußte.[73] Unter Berufung auf die Resolution 836, mit der der UNO-Sicherheitsrat am 4. Juni 1993 die UNPROFOR mit dem Schutz der sechs Sicherheitszonen beauftragt hatte, stellte der Rat Luftangriffe in Aussicht, falls sich die humanitäre Situation in der Hauptstadt verschlechtere. Alle Operationen sollten jedoch unter den Auspizien der Vereinten Nationen, also auf Wunsch und mit Genehmigung des Generalsekretärs, stattfinden.[74] Am 9. August schob das Bündnis die Erklärung nach, daß die angedrohten Luftangriffe ausschließlich humanitären Zwecken dienten und keinesfalls als Entscheidung zur militärischen Intervention interpretiert werden dürften. Ungeachtet anhaltender Angriffe auf zivile Ziele in den UNO-Schutzzonen sollte es aber noch ein halbes Jahr bis zur Verwirklichung dieser Drohungen dauern.

Anlaß dafür, daß UNO-Generalsekretär Boutros Ghali schließlich die NATO aufforderte, die UNPROFOR bei Erledigung ihrer Aufgaben in den Schutzzonen durch Luftwaffe zu unterstützen, war ein neuerlicher Granateinschlag in Sarajevo gewesen, der am 5. Februar 1994 ein ähnliches Massaker unter Zivilisten anrichtete wie der im Vorjahr. Die Tatsache, daß es stets publizistisch gut verwertbarer und hochgradig emotionalisierender Medienereignisse bedurfte, um die westliche Welt zum Eingreifen zu motivieren, schürte später den (unbewiesenen) Verdacht, daß die Belagerten diese Zwischenfälle selbst inszenierten.

73 Frederick Kempe, The War to Save NATO, in: The Wall Street Journal, 15. 2. 1994, S. 10.

74 Atlantic News, No. 2547, Bruxelles, 4. 8. 1993.

Wenige Tage später beschloß der Nordatlantikrat auf Initiative Frankreichs, den bosnischen Serben ein Ultimatum zu stellen. Demnach sollten die Belagerer innerhalb von zehn Tagen alle schweren Waffen aus einer Sperrzone von 20 Kilometern um das Stadtzentrum Sarajevos abziehen oder der UNPROFOR übergeben. Ausgenommen war das serbische Hauptquartier in Pale, einem Vorort der Hauptstadt. Sollten sich nach Ablauf der Frist noch schwere Waffen in den betroffenen Gebieten befinden, würden sie aus der Luft zerstört.[75]

Daß die Serben unter russischer Vermittlung schließlich tatsächlich ihre schweren Waffen aus der Sperrzone abzogen, bestärkte die Befürworter einer härteren militärischen Gangart. Am 28. Februar 1994 flogen zwei amerikanische F-16-Jäger den ersten bewaffneten Einsatz der NATO nach 1945. Sie griffen vier serbische Jagdbomber an, die das Flugverbot mißachtet hatten.

Obwohl die NATO die Serben diszipliniert hatte und sich die humanitäre Situation in der Hauptstadt nach Ende der Belagerung deutlich verbesserte, war Bosnien-Hercegovina immer noch weit von einem Friedensschluß entfernt. Bald zeichnete sich ab, daß die Serben ihre von der Metropole abgezogenen schweren Waffen lediglich umgruppieren und auf andere Ziele richten würden – eine Befürchtung, die das Schicksal der Stadt Goražde nur wenig später bestätigte. Außerhalb Sarajevos, auf das allein sich alle Aufmerksamkeit konzentriert hatte, wurde weiter gekämpft.

Auf dem Fuß folgte also die Aufforderung an die NATO, das Modell Sarajevo zumindest in den anderen fünf Schutzzonen zu wiederholen.[76] Unter Hinweis auf die spezifische Situation der Hauptstadt reagierte die Allianz aber zunächst

75 Sarajevo: Les scenarii d'intervention aérienne, in: Air & cosmos/Aviation international, 21.-27. 2. 1994, S. 20ff.

76 Anthony Lewis, This Ultimatum Is Modest, More Needs to Be Done, in: International Herald Tribune, 12. 2. 1994, S. 6.

mit großer Zurückhaltung.[77] Erst wochenlange Medienberichte über das Leiden der Bevölkerung in der ostbosnischen Enklave Goražde führten schließlich die Entscheidung des NATO-Rats vom 22. April 1994 herbei, auch die anderen »sicheren Zonen« notfalls durch den Einsatz der Luftwaffe zu schützen.

Insgesamt elfmal hat das westliche Militärbündnis zwischen Februar 1994 und August 1995 auf Anforderung der UNO in Kroatien und Bosnien-Hercegovina eingegriffen. Aber der Nutzen potentieller Luftschläge ist zunächst überschätzt worden. Der Einsatz von Flugzeugen hat natürlich einen entscheidenden Vorteil: Flugzeuge können ohne großes Risiko schnell und effektiv gegen feste Bodenziele vorgehen. Aber sie haben auch einen gravierenden Nachteil: In vielen taktischen Situationen sind sie nahezu nutzlos, zum Beispiel wenn es darum geht, einen Belagerungsring zu durchbrechen, einen Konvoi zu schützen oder einen Mörserangriff aufzuhalten. Infanteristen, die sich leicht verstecken können, oder bewegliche Waffen, die rasch verschoben werden können, lassen sich durch Bomben nicht bekämpfen, ohne hohe Kollateralschäden zu verursachen. Die serbische Infanterie, die im Juli 1995 die UNO-Schutzzone Srebrenica stürmte, hätte durch Luftangriffe nur gestoppt werden können, wenn auf Opfer unter Flüchtlingen und Zivilisten keine Rücksicht genommen worden wäre.

Ohne Unterstützung durch Bodentruppen erschien die Verteidigung der Schutzzonen so gut wie aussichtslos. Aber die UNPROFOR hatte weder die erforderliche moralische und politische, noch personelle und materielle Unterstützung erhalten. Statt der schon im Juni 1993 geforderten 34000 Soldaten, die zur Verteidigung der sechs bosnischen *safe areas* nötig gewesen wären, beschloß der Sicherheitsrat nur eine »leichte Option« von 7600 leicht bewaffneten Mann. Die schlechte Zahlungsmoral der UNO-Mitglieds-

77 Applying Lessons of Sarajevo. Will Threats Plus Diplomacy Work Elsewhere?, in: International Herald Tribune, 21. 2. 1994.

staaten und ein genereller Unwille, Blauhelm-Soldaten in gefährliches Terrain zu entsenden oder gar in Kampfhandlungen verwickelt zu sehen, dämpften die Einsatzfähigkeit der *peacekeeper* zusätzlich.

Vor diesem Hintergrund entpuppte sich die Unterstützung der Blauhelm-Truppen durch punktuelle Luftschläge der NATO bald als Desaster. Häufig haben die Bombendrohungen der NATO nicht nur als Abschreckungsinstrument versagt, sondern sogar mehr Schaden verursacht als Nutzen gebracht. Anders als beim Ultimatum im Februar 1994 verpufften die Drohungen und Luftangriffe der Allianz im Nichts, als die Serben wenige Monate später Bihać und Goražde attackierten. Und selbst dort, wo, wie in Sarajevo, militärischer Druck zunächst erfolgreich war, hielt der Effekt nicht lange an. Die bosnische Hauptstadt litt schon im August und September 1994 wieder unter schweren Angriffen. Unbeeindruckt von Ultimaten und Vergeltungsschlägen setzten die Serben ihre Operationen stets so lange fort, bis sie ihre Ziele – Einnahme strategisch wichtiger Positionen und Verkehrswege – erreicht hatten.

Jedesmal, wenn die NATO einen Luftangriff flog, reagierten die Serben mit Vergeltungsschlägen gegen zivile Ziele, wurden *peacekeeper* gefangengenommen und als Geiseln festgehalten, wurden schwere Waffen aus den Sammellagern entwendet, Hilfskonvois blockiert und sämtliche Verhandlungen eingestellt. Die NATO-Angriffe hatten also stets einen sehr hohen Preis. Zudem brachten die Luftangriffe der NATO das Personal der UNO in Gefahr. Noch im Mai 1995 hatten die bosnischen Serben nach Luftschlägen der NATO auf eines ihrer Munitionslager bei Pale mehrere Hundert Blauhelm-Soldaten als Geiseln genommen und dadurch weitere militärische Strafaktionen vereitelt. Erst nach dem Abzug der UNO aus den von Serben kontrollierten Regionen im Sommer 1995 war der Weg zu einem militärisch stärkeren Eingreifen der NATO frei. Damit änderten sich allerdings auch die Ziele und die Rolle der westlichen Akteure. Nun ging es nicht mehr darum, einer Friedensmission mit begrenzten militärischen Mitteln zum Erfolg zu verhelfen. Erstmals wurde offen Partei gegen die Serben ergriffen und die Rolle des neutralen Dritten aufgegeben.

VII. Probleme einer Friedenslösung im ehemaligen Jugoslawien

Seit der Entschluß feststand, auf militärische Gewaltanwendung weitestgehend zu verzichten, rückte das Ziel eines verhandelten Friedens, die Suche nach einer von allen Konfliktparteien getragenen Kompromißformel, in den Vordergrund der internationalen Jugoslawienpolitik.

1. Chancen und Grenzen einer Verhandlungslösung

Auch Vermittlung kann – ähnlich wie militärische oder wirtschaftliche Sanktionen – als eine Art der Einflußnahme und Einmischung von Dritten betrachtet werden. Die Idee, Konflikte durch Vermittlung und Schiedsverfahren friedlich beizulegen, wurde auf der Haager Friedenskonferenz 1899 erstmals institutionalisiert und seither in zahlreichen völkerrechtlichen Quellen weiter ausgebaut. Die UNO besitzt mit dem Internationalen Gerichtshof in Den Haag und dem Sicherheitsrat Instanzen, die in zwischenstaatliche Konflikte vermittelnd eingreifen. Auch die KSZE entwickelte einen Mechanismus der friedlichen Streitschlichtung, der auf der Hinzuziehung Dritter basiert.[1]

Die wissenschaftliche Konfliktforschung, die sich vorwiegend auf Erfahrungen bei der erfolgreichen Regulierung inner- oder zwischenstaatlicher Konflikte stützt, unterscheidet verschiedene Formen und Stadien friedlicher Einflußnahme von außen. Sie findet entweder auf Einladung der Konfliktparteien oder auf Initiative Dritter statt. Vermittlung beginnt mit »guten Diensten«, die den Kontrahen-

1 Thania Paffenholz, »Die Waffen nieder!«. Konzepte und Wege der Kriegsbeendigung, in: Matthies, Frieden durch Einmischung?, S. 57-68.

ten den Eintritt in den Dialog und ständige Konsultationen technisch ermöglichen sollen. Sie kann aber auch direkte Verhandlungen beinhalten, in denen Dritte als Diskussionsleiter oder Berater Teilnehmer der runden Tische sind oder als Mediatoren eigene Vorschläge in den Verhandlungsprozeß einbringen. Als stärkste Form der Einmischung wird die Schiedsgerichtsbarkeit bei Streitfällen angesehen.[2] Über Rollenverständnis und Verhandlungsmethoden liegt mittlerweile eine breite Spezialliteratur vor.[3]

Kaum ein Instrument ist im Verlauf des jugoslawischen Krieges jedoch so stark in Verruf geraten wie das der Verhandlungsdiplomatie. Seit Jugoslawien 1991 gewaltsam auseinanderbrach, hat die internationale Gemeinschaft zahlreiche vergebliche Versuche unternommen, die Kampfhandlungen im südslawischen Raum zu beenden und zwischen den verfeindeten Völkern eine Friedenslösung zu vermitteln. So fanden unter Schirmherrschaft der EG und der UNO seit 1991 regelmäßige Verhandlungen der Kriegsparteien in London, Genf und New York statt. Außer Frage steht, daß die Weltgemeinschaft eine Reihe Irrtümer und Versäumnisse beging. Fehleinschätzungen, mangelnde politische Konzeptionen, organisatorische Schwächen und unangemessene Reaktionsweisen minderten den Erfolg ihrer Bemühungen. Angesichts der komplexen Ausgangslage, der konträren Interessen und Ziele der Konfliktparteien, nicht zuletzt aufgrund der überregionalen Dimensionen des Krieges besaßen die externen Vermittler allerdings von Anfang an nur geringe Erfolgschancen. In Bosnien-Hercegovina, das seit Frühjahr 1992 im Zentrum der diplomatischen Aktivitäten im ehemaligen Jugoslawien stand, blieben seit

2 Saadia Touval/William I. Zartman (Hg.), International Mediation in Theory and Practice, Boulder 1984; Jacob Bercovitch/Jeffrey Z. Rubin (Hg.), Mediation in International Relations. Multiple Approaches to Conflict Management, New York 1992.

3 Hugh Miall, The Peacemakers. Peaceful Settlement of Disputes since 1945, Houndsmill 1992; Roger Fisher/William Ury, Getting to Yes. Negotiating Agreement without Giving in, Harmondsworth 1981.

Ausbruch der Kämpfe die Hauptthindernisse auf dem Weg zu einer Friedenslösung im wesentlichen konstant.

Das Schlüsselproblem des Friedensprozesses in Bosnien-Hercegovina sind die extrem gegensätzlichen Interessen und Ziele der Konfliktparteien, vor allem der anhaltende Dissens über die künftige territoriale und politische Verfassung der Vielvölkerrepublik. Während die Muslime Bosnien-Hercegovina in den bestehenden Grenzen als multiethnischen Zentralstaat erhalten wollten, befürworteten Serben und Kroaten eine Föderation oder Konföderation dreier weitgehend selbständiger, nationaler Teilstaaten. Schon 1991 zeichnete sich ab, daß weder die serbische noch die kroatische Seite ernsthaft an einer Teilung der Macht in einem gemeinsamen Staat interessiert war, sondern daß ihre Führungen massiv auf eine territorial definierte Entflechtung der Herrschaft, die Aufteilung der Republik, hinarbeiteten.

Anders als von der Öffentlichkeit wahrgenommen hat es nicht an intelligenten Vorschlägen gefehlt, die widerstreitenden Interessen der Kriegsparteien auszugleichen und einen für alle Seiten akzeptablen Kompromiß zu vermitteln.[4] Zwischen 1992 und 1995 wurden den Kriegsparteien vier verschiedene Verfassungsvorschläge unterbreitet. Nacheinander standen das Schweizer Kantonsmodell, ein regionalisierter Bundesstaat, eine Konföderation aus drei bosnischen Staaten und schließlich eine Zweistaaten-Union zur Diskussion.

1.1 Das Schweizer Kantonsmodell

Noch bevor Bosnien-Hercegovina im April 1992 als Völkerrechtssubjekt international anerkannt wurde, verhandelten die Vertreter der bosnischen Muslime, Serben und Kroaten unter Vermittlung der EG über den zukünftigen Staatsauf-

4 Robert M. Hayden, The Partition of Bosnia and Herzegovina, 1990-1993, in: RFE/RL Research Report 2 (1993) 22, S. 1-17.

bau. Dabei setzte sich zunächst die Position der Serben und Kroaten durch, dergemäß die Macht im Staate nach ethnisch-nationalen Kriterien verteilt werden sollte. Nach ausführlichen Vorverhandlungen unterzeichneten die Repräsentanten der drei ethnischen Parteien (SDA, SDS und HDZ) am 18. März 1992 in Sarajevo eine Erklärung über die Prinzipien einer neuen Verfassungsordnung Bosnien-Hercegovinas, die unter Vermittlung des Sonderbeauftragten der EG für Jugoslawien, José Cutilheiro, zustande kam.[5] Das Dokument definierte die Republik als »einen aus drei konstitutiven Einheiten zusammengesetzten Staat, der auf dem nationalen Prinzip gründen sowie ökonomische, geographische und andere Kriterien berücksichtigen« sollte. Ziel der Vereinbarung war, die Republik in den bestehenden Grenzen zu erhalten und die Sezession einzelner Regionen zu verhindern. Die territoriale Abgrenzung der drei »konstitutiven Einheiten«, die Grenzziehung der Kantone, blieb späteren Verhandlungen vorbehalten.[6] Das Vorbild dieser nebulösen Vereinbarungen war die Schweizer Kantonsverfassung, die sich jedoch aus verschiedenen Gründen nicht auf die Verhältnisse in der Vielvölkerrepublik Bosnien-Hercegovina übertragen ließ (vgl. Kap. III, 2).

Im Laufe der weiteren Verhandlungen legten die Konfliktparteien eine Vielzahl unterschiedlicher Entwürfe einer möglichen territorialen Aufteilung der Republik vor. Während der kroatische Vorschlag die Bildung zweier kroatischer Gebiete (sowie einiger Enklaven) auf rund 32% des Territoriums vorsah, reklamierte der serbische Gegenentwurf rund 70% des Staatsgebiets für einen einzigen serbischen Kanton. Auch die muslimische Fraktion wartete mit einem eigenen Vorschlag auf. Sie wollte vier gemischtnationale Kantone bilden, von denen zwei eine muslimische Bevölkerungsmehr-

5 In Sarajevo und Lissabon im Februar 1992.
6 Izjava o principima za novo ustavno uredjenje BiH, in: Oslobodjenje, 19. 3. 1992, S. 1.

heit aufwiesen.[7] Nach dem – von den Konfliktparteien umgehend abgelehnten – Kompromißvorschlag der EG hätten die Muslime 45%, die Serben 42,5% und die Kroaten 12,5% des Territoriums erhalten.[8] Allerdings hätten aufgrund der Siedlungsstruktur 59% der Kroaten und mehr als die Hälfte der Serben nicht in »ihrem« Kanton gelebt.

Die frühzeitige Festlegung auf das ethnische Prinzip erwies sich für den Verlauf des Krieges als ausgesprochen fatal. Da die Grenzen der zu verhandelnden Kantone von Anfang an umstritten und umkämpft waren, kann man ohne Übertreibung feststellen, daß die Kantonsverhandlungen vom Frühjahr 1992 konfliktverschärfend wirkten. Sie haben ohne Zweifel die »Schlacht um die Kantone« erst richtig angeheizt.[9] Auch die ethnischen Massenvertreibungen werden nur im Hinblick auf die Kantonslösung verständlich.

Die desaströse Wirkung der ethnischen Vertreibungen führte alsbald zu einer Änderung des internationalen Verhandlungskonzeptes. Statt der Kantonslösung legten die Unterhändler der EG und der UNO im August 1992 den Vorschlag einer Regionalisierung der Vielvölkerrepublik auf den Verhandlungstisch der nach London einberufenen Jugoslawienkonferenz. Dieser neue Vorschlag sah die Aufteilung der Republik in mehrere weitgehend autonome Gebiete vor, deren Grenzen aufgrund historischer, geographischer und wirtschaftlicher, nicht jedoch unbedingt ethnischer Kriterien gezogen werden sollten.

1.2 Das Regionalisierungsmodell (Vance/Owen-Plan)

Mit der im August 1992 von EG und UNO initiierten Londoner Friedenskonferenz intensivierte die Völkergemeinschaft ihre Bemühungen, eine politische Lösung für die Bürgerkriegsrepublik Bosnien-Hercegovina zu vermitteln.

7 Ima li lijeka za »tigrovu kožu«?, in: Novi vjesnik, 2. 9. 1992, S. 10A u. 19A.
8 Ebd.
9 Bitka za kantone, in: Novi vjesnik, 11. 5. 1992, S. 3A.

Unter zunehmendem Druck der Öffentlichkeit, die mit wachsender Empörung auf die im Sommer 1992 anschwellende Berichterstattung über Menschenrechtsverletzungen und Kriegsverbrechen in Bosnien-Hercegovina reagierte, riefen die Vertreter der internationalen Gemeinschaft die wichtigsten militärischen und politischen Akteure am 26. und 27. August 1992 zu einer internationalen Konferenz nach London zusammen. Außer den Konfliktparteien nahmen Vertreter der KSZE, EG, UNO und der Islamischen Konferenzorganisation sowie 24 nationale Delegationen an den Verhandlungen teil.[10]

Mit den Londoner Verhandlungen wurde die Friedenskonferenz für das ehemalige Jugoslawien als ständiges Organ der Vereinten Nationen etabliert. Zukünftig sollten sich sechs Arbeitsgruppen mit der Lösung folgender Probleme befassen: erstens Bosnien-Hercegovina und seiner Verfassung, zweitens humanitären Aspekten und der Flüchtlingsfrage, drittens Nationalitäten- und Minderheitenproblemen einschließlich der Vojvodina, des Sandžaks, Kosovos und Makedoniens, viertens der Abwicklung der jugoslawischen Nachfolgeprobleme wie der Verteilung der Vermögenswerte, fünftens allgemeinen Wirtschaftsfragen sowie sechstens Vertrauens- und sicherheitsbildenden Maßnahmen. Gleichzeitig wurde eine internationale Lenkungsgruppe zusammengestellt, die weitere diplomatische Schritte zur Regulierung des Jugoslawienkonflikts koordinieren sollte.

Zu den wichtigsten Ergebnissen der Londoner Konferenz gehörte das Dokument, in dem sich die Repräsentanten der Konfliktparteien zur Wahrung völkerrechtlicher Normen verpflichteten. Darüber hinaus schlossen sie ein Abkommen, in dem sie vereinbarten, weitere Kriegsverbrechen zu unterbinden. Es stellte sich jedoch bald heraus, daß es vorerst bei reinen Absichtserklärungen blieb. Seither brachten die Vertreter der internationalen Gemeinschaft

10 Patrick Moore, The London Conference on the Bosnian Crisis, in: RFE/RL Research Report 1 (1992) 36, S. 1-6.

nicht nur erheblichen Sachverstand und Energie, sondern auch bemerkenswerte Schläue und diplomatisches Geschick auf, um den Friedensprozeß voranzubringen.

Als am 3. Januar 1993 zum ersten Mal die Vertreter aller Konfliktparteien in Genf am gemeinsamen Verhandlungstisch Platz nahmen, legten die Vermittler der UNO und der EG, David Owen und Cyrus Vance, einen neuen Friedensplan vor.[11] Der neue Entwurf sah die Schaffung von zehn weitgehend autonomen Provinzen mit einer gemeinsamen Zentralregierung vor, wobei die Hauptstadt Sarajevo als »freie Stadt« einen Sonderstatus einnehmen sollte. Die Verbindungswege zwischen den Provinzen sollten unter dem Schutz der UNPROFOR stehen.[12] Später schlug man vor, Sarajevo unter muslimische Verwaltung zu stellen.[13]

Kaum ein Friedensmodell ist so heftig kritisiert worden wie der Vance/Owen-Plan, der die territorialen Eroberungen und die ethnischen Vertreibungen der Serben zu legitimieren schien. Tatsächlich zielte der Vorschlag jedoch darauf ab, die während des Krieges geschaffenen Tatsachen zu revidieren und eine weitere Fragmentierung der Republik zu verhindern. Nicht ganz zu Unrecht ist er als »letzte Chance für den Frieden« bezeichnet worden.

Mit ihrem Regionalisierungsmodell verfolgten die Unterhändler der EG und der UNO drei Ziele: Erstens sollten die ethnischen Vertreibungen revidiert werden. Deshalb waren alle Regionen, basierend auf den Ergebnissen der Bevölkerungszählung von 1991, ethnisch gemischt konzipiert, wenngleich in fast allen Regionen jeweils ein Volk eine deutliche Mehrheit besaß. Diese Prämisse sollte dazu dienen, die Rückkehr der Vertriebenen zu erleichtern und damit die eth-

11 Der Vance/Owen-Plan ist dokumentiert in: Europa-Archiv 48 (1993) 18, D 357ff.

12 Kroji se nova mapa Bosne, in: Politika, 4. 1. 1993, S. 1f. Teilnehmer: Dobrica Ćosić, Franjo Tudjman, Radovan Karadžić, Alija Izetbegović, Mate Boban. Generäle: Halilović, Petković, Mladić sowie Anton Tus (für Kroatien) und Radovan Radinović und Vladimir Vojvodić (beide Jugoslawien).

13 Srbi nisu potpisali, in: Vjesnik, 27. 3. 1993, S. 30f.

nische Homogenisierung weiter Landstriche rückgängig zu machen. Zweitens versuchten die Vermittler mit ihrem Vorschlag, die staatliche Einheit Bosnien-Hercegovinas in den bestehenden Grenzen zu bewahren. Die mehrheitlich von einem Volk bewohnten Regionen waren untereinander nicht verbunden, wodurch die Bildung administrativ zusammenhängender, ethnisch homogener Siedlungsräume verhindert werden sollte, ein Element, das sich in erster Linie gegen die großserbischen Vereinigungspläne richtete.[14] Auf diese Weise sollte die weitere administrative und territoriale Desintegration der Republik aufgehalten werden. Drittens und letztens sollte der Vance/Owen-Plan der endgültigen Aufteilung Bosnien-Hercegovinas vorbeugen. Um die großserbischen Vereinigungsbestrebungen zusätzlich zu behindern, durften die serbischen Mehrheitsregionen nicht an die Nachbarrepublik Serbien grenzen. Vor allem wollte man den Plan durchkreuzen, die serbischen Siedlungsgebiete in Kroatien, Bosnien-Hercegovina und Serbien zu einem einheitlichen Verwaltungsraum zusammenzufügen. Da die Regionen darüber hinaus keine völkerrechtlichen Verträge abschließen durften, schien eine Vereinigung mit anderen Staaten ohnehin ausgeschlossen.

Genaugenommen wollten die Vermittler mit diesem Vorschlag einen Interessenausgleich zwischen den Konfliktparteien herbeiführen, der auch völkerrechtlichen Anforderungen standhielt. Dennoch war der Entwurf im Ansatz problematisch. Obwohl er gerade das ethnische Prinzip überwinden wollte, interpretierten ihn die Kontrahenten von Anfang an im Lichte ihrer nationalen Interessen.[15]

Vor allem ließen sich die Vermittler – obwohl sie das Gegenteil behaupteten – bei der Grenzziehung zwischen den Regionen von den ethnischen Verhältnissen, den Ergebnissen der Bevölkerungszählung von 1991, leiten. Insofern besaß der Vance/Owen-Plan eine ausgeprägte nationale

14 Slobodan Inić, I djelioci su podijeljeni, in: Borba, 9./10. 1. 1993, S. III.
15 Nova bosanska geografija, in: Borba, 6. 1. 1993, S. 10.

Der Vance/Owen-Plan für zehn Provinzen
Vermittlungsvorschlag vom Februar 1993

Komponente. Wenn man aber in Rechnung stellt, daß sich von 4,5 Millionen Einwohnern mindestens zwei Millionen aufgrund von Flucht und Vertreibung schon nicht mehr an ihren Wohnorten befanden, muß man darauf hinweisen, daß das Regionalisierungsprojekt bereits damals eher dem Wunschbild eines Status quo ante als der realen Bevölkerungszusammensetzung entsprach. In etlichen, ehemals muslimisch geprägten Städten hatten Serben (wie in Zvornik, Višegrad und Foča) oder Kroaten (wie in Mostar, Prozor und Travnik) die Macht übernommen.[16]

16 Bosanski rulet, in: NIN, 8. 1. 1993, S. 10f.

Keine der Konfliktparteien hatte zudem Zweifel daran gelassen, daß die Bevölkerungszusammensetzung auch über die Machtverteilung in der jeweiligen Region entscheiden würde. Gebiete mit serbischer Bevölkerungsmehrheit wurden als serbisch, solche mit überwiegend muslimischer Bevölkerung als muslimisch begriffen. Ein gleichberechtigtes Nebeneinander erschien schon damals unrealistisch. Insofern stand zu befürchten, daß der Vance/Owen-Plan die Politik der ethnischen Homogenisierung de facto legitimieren, ja sogar zusätzlich anfachen würde.

Letztlich zeigte sich jedoch keine der bosnischen Konfliktparteien mit dem Kompromiß zufrieden, und in zähen Verhandlungen versuchten sie, die Grenzziehungen zu ihren Gunsten zu beeinflussen. Die Wortführer aller drei Seiten wollten die Hauptsiedlungsgebiete ihrer Völker zu zusammenhängenden Verwaltungseinheiten zusammenfassen und – soweit möglich – direkte Anschlußgebiete zu den Nachbarrepubliken schaffen.

Hieraus resultierte beispielsweise der Streit um die kroatische Posavina, die von den serbischen Nationalisten als Korridor zwischen ihren Siedlungsgebieten in Serbien, Bosnien-Hercegovina und Kroatien beansprucht wurde, die aber gleichzeitig das Verbindungsstück zwischen den kroatischen Siedlungsgebieten in Zentralbosnien und der Republik Kroatien darstellt. Auch die Muslime versuchten, eine territoriale Brücke zwischen den muslimischen Mehrheitsregionen und dem (überwiegend von Muslimen besiedelten) Sandžak, einer im Süden Serbiens gelegenen Region, zu schlagen.

Da sich der Vance/Owen-Plan unter strategischen Aspekten für die Kroaten am günstigsten darstellte, waren sie die einzigen, die das Dokument in allen Teilen unterzeichneten. Beide kroatischen Mehrheitsregionen grenzten direkt an die Republik Kroatien und wurden durch kroatische Siedlungen in den dazwischenliegenden Kantonen überbrückt. Sie konnten davon ausgehen, in mindestens zwei (faktisch wahrscheinlich drei) Provinzen militärisch und politisch zu dominieren.

Die Muslime, die aus bereits genannten Gründen die Verlierer dieser (wie jeder anderen Form einer) ethnischen Regionalisierung gewesen wären, knüpften die Unterzeichnung des Dokuments an mehrere Bedingungen.[17] Aus strukturellen, siedlungsgeographischen Gründen, die sich auch durch eine Neuziehung der Grenzen nicht hätten beseitigen lassen, befanden sich zwei ihrer Provinzen (Tuzla und Bihać) an den äußeren Rändern der Republik, umgeben von kroatischem und serbischem Einflußgebiet. In drei weiteren Provinzen (Travnik, Zenica und Mostar) lebten sie gemeinsam mit Kroaten, die dort politisch dominierten.

Endgültig gescheitert ist der Vance/Owen-Plan jedoch schließlich an der Ablehnung der bosnischen Serben, die ja tatsächlich, gemessen an ihren Kriegszielen, die größten Abstriche hätten hinnehmen müssen. Da sie sich als untrennbarer Teil der serbischen Nation betrachteten, lehnte ihr Parlament am 6. Mai 1993 die Aufteilung der serbischen Bevölkerung auf verschiedene Provinzen und folglich den Vance/Owen-Plan als solchen ab.[18] Damit steckten die Friedensverhandlungen im Frühjahr 1993 zunächst wieder in einer Sackgasse.

1.3 Das Konföderationsmodell (Owen/Stoltenberg-Plan)

Nach Ablehnung des Vance/Owen-Plans zeichnete sich ab, daß sich Bosnien-Hercegovina kaum als Einheitsstaat erhalten lassen würde. Nachdem Anfang 1993 die Militärallianz zwischen Kroaten und Muslimen zerbrochen war und sich die beiden ehemals Verbündeten heftige Gefechte lieferten, bestand für das Gesamtstaatsmodell immer weniger

17 Osam Izetbegovićevih uvjeta za potpisivanje Vance-Owenovog plana, in: Vjesnik, 27. 3. 1993, S. 31.

18 Konferenciju nastaviti do iznalaženja rešenja, in: Politika, 10. 1. 1993, S. 8.

Hoffnung. Als sich der kroatische Präsident Tudjman schließlich im Juni 1993 erstmals offen zu seinen territorialen Ambitionen in Bosnien-Hercegovina bekannte und gemeinsam mit seinem serbischen Amtskollegen Milošević einen Teilungsplan vorlegte, blieb der internationalen Gemeinschaft nur noch geringer Spielraum: Gegen den politischen Willen und die militärische Macht zweier von drei Kriegsparteien ließen sich multiethnische Lösungen nicht durchsetzen.

Widerstrebend übernahmen die Verhandlungsführer von EU und UNO, Lord Owen und Thorwald Stoltenberg, den Kern des serbisch-kroatischen Vorschlags in die neue Genfer Verhandlungsrunde. Ihr neuer Entwurf sah vor, eine aus drei ethnischen Staaten bestehende »Union der Republiken Bosnien-Hercegovinas« zu schaffen. Laut der im August 1993 vorgelegten vorläufigen Verfassungsvereinbarung sollte die Konföderation aus einem serbischen, einem kroatischen und einem muslimischen Staat bestehen und drei Staatsvölker umfassen. Für die Serben waren zunächst 52% des Gebiets, für die Muslime 31% und die Kroaten 17% vorgesehen.[19]

Jede dieser konföderativen Einheiten sollte weitgehende Kompetenzen besitzen; in den Händen der Zentralregierung lagen lediglich noch das Außen- und das Außenhandelsministerium. Ferner war vorgesehen, ein gemeinsames Staatspräsidium sowie eine Unionsversammlung aus Mitgliedern der drei Republiken zu konstituieren. Jeder der drei unabhängigen Staaten erhielt das Recht, internationalen Organisationen und Abkommen beizutreten. Schrittweise sollte die gesamte Republik entmilitarisiert werden. Im Gegensatz zum Vance/Owen-Plan, der beabsichtigte, die staatliche Einheit und territoriale Integrität Bosnien-Hercegovinas trotz weitgehender Dezentralisierung zu erhalten, programmierte das Konföderationsmodell ihr nahes

19 United Nations, Security Council, 23. 8. 1993 (S/26337/Add. 1).

Teilungsplan der Vermittler Owen und Stoltenberg

Vorschlag bei den Genfer Verhandlungen, August 1993

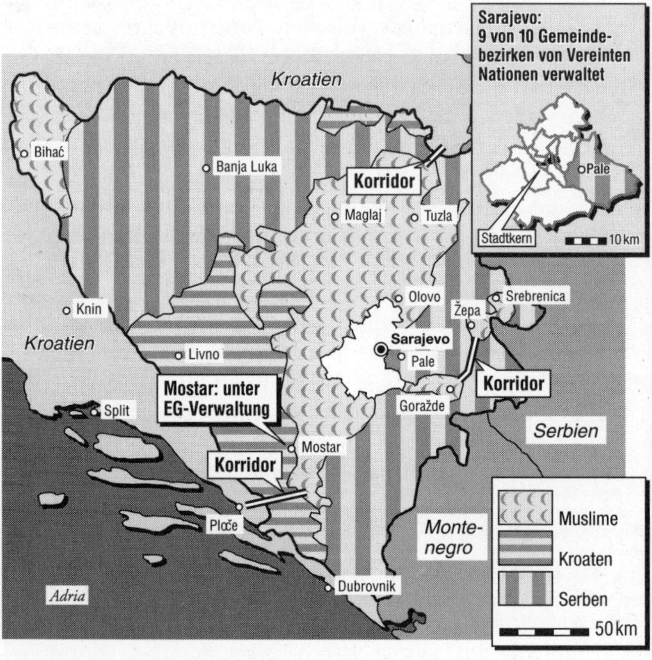

Ende: Nach einer Übergangsfrist sollten die Teilstaaten die Möglichkeit erhalten, über ihren Anschluß an die Nachbarrepubliken zu entscheiden. Der Austritt aus der Union bedurfte allerdings der Zustimmung der anderen Mitgliedsstaaten.

Der Vorschlag, Bosnien-Hercegovina in drei politische Gebilde zu zerlegen, entsprach den militärischen Gegebenheiten, was den hauptsächlichen Anlaß zur Kritik bildete. Der Konföderationsplan kam in erster Linie Serben und Kroaten entgegen, während sich die Muslime zu Recht als

Verlierer betrachteten. Sowohl der serbische als auch der kroatische Teilstaat durfte an seine jeweilige Mutterrepublik grenzen, während die Muslimrepublik territorial in zwei Teile, ein Gebiet im Zentrum des Landes und die westbosnische Region Bihać, zerrissen war. Ihre Einzelteile sollten durch Straßenkorridore verbunden werden, inwieweit sie Zugang zu Save und Mittelmeer erhielten, war aber umstritten. Vieles sprach dafür, daß ihr Teilstaat weder politisch noch wirtschaftlich lebensfähig gewesen wäre, selbst wenn die beiden anderen Parteien noch substantielle Zugeständnisse gemacht hätten. So feilschten die Vertreter der Konfliktparteien bei den Friedensverhandlungen monatelang um territoriale Veränderungen, Verbindungswege und Zufahrten.[20] Als besonders kontrovers erwies sich die Frage des muslimischen Zugangs zur Adria (bei Neum oder Prevlaka) und zu Save und Donau (über Brčko) sowie der zukünftige Status der Städte Sarajevo und Mostar. Als Kompromiß schlugen die ausländischen Diplomaten vor, während einer Übergangszeit die Hauptstadt Sarajevo durch die UNO, die von Kroaten und Muslimen umkämpfte Stadt Mostar durch die EU zu verwalten.

Angesichts des nahen Kriegswinters entwickelte die Europäische Union aus rein humanitären Erwägungen im November 1993 ein Konzept, nach dem die Kriegsparteien zur Annahme ihres damaligen Friedensplanes bewegt werden sollten. Um den Verhandlungsprozeß zu beschleunigen, griffen sie auf die *carrots and sticks*-Strategie zurück. Sie verlangten von allen Parteien Konzessionen, boten ihnen aber im Gegenzug Kompensationen an.

Um den Konföderationsplan durchzusetzen und die Durchfahrt der humanitären Hilfstransporte zu gewährleisten, sollte der serbischen Seite eine stufenweise Aussetzung der Wirtschaftssanktionen in Aussicht gestellt werden.[21]

20 Vgl. Feilschen um Territorien in Bosnien. Krampfhaftes Festhalten an alten Positionen, in: Neue Zürcher Zeitung, 8. 1. 1994, S. 3.

21 Atlantic News, No. 2573, 24. 11. 1993.

Zusätzlich sollte sie den Muslimen drei bis vier Prozent Territorium nach der Formel »Land gegen Frieden« überlassen. Darüber hinaus hätte sie einen Modus vivendi in der kroatischen Krajina akzeptieren müssen. Der kroatischen Seite wurde eine Normalisierung der Beziehungen zur EU und Wirtschaftshilfe im Rahmen der PHARE-Programme angeboten, sofern sie davon abließ, die Unterzeichnung eines Friedensabkommens für Bosnien-Hercegovina mit der Lösung des Krajina-Problems zu verknüpfen. Kroatien hätte also ebenfalls eine Zwischenlösung der Krajina-Frage akzeptieren, die humanitären Hilfslieferungen unbehindert passieren lassen und darüber hinaus der künftigen Muslimrepublik Landkorridore und einen Adriahafen gewähren müssen. Den Muslimen schließlich versprach die Annahme des zu ihren Gunsten nachgebesserten Owen/Stoltenberg-Planes eine Implementierungsgarantie sowie umfassende Unterstützung beim Wiederaufbau und langfristige wirtschaftliche Hilfe für ihren Teilstaat. Dies hätte vorausgesetzt, daß sie auf weitere militärische Rückeroberungsversuche verzichteten. Bedingung der Vergünstigungen für alle Seiten blieben jedoch ein stabiler Waffenstillstand und die fristgerechte Umsetzung des Friedensplanes. Als letztes Druckmittel benutzte die internationale Gemeinschaft die Drohung, sich vollkommen aus der Region zurückzuziehen und die humanitäre Hilfe ganz einzustellen. Sollte der Plan umgesetzt werden, wollten die Zwölf eine zweite Londoner Konferenz einberufen und die Lösung der Probleme im Kosovo, Sandžak und in der Vojvodina in Angriff nehmen. Die Implementierung einer Globallösung für das ehemalige Jugoslawien sollte einer dritten Konferenzrunde vorbehalten bleiben.

Noch im Verlauf des Winters 1993/94 wurde jedoch klar, daß auch die aus Zuckerbrot und Peitsche zusammengesetzte Strategie keine Resultate zeitigte. Obwohl die Europäische Union ihren Vorschlag im November 1993 schließlich noch einmal zugunsten der Muslime nachbesserte und ihnen zusätzliche zwei bis drei Prozent Land, mindestens aber ein Drittel des bosnischen Staatsgebietes zugestand, scheiterte diesmal der Friedensplan an der Ablehnung der Muslime. Da der Entwurf den militärischen Gegebenheiten zu weiten Teilen Rechnung trug, wollten sie weiter für ein einheitliches Bosnien kämpfen. Anfang 1994 mußte man angesichts anhaltender Kämpfe zwischen allen drei Konfliktparteien auch den Konföderationsplan als gescheitert betrachten. Dennoch hielt die internationale Gemeinschaft weiter an ihrer *pain and gain*-Strategie fest. Zu Beginn des Jahres 1994 ging sie dazu über, den militärischen und wirtschaftlichen Druck auf die Serben zu erhöhen.

1.4 Das Modell einer Zweistaaten-Union (Kontaktgruppen-Plan)

Auf russische Initiative hatten die USA, Rußland und die EU im April 1994 eine internationale Kontaktgruppe gebildet, die ausdrücklich an dem Vorhaben festhielt, den Jugoslawienkonflikt nicht mit militärischen Mitteln, sondern durch Verhandlungen zu lösen. Vorausgegangen war die Aussöhnung der bosnischen Muslime und Kroaten, die am 1. März 1994 in Washington ein Rahmenabkommen zur Bildung einer gemeinsamen Föderation unterzeichneten.[22] Gleichzeitig schlossen Vertreter der Bosnischen Föderation und der Republik Kroatien einen Konföderationsvertrag. Am 12. März legten die kroatische und die muslimische Militärführung den Grundstein einer gemeinsamen Armee und beschlossen, ihre Hauptquartiere, Kommandostrukturen und Geheimdienste zusammenzulegen. Es erging Einladung an die Serben, sich ebenfalls der Föderation anzuschließen.

Mit der Verfassung der muslimisch-kroatischen Födera-

22 Patrick Moore, The Croatian-Muslim Agreements, in: RFE/RL Research Report 3 (1994) 3, S. 20-24; das Abkommen ist dokumentiert in: Europa-Archiv 49 (1994) 7, D 239ff.

tion nahmen die Beteiligten endgültig Abschied von einem unitarischen Staatsmodell. Nach ethnischen Gesichtspunkten sollte der Staat in acht Kantone, nämlich vier kroatische, zwei muslimische und zwei gemischte, zerteilt werden. In der Kompetenz der Kantonsverwaltungen lagen das Polizei- und Schulwesen sowie die Verwaltung. Die nun als »Bošnjaken« bezeichneten Muslime und die Kroaten galten als gleichberechtigte Staatsvölker, Amtssprachen waren Kroatisch und Bosnisch.

Die Kernelemente des Verfassungsentwurfs bildeten die Zusammenlegung der beiden bis zuletzt in heftige Kämpfe verwickelten Armeen, die Errichtung eines Zweikammer-Parlaments mit jährlich rotierender Präsidentschaft zwischen den beiden Völkern und die Bildung einer gemeinsamen Bundesregierung mit Zuständigkeit für Außenpolitik, Streitkräfte und Finanzen. Sarajevo und Mostar sollten durch die UNO bzw. die EU international verwaltet werden. Die spätere bosnisch-kroatische Konföderation sollte auf einer Zoll- und Währungsunion sowie enger kultureller Zusammenarbeit beruhen. Dem Bundesstaat wurde der langersehnte Zugang zur Adria bei Ploče zugestanden, Kroatien sollte freien Transit zum bosnischen Hafen Neum erhalten.

Auf dieser Grundlage gab die Kontaktgruppe den Kriegsparteien im Juli 1994 zum dritten Mal eine »letzte Chance für den Frieden«. Schon im Mai hatten ihre Experten mit der Ausarbeitung eines neuen Teilungsplans begonnen. Er besagte, daß die muslimisch-kroatische Föderation mindestens 51%, die »Serbische Republik« maximal 49% des bosnischen Territoriums erhalten sollte. Um die Kriegsparteien zur bedingungslosen Annahme ihres Planes zu zwingen, stellte ihnen die Kontaktgruppe ein »Friedensultimatum«, das am 19. Juli 1994 auslief. Obwohl die Drohung im Raum stand, das Waffenembargo gegen die Muslime aufzuheben, die UNO-Truppen zurückzuziehen und die Sanktionen gegen Serbien zu verschärfen, lehnten die bosnischen

Militärische Situation in Bosnien-Hercegovina, Juli 1994

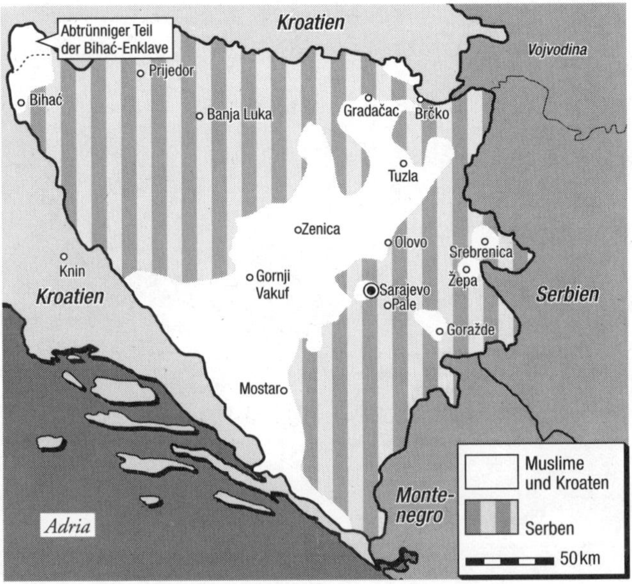

Serben auch diesen Friedensplan in einem Referendum im August 1994 mit großer Mehrheit ab. Widerwillig hatten zuvor Muslime und Kroaten zugestimmt. Die Serben jedoch hielten den Vorschlag für unannehmbar, weil nach ihrer Ansicht die »Serbische Republik« in mehrere Teile zerstückelt würde. Darüber hinaus befänden sich die zentralen Industrieregionen und wichtige Verkehrsknotenpunkte nicht in ihrem Gebiet. Nach wie vor bestand die Führung in Pale auf der Aufteilung Sarajevos, der Kontrolle beider Ufer der Drina sowie Brčkos. Den auf wenige hundert Meter verschmälerten Korridor hielt sie zur Wahrung der serbischen Interessen für unzureichend. Er hätte, um die Verbindung zwischen der Föderation und Kroatien zu gewährleisten,

Teilungsplan der Internationalen Kontaktgruppe, Juli 1994

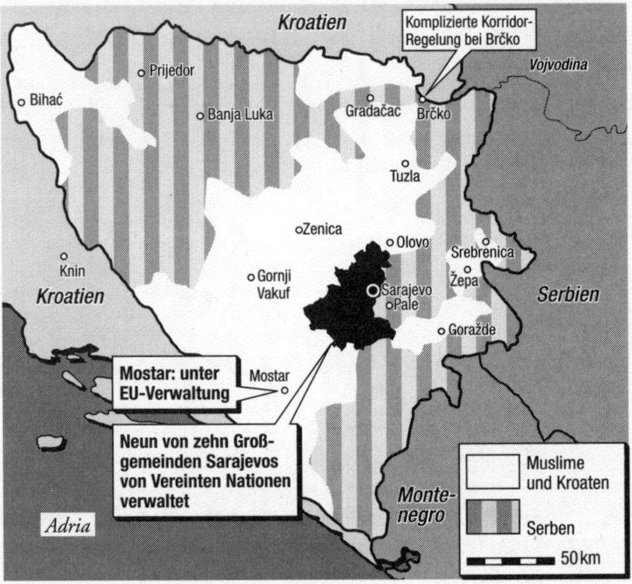

durch ein kompliziertes System international kontrollierter Verkehrsadern durchtrennt werden müssen. Unannehmbar erschien ihnen ferner, daß die muslimischen Enklaven in Ostbosnien ausgeweitet und mit der Hauptstadt Sarajevo verbunden werden sollten. Dadurch hätte leicht die von den Serben gefürchtete Landbrücke zum vorwiegend von Muslimen besiedelten Sandžak hergestellt werden können. Vor allem forderten die bosnischen Serben einen Adriazugang, die internationale Anerkennung ihrer »Serbischen Republik« sowie die explizite Zusicherung, sich Jugoslawien anschließen zu dürfen.

Immer wieder krankten die Friedenspläne also an ähnlichen strukturellen Problemen. Kein Punkt war so heftig zwischen den Kriegsparteien umstritten wie die Landkarten. Hinzu kamen in immer neuen Variationen Verteilungskämpfe um die ökonomischen Ressourcen und den Zugang zur Infrastruktur.[23] Regelmäßig empfand sich eine der Parteien durch die Grenzziehungen als übervorteilt.[24]

Am stärksten benachteiligt fühlte sich stets die serbische Seite. Tatsächlich versuchten die Unterhändler der internationalen Gemeinschaft, den territorialen Gewinn der Serben dadurch auszugleichen, daß sie den anderen Kriegsparteien die qualitativ höherwertigen Regionen zuwiesen. Die wichtigsten Wirtschaftszentren Bosnien-Hercegovinas, Tuzla und Zenica, sollten nach allen bisherigen Friedensplänen in den muslimischen Provinzen liegen. Bedeutende Rohstofflager (vor allem Kohle und Bauxit) und zahlreiche Wasserkraftwerke (Vareš, Breza, Kakanj) befanden sich im Tal der Neretva und in Zentralbosnien. Wäre der Vance/Owen-Plan verwirklicht worden, hätten die serbischen Provinzen lediglich 18% der Rohstoffe und ein Viertel der Energieproduktion Bosnien-Hercegovinas erhalten. Sie hätten lediglich zu 22,5% des Bruttosozialprodukts der Republik Zugang erhalten.[25] Auch in den neueren Teilungsplänen wollten die Vermittler den Serben vorwiegend strukturschwache Gebiete überlassen.

Eine weitere offene Frage war die Abgrenzung der Kompetenzen zwischen den Regierungen der Föderalstaaten und der Zentrale bzw. das Verhältnis der Teilstaaten untereinander.[26] Ähnlich wie die jugoslawische Verfassung von 1974 sahen sämtliche Vorschläge für Bosnien-Hercegovina ein kompliziertes System von Rotationen und Repräsentationen zwischen den Völkern vor, das nur zu leicht die Blokkade der Zentralgewalten und somit territoriale Desintegra-

23 Muslimanima sirovine, Srbima fabrike, in: Borba, 12. 1. 1993, S. 11; Muslimanima fabrike, Hrvatima struje, Srbima ledine, in: Politika, 13. 1. 1993, S. 8.

24 Dvosmerni put preko Drine, in: Politika, 14. 1. 1993, S. 7.

25 Saobraćajna izolacija srpskih zemalja, in: Politika, 24. 1. 1993, S. 8.

26 Provincije kao federalne jedinice, in: Politika, 14. 1. 1993, S. 5.

tionsprozesse hätte bewirken können.[27] Stand anfänglich zu befürchten, daß ein bosnischer Föderal- oder Konföderalstaat von ähnlichen desintegrativen Tendenzen erfaßt werden würde wie zuvor der jugoslawische Bundesstaat, wuchs seit Mitte 1993 die Wahrscheinlichkeit, daß Bosnien-Hercegovina sogar vollkommen zerfallen würde. Alle Friedenspläne schienen also mehr oder weniger die exjugoslawischen Verhältnisse im kleinen zu reproduzieren.

2. *Implementierungsprobleme*

Eine schier unüberwindliche Schwierigkeit auf dem Weg zum Frieden liegt neben den konzeptionellen Fragen vor allem bei der praktischen Umsetzung. Obwohl sich die Unterhändler der internationalen Gemeinschaft intensiv bemühten, die politischen Führungen der drei Kriegsparteien zum Einlenken zu bewegen, hielten diese an ihren Ursprungsforderungen fest. Kompromisse und Unterschriften kamen in der Regel nur durch erheblichen Druck von außen zustande und überlebten kaum einige Wochen.

Mit relativem Erfolg verfolgten vor allem die Serben eine Strategie, die sich auf maximale Gewinne ausrichtete. Angesichts ihres militärischen Übergewichts sahen sie, denen die Jugoslawische Volksarmee einen Großteil ihrer Waffen hinterlassen hatte und die bereits innerhalb eines Jahres rund 70% des bosnischen Territoriums kontrollierten, keinen Anlaß, ihre Politik zu modifizieren. Aber auch die kräftemäßig unterlegenen Kroaten und Muslime setzten, um nicht die territorialen Verluste festzuschreiben, auf militärische Gewalt. Sie hofften trotz gegenteiliger Versicherungen der internationalen Gemeinschaft, mit Hilfe illegaler Rüstungsimporte, durch die Aufhebung des Waffenembargos

27 Bosna neće dugo preživeti kao država, in: Politika, 27. 1. 1993, S. 5; John Chipman, Managing the Politics of Parochialism, in: Survival 35 (1993) 1, S. 143-170.

oder aufgrund einer Internationalisierung des Krieges ihre Position wieder verbessern zu können.[28]

Entscheidend dafür, ob Konfliktparteien an ihren maximalistischen Strategien festhalten oder einen Kompromißkurs einschlagen, ist häufig weniger die objektive Situation als die Art, wie mögliche Entwicklungen subjektiv wahrgenommen werden.[29] Selbst in militärisch und politisch festgefahrenen Situationen halten Gegner an ihren Ausgangsforderungen fest, wenn sie durch die Diskussion von nebensächlichen Streitfragen abgelenkt sind oder wenn die Verhandlungsstrategie Selbstzweckcharakter annimmt.[30] Schon insofern können externe Vermittler nicht auf rationale Kosten-Nutzen-Kalküle der Konfliktparteien vertrauen.

Ein gravierendes Problem vermittelnder Konfliktintervention besteht also darin, daß die Kontrahenten aufgrund von Fehlwahrnehmungen und -kalkulationen entscheiden. Im ehemaligen Jugoslawien schätzten alle Seiten entweder die eigene militärische Stärke, die Verhandlungsbereitschaft der anderen Konfliktparteien oder die Interventionsneigung der externen Akteure falsch ein. Eine ernsthafte Absicht, den Friedensprozeß in Gang zu bringen, war selbst nach zwei Jahren Krieg auf keiner Seite auch nur ansatzweise zu entdecken. Besonders nachdem die muslimisch-kroatische Militärallianz im Frühjahr 1994 wiederhergestellt war, schwand die Verhandlungsbereitschaft spürbar. Trotz zermürbender Kämpfe, der katastrophalen Versorgungslage und des rasanten Legitimitätsschwundes der nationalen Führungen hatte sich auch nach dem zweiten Kriegswinter keine echte Friedensbereitschaft eingestellt. Auf allen Seiten fehlte die Einsicht, diesen Krieg nicht gewinnen zu können.

In nicht geringem Maße hat die nationalistische Propa-

28 Tragično naivni, in: Novi vjesnik, 9. 12. 1992, S. 23A.
29 Vgl. Wiberg, Conflict Resolution in Yugoslavia.
30 Zartman, Ripe for Resolution, S. 270ff.

ganda im ehemaligen Jugoslawien dazu beigetragen, daß die Kriegsgegner die gegenseitigen Intentionen nur noch verzerrt wahrnahmen. Die Denkmuster und Argumentationsweisen der Konfliktparteien waren von extremen ethnischen Vorurteilen und nationalistischen Feindbildern dominiert. Zwischen Ursachen und Inhalten der Konflikte und ihrer Wahrnehmung bestand folglich eine tiefe Diskrepanz, die nicht zuletzt auf eine extreme Selbstbezogenheit der Akteure zurückging. Die Hardliner innerhalb der gegnerischen Parteien schürten konkrete Befürchtungen und Ängste (häufig in Form von *worst case*-Szenarien) und trugen bewußt zur Affektsteigerung bei. Empathie und Rücksichtnahme auf die Besorgnisse und Interessen anderer Parteien im Rahmen einer künftigen Friedensordnung erschienen unter diesen Umständen ausgeschlossen.

Wechselnde Allianzen und die politische Fraktionierung der Kriegsparteien erschwerten das Verhandlungsgeschäft zusätzlich. Nachdem Anfang 1993 evident war, daß nicht nur die Serben, sondern auch die kroatische Seite territoriale Aspirationen in Bosnien-Hercegovina besaß, ging die im Juli 1992 gebildete Militärallianz zwischen Kroaten und Muslimen, die zunächst gemeinsam gegen serbische Verbände und Reste der Jugoslawischen Volksarmee gekämpft hatten, zu Bruch. Monatelang standen sich daraufhin die drei Konfliktparteien in wechselnden Koalitionen mit der Waffe gegenüber, bis im März 1994 die Wiederaussöhnung gelang. Auf allen Seiten war nicht nur eine fortschreitende Zersplitterung der militärischen, sondern auch der politischen Macht zu beobachten. Alle Konfliktparteien hatten sich rasch in konkurrierende Fraktionen gespalten.[31] Die Front der bosnischen Serben war durch einen Aufstand in Banja Luka ins Wanken geraten, während sich in der nordbosnischen Posavina Autonomiebestrebungen bemerkbar

31 Feudale Zersplitterung in Bosnien, in: Neue Zürcher Zeitung, 28. 10. 1993, S. 1f.

machten, die die Einheit der bosnischen Kroaten in Frage stellten.[32] Im Westen Bosniens, wo sich eine muslimische Region im September 1993 unter Führung des früheren Mitglieds des Staatspräsidiums Bosnien-Hercegovinas, Fikret Abdić, für autonom erklärt hatte, bekämpften sich monatelang bosnisch-muslimische Anhänger und Gegner des Präsidenten Alija Izetbegović.[33] Abdić, Direktor des Nahrungsmittelkonzerns Agrokomerc, des größten Arbeitgebers der Region, beschuldigte seinen Rivalen Izetbegović, einen muslimischen Staat errichten zu wollen, und schloß mit den Serben einen Separatfrieden. Sowohl von den Serben als auch den Kroaten unterstützt, lieferten sich die Autonomisten und die Bosnische Armee monatelang aufreibende Kämpfe. Im Frühsommer 1995 wurde die Enklave von kroatischen und bosnischen Regierungstruppen eingenommen.

Lange Zeit war kaum einzuschätzen, welche Machtbasis die Vertreter der Konfliktparteien bei den Friedensverhandlungen im eigenen Land besaßen und inwieweit sie die mit den Kontrahenten vereinbarten Konzessionen auch in den eigenen Reihen hätten durchsetzen können. Unter Umständen hätten Abkommen gegen den bewaffneten Widerstand der Milizen durchgesetzt werden müssen. Überall rivalisierten schließlich militärische mit politischen Institutionen. In vielen Regionen hatten faktisch die Generäle die politische Macht übernommen. Das Kriegsgeschäft schuf eine einflußreiche soziale Schicht, eine neue »Balkan-Mafia«, die aus wirtschaftlichen Gründen kein Interesse an einer raschen Beendigung des Krieges hatte.[34] Schon bei der Vorlage des ersten Friedensplanes zweifelten die Diplomaten

32 Vgl. Bosniens Kroaten in Bedrängnis, in: Neue Zürcher Zeitung, 24. 11. 1993, S. 3.

33 Vgl. Patrick Moore, Endgame in Bosnia and Herzegovina?, in: RFE/RL Research Report 2 (1993) 32, S. 17-23; Zuspitzung des Machtkampfs in Westbosnien, in: Neue Zürcher Zeitung, 1. 10. 1993, S. 3; Muslimischer Bruderkrieg um Bihać, in: Neue Zürcher Zeitung, 13. 7. 1994, S. 3.

34 Mafija na Balkanu, in: NIN, 16. 11. 1992, S. 32f.

daran, daß auch die Militärs und Paramilitärs ihn akzeptieren würden, wenn sich die politischen Führungen zu einem Kompromiß bereitfänden. Zwischen April 1992 und Mai 1994 wurden 77 Waffenstillstände geschlossen – und schnell wieder gebrochen.

Nach allen vorgelegten Friedensplänen hätten sich beispielsweise die Truppen der bosnischen Serben auch aus Regionen zurückziehen müssen, auf die sie formal zwar keinen Anspruch erhoben, die sie jedoch als Verhandlungsmasse besetzt hielten. Zur Implementierung der Abkommen hätten sie in mindestens zwanzig bis dreißig Prozent des bosnischen Staatsgebietes ihre Macht aufgeben und wichtige strategische Punkte verlassen müssen. Der im Frühsommer 1994 unterbreitete Vorschlag der aus Vertretern Rußlands, der Vereinigten Staaten und der Europäischen Union bestehenden Kontaktgruppe verlangte von den Serben die Aufgabe von 20 Städten und rund 10000 Quadratkilometern Land. Wer wäre in der Lage gewesen, das komplizierte System infrastrukturell isolierter Enklaven, die unzähligen Landkorridore, in Schlangenlinien sich kreuzenden Straßen und Schienenwege, gar die geteilten Städte Foča, Zvornik, Višegrad zu überwachen? Was hätte geschehen sollen, wenn sich die Serben dem Ultimatum verweigerten?

Schon das Fehlen geschlossener Frontlinien, die Atomisierung der militärischen Macht, die umfassende Bewaffnung von Zivilisten und die hochgradige Brutalisierung der Kämpfe erschwerten eine Pazifizierung der Region. Ende 1993 rechneten die Experten mit mindestens 50000, Mitte 1994 nur noch mit 30000 bis 40000 Soldaten, um ihre Vorschläge bei Zustimmung aller drei Konfliktparteien zu realisieren.[35] Angesichts der besonderen Art der Kriegführung gingen einige Experten jedoch von einem Vielfachen dieser Zahl aus. Welcher Staat die friedenserhaltenden Truppen stellen sollte, war gleichwohl offen. International war

35 Atlantic News, No. 2640, Bruxelles, 13. 7. 1994.

kaum noch Bereitschaft vorhanden, überhaupt Soldaten im ehemaligen Jugoslawien zu stationieren.

Auch die Akzeptanz in der Bevölkerung für die Friedenspläne war nie überwältigend. Von den bosnischen Serben sprachen sich in diversen Volksbefragungen stets stabile Mehrheiten gegen die Vorschläge der internationalen Gemeinschaft aus. Aber auch die anderen Nationen begegneten den Plänen mit deutlicher Reserviertheit. Bei einer Umfrage sprachen sich im März 1994 nur 10,4% der Muslime für die kroatisch-muslimische Föderation aus; 43% befürworteten dagegen, daß Bosnien-Hercegovina ein bosnisch-muslimischer Nationalstaat werden solle. Auch in Kroatien stieß die Vorstellung, später mit den Muslimen unter einem politischen Dach leben zu müssen, auf große Skepsis. Innerhalb einer kroatisch-muslimischen (Kon-)Föderation würde der demographische Trend dafür sorgen, den kroatischen Einfluß sukzessive zurückzudrängen.[36]

Die Normalisierung der ethnischen Beziehungen gehört mit zu den konfliktträchtigsten Aufgaben bei der Befriedung der Vielvölkerrepublik. Nationalistischer Haß, rassistische Verfolgung und die hohe Zahl der Gewaltverbrechen lassen befürchten, daß das Land über Jahre hinaus nicht zur Normalität zurückkehren wird.

Wie schwierig sich der Wiederaufbau und die Normalisierung des Lebens gestalten, illustriert das Beispiel der multikulturellen Stadt Mostar, die seit 1994 von der EU verwaltet wird.[37] Mit besonderer Heftigkeit hatten sich hier Kroaten, die den Westteil kontrollierten, und Muslime, die vom Osten aus operierten, bekämpft. Nach Abschluß des Washingtoner Abkommens, mit dem sich die beiden ehemaligen Kriegsgegner aussöhnten, akzeptierten zwar beide Seiten, daß die

36 Wolf Oschlies, (Kon)Föderation Kroatien – Bosnien-Hercegovina, in: Bundesinstitut für ostwissenschaftliche Studien, Aktuelle Analysen 14/1993, 10. 3. 1994, S. 4f.

37 Zdravko Grebo/Radha Kumar, Rebuilding Mostar, in: Warreport, Mai 1994, S. 6f.; Schwieriger Neubeginn in Mostar, in: Neue Zürcher Zeitung, 3./4. 7. 1994, S. 5.

Europäer die Administration übernehmen. Unterschiedliche Auffassungen bestanden jedoch darüber, über welches Gebiet sich die Verwaltungshoheit der EU erstrecken sollte. Sowohl den Muslimen als auch den Kroaten fiel es schwer, ihre ehemaligen Feinde wieder als gleichberechtigte Nachbarn zu akzeptieren.

3. Die überregionalen Dimensionen des Krieges

Der Friedensprozeß in Bosnien-Hercegovina war nicht zuletzt aufgrund seiner überregionalen Implikationen stark belastet. Vor allem die Krajina-Frage und das Kosovo-Problem standen einer Verhandlungslösung für Bosnien-Hercegovina lange Zeit im Wege.

Die kroatische Regierung hatte mehrfach betont, daß sie nicht gewillt sei, einen Friedensschluß in Bosnien-Hercegovina ohne eine Lösung des Krajina-Problems zu akzeptieren. Im Sommer 1991 hatten sich nationalbewußte Vertreter der rund 580 000 Serben in Slawonien und in der Krajina für unabhängig erklärt und dadurch den serbisch-kroatischen Krieg ausgelöst. Zwar galt die Region seit dem 3. Januar 1992, als der erste dauerhafte Waffenstillstand in Kraft trat, als befriedet. Mit Resolution 743 beschloß der UNO-Sicherheitsrat im Februar 1992, eine internationale Schutztruppe (UNPROFOR) in den umkämpften Gebieten Kroatiens zu stationieren, um den Status quo ante wiederherzustellen. Der von der UNO entwickelte Friedensplan sah vor, die Gesetze Kroatiens für die Dauer des UNO-Einsatzes in dieser Region außer Kraft zu setzen und die Rückkehr der Flüchtlinge und Vertriebenen zu ermöglichen. Die jugoslawische Bundesarmee sollte aus ganz Kroatien abgezogen, die serbischen Milizen sollten entwaffnet werden. Statt dessen wollte man örtliche Polizeikräfte entsprechend der ethnischen Struktur der Gemeinden bilden, die der Kontrolle der UNO unterstanden.

Der UNO-Friedensplan stieß jedoch bei keiner der Kriegsparteien auf Begeisterung. Die kroatische Regierung befürchtete, daß durch die Anwesenheit der Blauhelme die serbische Besatzung und das Resultat der »ethnischen Säuberungen« zementiert werden könnte. Tatsächlich war es den Blauhelmen trotz mehrmaliger Verlängerung ihres Mandats nicht gelungen, die kroatische Territorialhoheit in vollem Umfang wiederherzustellen. Im Januar 1993 hatte die kroatische Armee in einer militärischen Blitzaktion (Operation Maslenica) versucht, einige strategisch wichtige Verbindungslinien zurückzuerobern.[38] Seither bestanden Befürchtungen, daß sie sich zu einem neuerlichen Waffengang entschließen könnte. Alle Versuche, die serbisch-kroatischen Beziehungen zu normalisieren, scheiterten rasch.[39] In einer Art Paketlösung versuchten Diplomaten daher, den Friedensschluß in Bosnien-Hercegovina mit einem Modus vivendi in der Krajina zu verknüpfen. Als die kroatische Armee im Sommer 1995 die Serbenrepublik überrannte, wurde dieses Problem obsolet.

Ein zweites ungelöstes Problem, das den Friedensprozeß in Bosnien-Hercegovina bremste, war die Kosovo-Frage. Denn ähnlich gefährlich wie in Kroatien, wo jederzeit der serbisch-kroatische Konflikt wiederaufflammen konnte, gestaltete sich die Situation in Serbien und Makedonien. Immer wieder tauchten Befürchtungen auf, daß die Regierung in Belgrad ihre Vertreibungspolitik auch auf die mehrheitlich von Albanern besiedelte Provinz Kosovo und auf die südserbische Region Sandžak, wo ebenfalls Muslime beheimatet sind, ausweiten könnte.[40] Infolge der massenhaften Migrationsbewegungen wäre ein Übergreifen des jugoslawischen

38 Vgl. Patrick Moore, A Return of the Serbian-Croatian Conflict?, in: RFE/RL Research Report 2 (1993) 42, S. 16-20.

39 Stan Markotich, Croatia: Stalemate over Krajina, in: RFE/RL Research Report 3 (1994) 3, S. 18-24.

40 Patrick Moore, Kosovo Could Spark Another Balkan War, in: RFE/RL Research Report 1 (1992) 1, S. 18-20.

Krieges auf Albanien und Makedonien programmiert.[41] In einem klassischen Dominoeffekt müßten dann Albanien und Bulgarien, schließlich Griechenland und die Türkei eingreifen. Für einige Beobachter stand fest: »Die nächste Explosion ist nur eine Frage der Zeit.«[42] Griechische Politiker befürchteten sogar, daß auf dem Balkan, wo fünf bis sechs Millionen Muslime zu Hause sind, ein islamischer Balkanstaat entstehen könnte, der das europäisch orientierte Griechenland von der westlichen Zivilisation abschnitte.[43] In jedem Fall ging es bei den Jugoslawienverhandlungen immer auch darum, die Ausweitung des Krieges an seinen östlichen und südlichen Flanken zu verhindern.

Angesichts der Gefahr, daß ein überregionaler Balkankrieg die NATO-Verbündeten Griechenland und Türkei betreffen könnte, verstärkte die Völkergemeinschaft ihre Bemühungen bei der Konfliktprävention.[44] Schon seit 1992 waren in verschiedenen Teilen des ehemaligen Jugoslawien Monitormissionen der KSZE und der EU unterwegs gewesen, die die Krisenregionen überwachen sollten.[45]

Um einer Ausweitung des Krieges vorzubeugen, entschloß sich die UNO im Dezember 1992, Friedenstruppen nach Makedonien zu entsenden. 700 Blauhelme sollten entlang der Grenzen dafür sorgen, daß der Funke nicht von Bosnien-Hercegovina über das Kosovo in die südliche Republik übersprang. Auch die USA entsandten 300 Mann in

41 Patrick Moore, The Widening Warfare in the Former Yugoslavia, in: RFE/RL Research Report 2 (1993) 1, S. 1-11.

42 George Kenney, The Next Explosion is Just a Matter of Time, in: International Herald Tribune, 23. 6. 1993, S. 6.

43 Vgl. Heinz-Jürgen Axt, Der »Islamische Bogen« vom Balkan bis nach Zentralasien: Die Türkei als neue Regionalmacht?, in: Südosteuropa 41 (1992) 9, S. 546-557.

44 Marco Carnovale, Preventing the Internationalization of the Yugoslav Crisis, in: Balkan Forum 1 (1993) 5, S. 63-76; George Prevelakis, Towards a Third Balkan War: Is It Unavoidable, in: Balkan Forum 1 (1993) 5, S. 77-83.

45 Stefan Troebst, Die KSZE-Spillover-Monitormission in Makedonien 1992-1993. Präventive Friedenssicherung durch internationale Beobachtermissionen?, unveröffentl. Manuskript, Ebenhausen 1994.

Funktion eines »Stolperdrahts«.[46] Aber niemand wußte, was geschehen sollte, wenn das Frühwarnsystem tatsächlich Alarm schlug.

Die Tatsache, daß alle Krisenregionen im ehemaligen Jugoslawien miteinander verknüpft waren, animierte die Unterhändler von EU und UNO zu dem Plan, auf einer umfassenden Balkankonferenz eine Globallösung für den Gesamtraum zu erarbeiten. Aber je mehr offene Fragen auf die Agenda der internationalen Jugoslawienkonferenz rückten, desto geringer wurden die Chancen zu konstruktiven Lösungen. Mit zunehmender Dauer des Verhandlungsprozesses wuchs deshalb die Enttäuschung der Öffentlichkeit.[47] Kritiker führten ins Feld, daß durch das mit humanitärer Hilfe abgestützte Verhandlungsmarathon Bedingungen geschaffen würden, die den Aggressoren die Fortsetzung ihrer Eroberungspolitik garantierten. Offensichtlich benutzten die Kriegsparteien die Jugoslawienkonferenz weniger zu Gesprächen als dazu, Zeit zu gewinnen und eigene Positionen öffentlichkeitswirksam zu präsentieren. Jeder neue Friedensplan wurde nach ähnlichem Muster diskutiert und schließlich abgelehnt. Alle Seiten machten Zugeständnisse, die rasch widerrufen wurden, und unterschrieben Waffenstillstände, die sie nie einhielten. Immer wieder landete der Friedensprozeß in der Sackgasse.

Zu den einer hochgradig emotionalisierten Öffentlichkeit schwer vermittelbaren Lehren des jugoslawischen Krieges gehört, daß es Konflikte gibt, deren Strukturen und innere Dynamik die Einwirkungsmöglichkeiten streitschlichtender und friedensvermittelnder Parteien begrenzen. Friedliche Konfliktregulierung impliziert langwierige und zähe Verhandlungen und häufige Rückschläge. In zahlreichen Bürgerkriegsgesellschaften ist es erst nach jahrzehntelangen

46 Todor Atanasovski, The Peace-Keeping Operations and the Republic of Macedonia, in: Balkan Forum 2 (1994) 1, S. 45-61.

47 Jim Hoagland, Lord Owen's Betrayal, in: The Washington Post, 10. 8. 1993, S. A15.

Bemühungen gelungen, den »reifen Moment« für die Konfliktlösung herbeizuführen und einen für alle Seiten akzeptablen Kompromißvorschlag durchzusetzen.

VIII. Warum ist die Jugoslawienpolitik gescheitert?

Obwohl die internationale Gemeinschaft rhetorisch an der Souveränität und territorialen Integrität Bosnien-Hercegovinas festhielt, wich ihr Anspruch, den menschen- und völkerrechtlichen Standard zu wahren und die territorialen Eroberungen zu revidieren, bereits Mitte 1993 einer Politik der Schadensbegrenzung.

Der Schwenk zur Realpolitik begann mit dem von den USA, Rußland, Frankreich, Großbritannien und Spanien initiierten »Gemeinsamen Aktionsplan« vom 22. Mai 1993, der erstmalig das weitere diplomatische Vorgehen von den militärischen Tatsachen abhängig machte. Washington beendete damit die Debatte um ein eventuelles militärisches Eingreifen der USA und stellte klar, keine Bodentruppen nach Bosnien-Hercegovina zu entsenden. Statt dessen rückten nun der Schutz und die Versorgung der muslimischen Zivilbevölkerung, für die sechs Sicherheitszonen gebildet werden sollten, in den Vordergrund. Seither konzentrierten sich die diplomatischen Aktivitäten immer stärker auf die Bereitstellung humanitärer Hilfe.

Den zweiten realpolitischen Schritt unternahm die EG auf ihrem Kopenhagener Gipfeltreffen im Juni 1993, als sie den serbisch-kroatischen Plan einer territorialen Aufteilung Bosnien-Hercegovinas nach ethnischen Kriterien widerstrebend übernahm. Unter Zugrundelegung des serbisch-kroatischen Vorschlags arbeiteten die Verhandlungsführer von EG und UNO, David Owen und Thorwald Stoltenberg, einen neuerlichen Verfassungsentwurf für Bosnien-Hercegovina aus, in dem sie die Bildung einer serbisch-kroatisch-muslimischen Konföderation, einer Union aus drei bosnischen Republiken, vorschlugen. Unter den Augen der Weltgemeinschaft wurde seither unverblümt über die territoriale Aufteilung Bosnien-Hercegovinas verhandelt. Die Vertreter der Europäischen Gemeinschaft und der Vereinten Nationen mußten das Versagen ihrer diplomatischen Bemühungen schließlich offen eingestehen.

Ungeachtet der komplexen Ausgangslage muß sich die internationale Jugoslawienpolitik eine Reihe Fehler und Versäumnisse vorwerfen lassen.[1] Verantwortlich dafür, daß ihre diplomatischen Bemühungen scheiterten, waren erstens analytische und interpretatorische Fehlleistungen, zweitens die Uneinigkeit und Handlungsunfähigkeit der beteiligten Akteure aufgrund divergierender nationaler Interessenlagen sowie drittens konzeptionelle Schwächen bei der Politikformulierung. Viertens verhinderten institutionenspezifische und organisatorische Mängel sowie fünftens inadäquate und ineffiziente Instrumentarien einen frühzeitigen und effektiven Problemzugriff.

1. Wahrnehmung und Analyse des Konflikts

Obwohl es an Warnsignalen nicht gefehlt hat, nahmen Politiker und Regionalexperten die krisenhafte Zuspitzung der innerjugoslawischen Situation erst relativ spät wahr.[2] Sowohl die Konflikthaftigkeit des in den späten achtziger Jahren in allen Teilrepubliken rasch um sich greifenden Na-

1 Zur Kritik der westlichen Jugoslawienpolitik vgl. Marie-Janine Calic, Jugoslawienpolitik am Wendepunkt, in: Aus Politik und Zeitgeschichte B 37/1993, S. 11-20; Assembly of Western European Union, Lessons Drawn from the Yugoslav Conflict, Document 1395, 9th November 1993; Jonathan Eyal, Europe and Yugoslavia: Lessons from a Failure, London 1993 (Whitehall Paper;19); Catherine Guicherd, L'heure de l'Europe. Premières leçons du conflit Yougoslave, Paris 1993; Peter Schlotter, The Yugoslav Lesson, in: Balkan Forum 2 (1994) 1, S. 11-24; Khalilzad, Lessons from Bosnia; Alex N. Dragnich, The West's Mismanagement of the Yugoslav Crisis, in: World Affairs 156 (1993) 2, S. 63-71.

2 Heinz Vetschera/Andrea Smutek-Riemer, »Signale« zur Früherkennung von krisenhaften Entwicklungen. Am Beispiel der Entwicklung zur Jugoslawien-Krise, in: Österreichische Militärische Zeitschrift 31 (1993) 1, S. 17-25.

tionalismus als auch die destabilisierenden Folgen des seit 1987 forcierten serbischen Zentralismus, kritische Wendepunkte in der innerjugoslawischen Entwicklung, wurden weitgehend unterschätzt.[3] Als 1991 der Bundesstaat endgültig kollabierte, war die Aufmerksamkeit der politischen Kreise noch durch die Folgen des Golfkriegs gebunden. Hinzu kam, daß auch der Moskauer Putsch und der Zerfall der Sowjetunion einen Großteil der diplomatischen Kräfte absorbierten. Indikatoren wie der beschleunigte Zerfall der gesamtstaatlichen Strukturen, die abnehmende Dialog- und Kompromißbereitschaft der Republiken und Bundesgewalten sowie die extreme Radikalisierung und Militarisierung der Gesellschaft drangen kaum ins Bewußtsein der Öffentlichkeit. Daß aus den innerjugoslawischen Wirren eine der größten diplomatischen Krisen nach 1945 entstehen könnte, hat 1991 kaum jemand ernsthaft in Betracht gezogen.

Aus der begrenzten und selektiven Wahrnehmung zentraler Krisenindikatoren resultierten insbesondere in der Frühphase des Konflikts frappierende Fehlinterpretationen und -analysen. Die Tragweite der Auseinandersetzungen im ehemaligen Jugoslawien wurden in zweierlei Hinsicht unterschätzt: Zum einen hielt sich mit zäher Hartnäckigkeit die Vorstellung, es handele sich um einen regionalen Konflikt, der sich auf den postjugoslawischen Raum beschränken ließe. Die vielfältigen *spill-over*-Risiken, die sich aus der engen Verzahnung der Teilkonflikte ergaben, wurden kaum ernsthaft diskutiert. Zum anderen bestand die Neigung, alle jugoslawischen Probleme als Ethno- und »Stammeskonflikte« und sogar »Religionskriege« zu etikettieren.[4] Dies ließ übersehen, daß die unter dem Rubrum ethnonationalistischer Konflikte ausgetragenen Kriege auf

3 James B. Steinberg, Turning Points in Bosnia and the West, in: Khalilzad, Lessons from Bosnia, S. 3-9.

4 Dunja Melčić, Krieg, Blauhelme und europäische Politik, in: die tageszeitung, 10. 12. 1992, S. 12.

eine Vielzahl divergierender Probleme zurückgingen. Hierzu gehörten die jahrzehntelang schwelenden Macht- und Herrschaftskonflikte zwischen den Völkern und Republiken Jugoslawiens, aber auch soziale und wirtschaftliche Verteilungskämpfe zwischen den ärmeren und reicheren Regionen sowie nicht zuletzt eine aus dem niedrigen Entwicklungsniveau resultierende strukturelle Modernisierungskrise, die nahezu alle Lebensbereiche überschattete. Kurz gesagt kulminierten Ende der achtziger Jahre handfeste ökonomische und machtpolitische Interessenkonflikte, die unter den Vorzeichen einer veränderten weltpolitischen Situation und einer sich rapide verschärfenden Wirtschaftskrise immer häufiger entlang ethnischer Linien artikuliert und in nationale Kategorien umgedeutet wurden. Die Nationalitäten- und Minderheitenproblematik, auf die sich anfänglich alle Schlichtungsversuche konzentrierten, bildete mithin nur einen schmalen Strang in einem dichten Konfliktbündel.

Eine zusätzliche Schwierigkeit gab den Analytikern die Frage auf, ob es sich bei den Auseinandersetzungen in Bosnien-Hercegovina primär um einen Bürgerkrieg (was die serbische Seite behauptete) oder einen Aggressionskrieg (gemäß der kroatischen und bosnisch-muslimischen Interpretation) handelte. Formal gesehen besaßen alle drei Seiten dieselbe Staatsangehörigkeit, und insofern gab es gute Gründe dafür, die innenpolitische Natur des Konfliktes hervorzuheben. Andererseits partizipierten aber offensichtlich auch zwei externe Mächte, nämlich Serbien und Kroatien, aktiv an den Auseinandersetzungen. Insofern trug der Krieg gleichzeitig die Merkmale beider Konfliktformen. Es fanden sich folglich ebenso Argumente für die Aggressions- wie für die Bürgerkriegstheorie.

Das Völkerrecht öffnete eine zusätzliche Zwickmühle: Einerseits mußte der bosnische Krieg, um Serbien als Aggressor sanktionieren zu können, als internationaler, nicht innerstaatlicher Konflikt deklariert werden. Denn die Staatengemeinschaft besitzt nur in *internationalen* Konflikten die Befugnis, schwere Verstöße gegen geltendes humanitäres Recht strafrechtlich zu verfolgen. Andererseits mußte aber verhindert werden, daß einzelne Kriegsparteien aus der Internationalisierung der Krise eine eigenständige Völkerrechtssubjektivität ableiteten, was die bosnischen Serben seit längerem anstrebten. Während sich die internationale Gemeinschaft noch bemühte, die Souveränität der Republik in ihren alten Grenzen zu bewahren, argumentierten sie permanent, daß Bosnien-Hercegovina de facto als Staat zerfallen sei und daß die Serbenrepubliken anzuerkennen seien.

Die Debatte über die zwischen- oder innerstaatliche Natur des Konflikts verließ rasch die sachliche Ebene. Ideologisierung, Emotionalisierung und Moralisierung der öffentlichen Auseinandersetzung über den jugoslawischen Krieg verhinderten in hohem Maße die nüchterne Analyse seiner Ursachen und verleiteten zu grob antithetischen Vereinfachungen. Insbesondere in der Frühphase des Konflikts wurden »Gut« und »Böse« schablonenhaft gegenübergestellt, und erst im Verlauf des dritten Kriegsjahres wich die Schwarzweißmalerei differenzierteren Bewertungen.

Unterstützt und getragen wurde das Bedürfnis, komplexe Phänomene auf leicht eingängige Grundmuster zu reduzieren, durch die Propagandaaktivität der Kriegsparteien. Mit der Mobilisierung althergebrachter ethnischer Stereotypen und Feindbilder gelang es ihnen, unter bestimmten Zielgruppen im Ausland Sympathien zu gewinnen. So vermochten die Serben, sich mit Hinweis auf den Völkermord im kroatischen Ustaša-Staat als Opfer eines vermeintlich drohenden Genozids zu stilisieren – was aus historischen Gründen vor allem in Frankreich und Großbritannien auf Resonanz stieß.[5] Mit relativem Erfolg gelang es dagegen den Kroaten, die deutsche Öffentlichkeit auf ihre

5 Božidar Dikić, Siebenmal zogen die Deutschen gegen Jugoslawien, in: Johannes Haas-Heye (Hg.), Im Urteil des Auslands. Dreißig Jahre Bundesrepublik, München 1979, S. 130-143.

Seite zu ziehen, indem sie sich zum integralen Bestandteil der zivilisierten katholisch-mitteleuropäischen Kultur erklärten, während sie die serbischen Nachbarn als Vertreter des barbarisch-despotischen Ostens abqualifizierten. Darüber hinaus stellten sie die Unabhängigkeitswerdung als Akt der Befreiung von jahrzehntelanger serbischer Unterdrückung dar. Damit hatten sie zwei Topoi parat, die in einem Fall katholisch-konservative Kreise, im anderen Fall das sozialdemokratisch-grüne Lager ansprachen. Aus ihrer Opferrolle heraus versuchten schließlich auch die Muslime, sich als die wahren und einzigen Hüter der Zivilisation zu präsentieren. Statt zwischen politischen Richtungen und individuellen Verantwortlichkeiten zu differenzieren, schrieben die Medien den Völkern kollektiv und stereotyp bestimmte Eigenschaften und Verhaltensmuster zu.

Die Wahrnehmung der jugoslawischen Krise war nicht nur verzerrt, sondern auch selektiv. Einige wenige, medienwirksame Themen, wie das der Kriegsverbrechen, absorbierten zeitweilig die ganze Aufmerksamkeit der Öffentlichkeit. Die hochgradige Emotionalisierung verstärkte das Bedürfnis nach schnellen und einfachen Lösungen, verstellte jedoch den Blick auf realistische Handlungsoptionen. Noch 1994 wurde der bosnische Krieg fast ausschließlich mit dem Schicksal Sarajevos identifiziert, während die nicht minder deplorable Lage anderer Ortschaften und Schutzzonen kaum jemanden aufzurütteln vermochte.

Gleichzeitig näherten sich Politik und Medien der jugoslawischen Krise mit erschreckender Blauäugigkeit. Ein groteskes Beispiel mangelnder Sensibilität für die Problematik des Raumes war, daß Bosnien-Hercegovina ausgerechnet am 6. April anerkannt wurde, dem Jahrestag des deutschen Bombardements Belgrads, das die Zerschlagung des ersten jugoslawischen Staates einleitete. Und daß die Bundesrepublik Jugoslawien wie unter Hitler die Tschechei nur noch mit dem Präfix »Rest-« benannt wurde, stieß selten auf Kritik.

2. *Divergierende nationale Interessen und Bewertungen*

Daß die internationale Jugoslawienpolitik lange Zeit konzeptionslos blieb, lag nicht zuletzt daran, daß es ihr gerade in der Frühphase des Konflikts nicht gelang, dessen Relevanz zu erkennen und divergierende nationale Bewertungen zu harmonisieren.

Zunächst gingen Politiker und Diplomaten davon aus, daß die Ereignisse im ehemaligen Jugoslawien keine vitalen Interessen des Westens berührten. Dies war insofern zutreffend, als der Vielvölkerstaat bereits mit dem Ende des Ost-West-Konflikts seine zentrale geostrategische Bedeutung für die westliche Sicherheits- und Verteidigungspolitik verloren hatte. Ursprünglich genoß Jugoslawien mehr als wohlwollende Aufmerksamkeit, nachdem Tito 1948 mit Stalin gebrochen hatte und sein Land vom sowjetischen Machtbereich isolierte. Daß der blockfreie Staat den Ostblock von der Adria fernhielt, lag vor allem im militärisch-strategischen Interesse der NATO. Jugoslawien wurde aber auch aus politischen Gründen protegiert, denn gegenüber dem sowjetischen System galt das jugoslawische Modell der sozialistischen Marktwirtschaft als relativ liberal und schützenswert. Bis in die achtziger Jahre profitierte der Staat von den großzügigen finanziellen und wirtschaftlichen Zuwendungen des Westens. Als sich jedoch die Konfrontation der Blöcke Ende der achtziger Jahre sukzessive auflöste und die sozialistische Herrschaft nach und nach zusammenbrach, büßte Jugoslawien seine privilegierte Position ein. Seit der politischen Wende in Osteuropa rückte der krisengeschüttelte jugoslawische Bundesstaat immer weiter aus dem Blickfeld der westlichen Regierungen. Erst als im Sommer 1991 die Kampfhandlungen eskalierten, gewann das westliche Interesse schärfere Konturen. Damals wurde klar, daß im ehemaligen Jugoslawien nicht nur Menschen- und Völkerrecht verletzt wurden, sondern daß darüber hinaus auch der Friede und die Stabilität Gesamteuropas auf dem Spiel standen.

Obwohl alle europäischen Staaten die globalen Herausforderungen der jugoslawischen Krise früher oder später in ähnlicher Weise rezipierten, zeichneten sich zunächst stark divergierende nationale Bewertungen hinsichtlich ihrer Bewältigung ab. Statt eine gemeinsame Handlungslinie zu entwickeln, verstrickten sich die europäischen Staaten in fruchtlose Positionskämpfe, ohne daß überhaupt ein schlüssiges Konzept für den Gesamtraum zur Diskussion stand. Die Handlungsunfähigkeit der internationalen Gemeinschaft ging zu großen Teilen auf die Uneinigkeit ihrer Mitglieder zurück.

Die unterschiedlichen Einschätzungen der Krise im zerfallenden Jugoslawien, vor allem die Frage der internationalen Anerkennung der ehemaligen jugoslawischen Teilrepubliken, resultierten größtenteils aus abweichenden nationalen Interessen, waren aber offensichtlich auch von geopolitischen Orientierungen, historisch tradierten Bündnisloyalitäten und vermeintlichen konfessionell-kulturellen Sympathien bestimmt. Rußland, Großbritannien und Frankreich schienen Serbien nahezustehen, während Deutschland, Österreich und Italien offen die kroatische Sache förderten. So traten die im Umfeld der »orientalischen Frage« des 19. Jahrhunderts gebildete Mächtekonstellation, Koalitionen und Gegnerschaften im Ersten Weltkrieg, die deutsch-französische Rivalität um die Hegemonie in Südosteuropa während der Zwischenkriegszeit, nicht zuletzt deutsche Mitteleuropa-Pläne und die nationalsozialistische Expansion während des Zweiten Weltkriegs in Erinnerung.[6] Gleichzeitig gab es nach dem Ende der Blockkonfrontation keine echte Integrationsmacht mehr, die bereit gewesen wäre, ihr politisches Gewicht zugunsten einer gemeinsamen transatlantischen Sicherheitspolitik in die Waagschale zu

6 Wolfgang Danspeckgruber, Balkan Web: Unraveling a Regions's Tangled History, in: The Washington Post, 9. 5. 1993, S. 4.

werfen. Im Gegenteil hielten sich die USA in der Jugoslawienfrage lange zurück, was sicherlich die Probleme der westlichen Balkanpolitik verstärkte.[7]

Die scheinbare Wiederkehr historischer und kultureller Affinitäten und Aversionen gab Anlaß zu vielerlei Spekulationen, ließ sich de facto aber kaum verifizieren.[8] Schwerer wog, daß die an der Konfliktlösung beteiligten Mächte aufgrund divergierender nationaler Interessen zu unterschiedlichen Bewertungen und Lösungsvorschlägen gelangten. So wählten etwa diejenigen europäischen Staaten, die (wie Frankreich, Großbritannien und Spanien) selbst mit starken ethnonationalistischen und regionalistischen Bewegungen konfrontiert waren, aus Präzedenzgründen einen anderen Zugang zur Auflösung des jugoslawischen Bundesstaats als die in dieser Hinsicht unbelasteten Deutschen.

Vertieft wurde die Diskrepanz bei der Bewertung der jugoslawischen Krise durch unterschiedliche Nationalverständnisse und Staatstraditionen. Wer die Nation, wie die Deutschen, primär als Abstammungsgemeinschaft begriff, mochte das von den Kroaten und Slowenen reklamierte Selbstbestimmungsrecht anders interpretieren als Staaten, die wie die Amerikaner oder die Franzosen die Nation eher politisch interpretierten und Souveränitätswünsche nicht a priori aus ethnischen Kriterien ableiteten. Nach ihrem Staatsverständnis gründete eine Nation – sei es die französi-

7 George Kenney, Does Bosnia Matter?, in: World Policy Journal 9 (1992) 4, S. 639-654; Michael Brenner, Les États-Unis et la Crise Yougoslave, in: Politique Étrangère 57 (1992) 2, S. 329-338; Klaus-Dieter Frankenberger, Ohne Kompaß. Der Balkankonflikt und die amerikanische Führungsrolle, in: Frankfurter Allgemeine Zeitung, 29. 5. 1993, S. 10.

8 Eberhard Rondholz, Deutsche Erblasten im jugoslawischen Bürgerkrieg, in: Blätter für deutsche und internationale Politik 37 (1992) 7, S. 829-838; Michel Korinman, L'Autriche, l'Allemagne et les Slaves du Sud, in: Hérodote (1991) 63, S. 52-65; Yves Lacoste, La question serbe et la question allemande, in: Hérodote (1992) 67, S. 3-48; Norman Stone, Wir sind hier, weil wir hier sind, in: Frankfurter Allgemeine Zeitung, 22. 6. 1993, S. 32; Viktor Meier, Vom Nachteil historischer Vorurteile. Die angelsächsische Vorliebe für die Serben, in: Frankfurter Allgemeine Zeitung, 17. 6. 1993, S. 12.

sche oder die jugoslawische – auf gemeinsamen Werten, Traditionen und Institutionen und weniger auf dem gemeinsamen Sprach- und Herkunftskriterium.[9]

Obwohl Frankreich, Großbritannien und die USA zunächst auf den Erhalt Jugoslawiens gesetzt hatten, war die öffentliche Meinung in keinem dieser Länder dominant »proserbisch«. Im Gegenteil agierten in allen westlichen Ländern politische Interessengruppen und ethnische Lobbies, die die Regierungspolitik scharf kritisierten. Fragen, wie die Aufhebung des Waffenembargos und die eines bewaffneten Eingreifens, spalteten überall die Öffentlichkeit, was das historische Argument, die vermeintlich traditionelle Serbenfreundlichkeit in diesen Ländern, stark relativiert.

Selbst die angebliche Sonderrolle Rußlands und der islamischen Welt verliert bei näherer Betrachtung stark an Kontur. In beiden Fällen standen die Regierungen innenpolitisch stark unter Druck, was das Bemühen erklärt, eine eigenständige Außenpolitik zu artikulieren. Der heimliche Mentor der Serben, Rußland, folgte sogar in allen wichtigen Schritten der EG und der UNO. Moskau entsandte im April 1992 900 Soldaten in die Reihen der UNO-Friedenstruppe, um den Waffenstillstand in Kroatien zu kontrollieren. Einen Monat später stimmte die russische Vertretung im Sicherheitsrat für die Annahme der Resolution 757, mit der scharfe Sanktionen gegen Serbien und Montenegro verhängt wurden. Erst nachdem sich die innenpolitische Situation im Sommer 1992 verschärfte und Jelzin aufgrund seiner Reformpolitik zunehmend unter Beschuß der Opposition geriet, schlug er einen scheinbar unabhängigeren Kurs in der Balkanpolitik ein. Man warf ihm vor, daß er aus wirtschaftlichen Motiven auf eine eigenständige und selbstbewußte Außenpolitik verzichte und blindlings den west-

9 Martin Rosefeldt, Deutschlands und Frankreichs Jugoslawienpolitik im Rahmen der Europäischen Gemeinschaft (1991-1993), in: Südosteuropa 42 (1993) 11-12, S. 621-653.

lichen Vorgaben folge. Seine Anbiederung verletze nicht nur die historisch gewachsene Solidarität der orthodoxen Slawen, sondern auch die russischen strategischen Interessen auf dem Balkan.[10]

Obwohl Jelzin versuchte, eigene Akzente in der Jugoslawienpolitik zu setzen, trug Moskau alle wichtigen internationalen Friedensinitiativen mit. Vermittlung und Druck Rußlands halfen, daß die Serben das von der NATO verhängte Ultimatum in Sarajevo erfüllten, und in der Krajina vermittelte es am 30. März 1994 einen Waffenstillstand. Seit 1994 ist Rußland in die Internationale Kontaktgruppe eingebunden. Die autonome Note der russischen Jugoslawienpolitik bestand vor allem darin, militärische Strafaktionen gegen Serbien zu verhindern und für eine raschere Aufhebung der Sanktionen zu sorgen.[11]

Auch die islamischen Länder verließen trotz heftiger Kritik an den internationalen Organisationen die von diesen vorgegebene Politik der Schadensbegrenzung nicht, sondern konzentrierten sich auf die Bereitstellung humanitärer Hilfe, eventuell Waffenlieferungen.[12] Zwar haben sowohl die Türkei, verschiedene Staaten der Arabischen Liga als auch die Islamische Konferenzorganisation an die islamische Solidarität appelliert, eine Aufhebung des Waffenembargos und eine Militärintervention gefordert.[13] Einseitige Schritte wurden dennoch vermieden.[14] Summa summarum hatte man es also mit viel politischer Rhetorik, jedoch kaum mit ernsthaften Interventionsabsichten zu tun.

Trotz anfänglicher Meinungsverschiedenheiten zeichnete

10 Olga Alexandrova, Westler und Großrussen. Rußland und die Jugoslawien-Krise, in: Information für die Truppe 36 (1992) 12, S. 70-75.

11 Allen Lynch/Reneo Lukic, Rußland und der Krieg im ehemaligen Jugoslawien, in: Europa-Archiv 49 (1994) 3, S. 80-88.

12 Khalid Duran, Dschihad der Bosnier gegen den Kreuzzug der Groß-Serben, in: Frankfurter Allgemeine Zeitung, 15. 9. 1992, S. 10.

13 Tarek Mitri, La Bosnie-Herzégovine et la solidarité du monde arabe et islamique, in: Monde arabe Maghreb Machrek 139 (1993), Jan.-März, S. 123-130.

14 Sva Alahova djeca, in: Novi vjesnik, 4. 12. 1992, S. 12Af.

sich im Verlauf des jugoslawischen Krieges eine schrittweise Annäherung der nationalen Standpunkte ab. Die Zeit der großen Kontroversen war mit der endgültigen Auflösung des jugoslawischen Bundesstaates vorbei, und je weiter die Krise voranschritt, desto stärker kamen die ursprünglich stark voneinander abweichenden Sichtweisen zur Deckung. In der Tat besaßen die europäischen Staaten mehr gemeinsame Interessen an der Bewältigung der jugoslawischen Konflikte, als ihnen anfänglich bewußt war.

Ein erstes Bündel gemeinsamer Interessen im jugoslawischen Krieg läßt sich unter dem Stichwort Werteinteressen subsumieren. Denn offensichtlich wurden im ehemaligen Jugoslawien völkerrechtliche, demokratische, rechtsstaatliche und humanitäre Mindeststandards verletzt, zu deren Wahrung sich zumindest die Mitglieder der KSZE verpflichtet hatten und die es wiederherzustellen galt, wollten sie ihre Unentschlossenheit, Uneinigkeit und Widersprüchlichkeit nicht mit einem erheblichen Verlust an Glaubwürdigkeit und Prestige bezahlen.

Zum zweiten war abzusehen, daß die europäischen Staaten weder kurz- noch langfristig von den Kriegsfolgekosten verschont bleiben würden, womit die gemeinsamen sozialökonomischen Interessen Europas angesprochen sind. Die rasch anschwellenden Flüchtlingsströme aus den Bürgerkriegsgebieten kosteten die Aufnahmestaaten Millionenbeträge und gefährdeten ihren sozialen Frieden. Darüber hinaus war evident, daß sich die Staatengemeinschaft über die humanitäre Hilfe und den Unterhalt der Friedenstruppen zumindest indirekt an den Kosten des Krieges beteiligten. Nicht zuletzt galt es also angesichts wachsender Budgetschwierigkeiten, die finanziellen Hilfs- und Wiederaufbauforderungen der jugoslawischen Nachfolgestaaten, die nach Kriegsende zu erwarten standen, zu minimieren.

Erst spät erkannten die europäischen Staaten, daß sie ein gemeinsames Stabilitätsinteresse verband. Seit sich im Sommer 1992 die Kampfhandlungen auf Kosovo und Makedonien auszuweiten drohten und die NATO-Mitglieder Türkei und Griechenland (eventuell sogar als Gegner) in den Konflikt involviert werden konnten, lag offen, daß auch Bündnisinteressen gefährdet waren. Schon deshalb berührte der Krieg im ehemaligen Jugoslawien in einem ganz klassischen Sinn vitale europäische Sicherheitsinteressen. Nachdem die Islamische Konferenzorganisation lautstark zugunsten der bosnischen Muslime Partei ergriffen hatte, machte das Gespenst einer panislamischen Solidarisierung die Runde durch die europäischen Hauptstädte. Es wurde befürchtet, daß sich ein »islamischer Krisenbogen« über den Balkan spannen könnte. Und nicht zuletzt schufen die Ereignisse auf dem Balkan Präzedenzfälle für andere Krisenregionen. Dennoch bedurfte es erst nachhaltiger diplomatischer Fehlschläge, monatelanger Kämpfe und einer immensen humanitären Tragödie, um den kleinsten gemeinsamen Nenner internationaler Jugoslawienpolitik zu definieren.

3. Fehlende politische Konzepte

Das Ausbrechen der jugoslawischen Krise traf Europa in einer Phase tiefgreifenden politischen Wandels auf mehreren Ebenen. Nach dem Ende des Ost-West-Konflikts mußten alle europäischen Staaten ihre außen- und geopolitischen Ziele neu definieren. Die Europäische Gemeinschaft befand sich 1991 auf dem Weg zur politischen Union und arbeitete an einer »Gemeinsamen Außen- und Sicherheitspolitik«.[15]

Ohnedies grenzte es angesichts der verworrenen innerjugoslawischen Situation an die Quadratur des Kreises, eine

15 Michael Brenner, The EC in Yugoslavia: A Debut Performance, in: Security Studies 1 (1992) 4, S. 586-609; Predrag Simić, Bürgerkrieg in Jugoslawien: Vom lokalen Konflikt zur europäischen Krise, in: Südosteuropa Mitteilungen 33 (1993) 1, S. 35-49.

für den gesamten Raum akzeptable politische Ordnung zu entwerfen und durchzusetzen. Ein gravierender Fehler der Jugoslawienpolitik bestand aber dennoch darin, sich permanent mit Teillösungen zu bescheiden und zu ignorieren, daß die Probleme aller südslawischen Republiken unauflösbar miteinander verwoben sind. Wer ein Element innerhalb des labilen multinationalen staatlichen Konstrukts verschob, brachte das gesamte ethnische und politische Gefüge in Bewegung. Überspitzt gesagt hätte jede politische Reaktion gegenüber Slowenien auf ihre Auswirkungen auf Makedonien hin überprüft werden müssen. Insofern war es durchaus begründet, daß die internationale Gemeinschaft zunächst am Erhalt des jugoslawischen Bundesstaats festhielt und erst angesichts der raschen Erosion der Bundesgewalten Konzepte zu seiner Konföderalisierung in Betracht zog.[16]

Der Vorsatz, alle Teilrepubliken in unabhängige und souveräne Staaten umzuwandeln, besaß mit Bosnien-Hercegovina und Makedonien zwei gefährliche Schwachstellen. In Bosnien-Hercegovina war in den Monaten vor der internationalen Anerkennung die Situation bereits extrem gespannt. Der serbisch-kroatische Krieg hatte die Gesellschaft in ethnische Fraktionen gespalten und drohte sämtliche staatliche Strukturen aufzulösen. Die Führungen der drei Staatsvölker waren seit Monaten unversöhnlich darüber zerstritten, wie ihre Republik im Innern aufgebaut sein sollte. Als Bosnien-Hercegovina in die Unabhängigkeit entlassen wurde, existierte weder eine politische Vision noch ein konsensfähiger Verfassungsvorschlag, der Hoffnung auf ein friedliches Überleben der Vielvölkerrepublik gegeben hätte.

Darüber hinaus hatten in verschiedenen Teilen des Landes serbische Nationalisten autonome Gebiete ausgerufen, so daß die bosnische Regierung ihre Souveränität bereits im

16 Anton Bebler, Jugoslawiens Zukunftsperspektiven. Widerstreitende Konzeptionen zur Neuordnung des Staates, in: Südosteuropa 40 (1991) 1, S. 1-10.

Frühjahr 1992 nur noch in sehr begrenztem Maße ausübte. Nach der gängigen Völkerrechtslehre besteht ein »Staat« dann, »wenn sich ein auf einem bestimmten Gebiet seßhaftes Volk unter einer selbstgesetzten, von keinem anderen Staate abgeleiteten, *effektiv wirksamen* und *dauerhaften* Ordnung organisiert hat«.[17] Dies war in Bosnien-Hercegovina offensichtlich nicht der Fall, und um so schwieriger gestaltete es sich, seine territoriale Integrität zu gewährleisten. Hinzu kam, daß Serbien und Kroatien massiv auf eine Aufteilung der Republik hinarbeiteten.

Den zweiten Problemfall bildete Makedonien, dessen Unabhängigkeitswerdung monatelang am griechischen Einspruch scheiterte. Zwar zählt es heute zu den Gemeinplätzen, daß sich der jugoslawische Krieg mit gefährlichen Weiterungen auch auf die kleine Vielvölkerrepublik ausdehnen könnte. Aber dennoch gibt es bis heute keine überzeugende Antwort darauf, mit welchen diplomatischen Maßnahmen sich dies verhindern ließe.[18] Ein Grundproblem der Jugoslawienpolitik bestand darin, eine Staatenordnung geschaffen zu haben, die aus eigener Kraft nicht hätte überleben können und die niemand bereit war, mit allen erforderlichen Mitteln zu verteidigen.

Prinzipiell erschien es wenig plausibel, warum das Zusammenleben der Völker in ethnisch heterogenen Republiken besser funktionieren sollte als im multinationalen jugoslawischen Bundesstaat. In Bosnien, wo drei staatstragende Nationen (nämlich Muslime, Serben und Kroaten) zusammenlebten, versuchte die EG, die ethnischen Konflikte durch eine Föderalisierung aufzulösen. Zu Beginn des Jahres 1992, also noch vor der internationalen Anerkennung, hatte sie gegen den Widerstand der Muslime das Verhandlungskonzept serbischer und kroatischer Nationalisten

17 Alfred Verdross/Bruno Simma, Universelles Völkerrecht, Theorie und Praxis, Berlin 1991^3, S. 224.

18 Vgl. Jonathan Eyal, How to Stop the War from Spreading, in: The Wall Street Journal, 25. 6. 1993, S. 6.

übernommen, Bosnien in eine Balkanschweiz aus drei ethnischen Kantonen zu verwandeln. Da sich aber keine klaren Grenzen zwischen den Siedlungsgebieten der bosnischen Nationen ziehen ließen, mündeten die Kantonsverhandlungen schließlich in Krieg und ethnische Vertreibungen. Erst als die Homogenisierung schon in vollem Gang war, hat sich die EG eines Besseren besonnen. Im Januar 1993 wurde der Plan eines regionalisierten, aber multiethnischen bosnischen Staats erdacht. Der Vance/Owen-Plan, der versuchte, die großserbischen Vereinigungsbestrebungen zu konterkarieren und Bosnien-Hercegovina in einen multiethnischen Föderalstaat umzuwandeln, kam freilich viel zu spät und erwies sich theoretisch und praktisch als undurchführbar.[19] Nachdem ihn die bosnischen Serben im Frühjahr 1993 endgültig abgelehnt hatten, bestand kaum noch Aussicht, die Souveränität der Republik zu retten. Seither war absehbar, daß Bosnien-Hercegovina unter den Kriegsgegnern aufgeteilt würde.[20]

Kritisch ist ferner anzumerken, daß es den um Beendigung des Krieges bemühten externen Akteuren häufig nicht so sehr um die Lösung des Problems selbst ging. Für sie alle galt, daß ihnen der Konflikt als solcher zu unbedeutend erschien, als daß er ein verstärktes Engagement hätte rechtfertigen können. Vielmehr trug die in und zwischen den beteiligten Staaten geführte Debatte über die richtige Jugoslawienpolitik vorwiegend symbolischen Charakter.

Zum einen ging man davon aus, daß Jugoslawien grundsätzlich einen Test- und Präzedenzfall für das Management ethnonationaler Konflikte darstellte und daß von seiner Bewältigung Signalwirkung auf andere Spannungsregionen ausging. Alle Bemühungen konzentrierten sich darauf, an-

19 Robert M. Hayden, The Partition of Bosnia and Herzegovina, 1990-1993, in: RFE/RL Research Report 2 (1993) 2, S. 1-14.

20 Marcus Tanner, West Sets the Stage for a Human Tragedy, in: The Independent, 8. 6. 1993, S. 10; Viktor Meier, Sollen die Muslime in Bosnien in »Reservaten« leben?, in: Frankfurter Allgemeine Zeitung, 10. 5. 1993, S. 3.

gesichts der seit 1989 erstarkenden zentrifugalen Kräfte in der Sowjetunion und in der Tschechoslowakei keine Präzedenzfälle zu schaffen. Insofern wurde die westliche Balkanpolitik stets als Botschaft an die osteuropäischen Reformstaaten begriffen. Zum zweiten bedienten sich die Kritiker der offiziellen Balkanpolitik – meist in Form der nationalen Oppositionsparteien – des Themas Jugoslawien lediglich als Vehikel, um sich gegenüber ihren Regierungen zu profilieren. So nutzten in einigen islamischen Ländern die Fundamentalisten den Balkankrieg für antiwestliche Propaganda.[21] Und auch in Rußland pochten die Gegner Boris Jelzins auf die Solidarität mit den Serben, um ihre eigene Position zu stärken. Bill Clinton, der während des Präsidentschaftswahlkampfes mit der amerikanischen Jugoslawienpolitik hart ins Gericht ging, schwenkte nach seinem Amtsantritt auf die Linie seines Vorgängers ein. Auf diese und ähnliche Weise wurde der jugoslawische Krieg in vielen Staaten für rein innenpolitische Ziele instrumentalisiert.

Darüber hinaus gab die Jugoslawienkrise Anlaß, das innereuropäische Kräfteverhältnis neu zu definieren, und in gewisser Weise hat sie sich zum Katalysator für eine Nationalisierung der Außenpolitik entwickelt. An der Balkanpolitik ließ sich testen, wer im vereinigten Europa den Ton angab. So nährte der Streit um die Anerkennung der jugoslawischen Teilrepubliken als unabhängige Staaten den Argwohn, daß das wiedervereinigte Deutschland mit Hilfe seiner Jugoslawienpolitik die Führungsrolle im europäischen Mächtekonzert übernehmen wolle.[22] Und hinter der

21 Bassam Tibi, »Das muslimische Blut ist das billigste Blut«, in: Frankfurter Allgemeine Zeitung, 1. 6. 1993, S. 12; Khalid Duran, Dschihad der Bosnier gegen Kreuzzug der Groß-Serben. Auf islamische Solidarität können die Muslime nicht bauen, in: Frankfurter Allgemeine Zeitung, 15. 9. 1992, S. 10.

22 Pierre M. Gallois, Vers une prédominance allemande, in: Le Monde, 16. 7. 1993, S. 2; Hans Stark, Dissonances franco-allemandes sur fond de guerre serbo-croate, in: Politique Étrangère 57 (1992) 2, S. 339-347.

russischen Jugoslawiendiplomatie stand immer auch das Motiv, sich angesichts des offensichtlichen Verlusts der ehemaligen Großmachtrolle nicht ganz aus der internationalen Politik verdrängen zu lassen. Unter diesen Voraussetzungen wurde jeder Vorschlag zur Konfliktlösung stets dahingehend analysiert, welche Auswirkungen er auf die Rangordnung der europäischen Staaten haben könnte, und weniger unter dem Aspekt, ob er im Sinne der Konfliktlösung zielführend war. »In diesem größeren diplomatischen Spiel zählte Jugoslawien letztlich wenig.«[23]

4. Völkerrechtliche und institutionenspezifische Probleme

Das Ende der Blockkonfrontation hatten die Institutionen 1991 auch organisatorisch noch nicht bewältigt. Die KSZE befand sich erst auf dem Weg zu einer regionalen Abmachung mit eigenständigen Krisenmechanismen. Ihr Instrumentarium war auf zwischen-, nicht binnenstaatliche Konflikte zugeschnitten. Darüber hinaus fehlten ihr jegliche Sanktionsmöglichkeiten.[24]

Im Grunde schalteten sich die europäischen Institutionen in das Konfliktmanagement ein, ohne die hierfür notwendigen Entscheidungsstrukturen und Instrumentarien zu besitzen. »Die Lehre Jugoslawiens ist, daß keine koordinierte europäische Sicherheitspolitik existiert und daß es keine Instrumente für ihre zukünftige Koordinierung gibt ...«.[25] Nicht zuletzt deshalb haben viele Organisationen die jugoslawische Krise zum Anlaß genommen, ihre Zuständigkei-

23 Eyal, Europe and Yugoslavia, S. 33.

24 Norbert Ropers/Peter Schlotter, Vor den Herausforderungen des Nationalismus: Die KSZE in den neunziger Jahren, in: Aus Politik und Zeitgeschichte, B 15-16/1993, S. 20-27; Heinz Vetschera, Die KSZE-Krisenmechanismen und ihr Einsatz in der Jugoslawien-Krise, in: Österreichische Militärische Zeitschrift 29 (1991) 5, S. 405-411.

25 Eyal, Europe and Yugoslavia, S. 80.

ten und ihre operative Rolle zu überdenken (wie WEU und NATO) oder ihre Instrumentarien zu effektivieren (wie KSZE und UNO).[26] Daß rasche Ergebnisse nicht zu erwarten sind, versteht sich von selbst.

Viele Organisationen waren jedoch durch die Uneinigkeit ihrer Mitgliedstaaten in ihren Reformbemühungen blockiert. Weder die der EG noch die der NATO, geschweige denn die der UNO konnten leicht zu einem Konsens finden. Während beispielsweise im Rahmen der Europäischen Gemeinschaft die Deutschen 1991 auf Anerkennung der Teilrepubliken setzten, forderten Frankreich und Großbritannien die Aufrechterhaltung des völkerrechtlichen Status quo. Und um die Maastricht-Verhandlungen nicht zu gefährden, nahm die EG in Kauf, daß Griechenland monatelang die Anerkennung Makedoniens blockierte. Die Notwendigkeit, Konsensentscheidungen fällen zu müssen, hat viele Reaktionen zusätzlich verzögert. Internationale und supranationale Institutionen sind nur in dem Maße entscheidungs- und handlungsfähig, wie Nationalstaaten bereit sind, Souveränitätsrechte an sie abzutreten.[27]

Die UNO, an die die europäischen Institutionen schließlich die Initiative und Verantwortung abgaben, zeigte sich angesichts global wachsender Aufgaben total überfordert. 1992 war die Zahl der bewaffneten Konflikte weltweit um mehr als 30 auf über 100 gestiegen, so daß sich Forderungen nach *peace-keeping*-Einsätzen sprunghaft erhöhten. Dadurch stiegen die Kosten für friedenserhaltende Maßnahmen von 700 Millionen auf über vier Milliarden US-Dollar, während gleichzeitig die Zahlungsmoral der Mitgliedstaa-

26 Wolfgang Pühs/Thomas Weggel/Claus Richter (Hg.), Sicherheitspolitisches Symposium Balkankonflikt. Instrumente des Internationalen Krisenmanagements, Baden-Baden 1994.

27 Vgl. Günther Bächler, Bosnien-Herzegowina: Friedliche Streitbeilegung zwischen Realität und konkreter Utopie, in: Zürcher Beiträge zur Sicherheitspolitik und Konfliktforschung 29 (1993).

ten sank.[28] So wurde der Antrag des bosnischen Präsidenten Alija Izetbegović bei der UNO, zur Aufrechterhaltung des Friedens Blauhelme in die kleine Vielvölkerrepublik zu entsenden, zu Beginn des Jahres 1992 aus Kostengründen abgelehnt. Die Weltorganisation sah sich personell und finanziell dazu nicht in der Lage.

Auch viele Einzelstaaten fühlten sich dem jugoslawischen Problem nicht gewachsen. Nicht nur für die Bundesrepublik Deutschland kam aus historischen Gründen und wegen der ihr von der Verfassung auferlegten Beschränkungen militärische Präsenz in der Region nicht in Frage. Andere Staaten hatten – wie Großbritannien 1992 – drastische Sparbeschlüsse im Militärhaushalt gefaßt, die durch ein Engagement im ehemaligen Jugoslawien nicht gefährdet werden sollten.[29] Auch die USA waren bemüht, ihr Engagement auf die für sie wirklich relevanten Konflikte zu beschränken.

Dennoch entwickelte sich eine lähmende Konkurrenz um die Zuständigkeiten. Die hektische und unkoordinierte Betriebsamkeit, die einzelne Akteure entfalteten, drohte das Konzept der *interlocking institutions* in eines von »interblocking institutions« zu verkehren.[30] Je länger die Krise dauerte, desto weniger ging es noch darum, den Ton anzugeben. Auf dem »Verschiebebahnhof für Verantwortlichkeiten« (Günther Bächler) versuchte jeder, das jugoslawische Problem möglichst ohne Gesichtsverlust an andere Instanzen zu verweisen.

28 Winrich Kühne, UNO-Friedenssicherung in einer turbulenten Welt, unveröffentl. Manuskript, Ebenhausen 1993, S. 9f.

29 Brian White, British Foreign Policy after the Cold War: The Case of the Former Yugoslavia, unveröffentl. Manuskript, Staffordshire 1993.

30 John Roper, Jugoslawien und die neue Struktur europäischer Sicherheit. EG, NATO, WEU, KSZE – welche Aufgabe für wen?, in: Dokumente 48 (1992) 2, S. 38-42.

5. Die Wahl und der Einsatz der Instrumentarien

Die relative Erfolglosigkeit der Jugoslawienpolitik resultiert weniger aus der Wahl falscher Instrumente als aus der Art und Weise, wann und wie sie eingesetzt wurden. Viele Reaktionen kamen verspätet, trugen rein symbolischen Charakter oder blieben in sich widersprüchlich.

Einige Fehlschläge der internationalen Diplomatie gehen auf ein Phänomen zurück, das als *mirror imaging* bekannt ist. Es bezeichnet die Annahme, daß sich Akteure spiegelbildlich verhalten, daß also das Gegenüber nach derselben Logik agiert wie man selbst. Die an die serbische Seite adressierte Androhung ökonomischer Sanktionen beispielsweise übersah, daß deren Kriegsziele vom Primat der Politik diktiert waren und wirtschaftliche Interessen nur eine untergeordnete Rolle spielten. Ebenso hat sich gezeigt, daß die Abschreckungslogik nicht oder nur sehr begrenzt Erfolg hatte. In markanter Selbstüberschätzung ging die Europäische Gemeinschaft davon aus, diesen hochgradig komplexen und eigendynamischen Konflikt noch in einem weit fortgeschrittenen Stadium mit relativ bescheidenen Mitteln von außen beeinflussen zu können.

Einige Aktionen, wie die Anerkennungspolitik, lassen erhebliche Inkonsistenzen erkennen. Der deutsche Außenminister fällte seinen Entschluß, die Souveränität Sloweniens und Kroatiens zu fördern, noch bevor Mitte Januar 1992 die Ergebnisse der EG-Schiedskommission unter Badinter vorlagen. Es mutete reichlich absurd an, eine Entscheidungsinstanz ins Leben zu rufen, deren Urteil in der politischen Praxis keinerlei Relevanz besaß.

Problematisch erschien darüber hinaus der Rekurs auf das Selbstbestimmungsrecht der Völker, das die Charta der Vereinten Nationen garantiert. Das Völkerrecht kennt nämlich keine Definition des Begriffes »Volk«, das als Träger des Selbstbestimmungsrechts auftritt.[31] Auch unter Ethnolo-

31 Heintze, Selbstbestimmungsrecht, S. 41 ff.

gen, Kulturwissenschaftlern und Historikern ist umstritten, welche von rund 3500 ethnischen Gemeinschaften in der Welt sich als »Volk« definieren und Anspruch auf einen eigenen Nationalstaat anmelden können.[32] Darüber hinaus konfligiert das Selbstbestimmungsrecht mit dem Prinzip der Unverletzlichkeit von Grenzen bzw. der territorialen Integrität von Staaten. Die UNO interpretierte das Selbstbestimmungsrecht in ihrer politischen Praxis immer als eines von Staaten, nicht jedoch Völkern. Es war erdacht und später im Völkerrecht implementiert worden, um den Zerfall der europäischen Großreiche zu legitimieren und die Abtrennung der außereuropäischen Kolonialbesitzungen zu regulieren. Für die Auflösung multinationaler Staatengebilde war es nicht geschaffen und ließ entsprechend viele Fragen offen.[33]

Unter anderem war nicht evident, was passieren sollte, wenn in multiethnischen Staaten die Völker ihre Selbstbestimmungsrechte exklusiv wahrnehmen wollten, obwohl sie – wie in Jugoslawien – durcheinander siedelten. Im ethnisch heterogenen Jugoslawien stand zu befürchten, bei Abspaltung einer Teilrepublik eine Kettenreaktion von Sezessionsbestrebungen in immer kleinere Einheiten auszulösen.[34] Darüber hinaus erschien wenig plausibel, warum nicht auch die Serben und Kosovo-Albaner die Option erhalten sollten, unter Berufung auf das Selbstbestimmungsrecht ihre nationale Einheit zu verwirklichen, wenn man dies den Slowenen und Kroaten zugestand. Zumindest die Serben hatten (auch in Kroatien) noch zu jugoslawischer Zeit den Status eines staatstragenden Volkes besessen und wurden erst durch die Souveränitätserklärung Kroatiens zur Minderheit degradiert. Minderheiten können jedoch nach geltendem Völker-

32 David Hamburg, Ethnische Konflikte, in: Europa-Archiv 48 (1993) 4, S. 117-122.

33 Vgl. Hurst Hannum, Autonomy, Sovereignty and Self-Determination, Philadelphia 1990, S. 25 ff.

34 Peter Coulmas, Das Problem des Selbstbestimmungsrechts. Mikronationalismus, Anarchie und innere Schwäche der Staaten, in: Europa-Archiv 48 (1993) 4, S. 85-92.

recht keinen Anspruch auf Selbstbestimmung erheben. Auch den Kosovo-Albanern, die schon vor 1991 lediglich als Nationalität (also Minderheit) galten, war dadurch der Weg in die Eigenstaatlichkeit abgeschnitten.

Ein Hauptkritikpunkt lautete, daß zu der Internationalisierung der Krise durch die Anerkennungspolitik auch die Vergabe von Sicherheitsgarantien gehört hätte. Ohne den Willen, die Souveränität und territoriale Integrität der neugeschaffenen Staaten auch militärisch zu schützen, mußte die abschreckende Wirkung (unabhängig vom Zeitpunkt) in dem Moment ausbleiben, wo sich eine der Konfliktparteien zur Gewaltanwendung entschloß. Die serbischen Nationalisten hatten schon vor dem endgültigen Zerfall Jugoslawiens im Sommer 1991 keinen Hehl daraus gemacht, sich zur Verwirklichung ihrer Ziele der Jugoslawischen Volksarmee zu bedienen.

Folglich war die Prämisse, die Kriegsparteien durch Drohungen beeindrucken zu können, ohne selbst aktiv verwickelt zu werden, haltlos. Drohungen müssen, um glaubhaft zu sein, notfalls in die Tat umgesetzt werden.[35] Obwohl keiner der westlichen Verbündeten ernsthaft zu einem militärischen Engagement im ehemaligen Jugoslawien bereit war, wurde dem Hauptaggressor Serbien immer wieder mit militärischen Sanktionen gedroht. Die im Juni 1992 angekündigten Luftangriffe auf serbische Positionen wurden gleichwohl immer wieder verschoben: Bereits am 28. Juni 1992 verstrich ein erstes Ultimatum, das die Serben zur Einstellung der Kämpfe bewegen sollte. Der Generalsekretär der WEU, van Eekelen, bemerkte anschließend scharfsinnig: »Wenn wir jetzt nichts tun, ist unsere Glaubwürdigkeit dahin.«[36] Ihre Anfang August 1993 ausgesprochene Drohung mit Luftangriffen gegen serbische Stellungen, um die

35 Christopher Cviic, Who's to Blame for the War in Ex-Yugoslavia?, in: World Affairs 156 (1993) 2, S. 72-79.

36 Prüfungen – Ankündigungen – Drohungen, in: Süddeutsche Zeitung, 4. 8. 1993, S. 4.

Belagerung Sarajevos zu beenden, machte die NATO erst sechs Monate später wahr.[37]

Aber nicht nur die militärischen Sanktionen kamen zu spät. Ein strukturelles Dilemma der Konfliktintervention besteht darin, daß es selten gelingt, die Aufmerksamkeit internationaler Akteure auf eine Krise in einem frühen Stadium zu wecken. So wurde das Embargo gegen Serbien und Montenegro erst im Mai 1992, rund ein Jahr nach Kriegsausbruch, vom Sicherheitsrat der UNO in Kraft gesetzt. Auch der im Januar 1993 vorgelegte Vance/Owen-Plan, der vorsah, Bosnien-Hercegovina in zehn multiethnische Provinzen mit gemeinsamer Zentralregierung zu zerlegen, hatte angesichts der massenhaften ethnischen Vertreibungen zum Zeitpunkt seiner Entstehung bereits keine realistische Chance mehr.

Viel Kritik hat der Versuch hervorgerufen, die jugoslawische Krise mit nichtmilitärischen Mitteln beizulegen. Tatsächlich war an der Rolle der UNO und der EG vieles widersprüchlich, da sie sich mal als neutrale Vermittler, mal als Richter begriffen. Einerseits wurde Serbien als Hauptaggressor identifiziert und mit umfassenden Sanktionen belegt. Andererseits basierte das Verhandlungskonzept der EG und der UNO jedoch auf neutraler Vermittlung. In asymmetrischen Konflikten, wenn sich Machtressourcen und militärisches Potential ungleich verteilen, begünstigt dies zwangsläufig den Stärkeren.[38] In diesem Sinn hat auch das über alle jugoslawischen Nachfolgestaaten verhängte Waffenembargo das Ungleichgewicht zwischen den Kriegsparteien zementiert.[39]

37 Ulrich Schiller/Klaus-Peter Schmid, Noch keine Befehle, in: Die Zeit, 13. 8. 1993, S. 4f.

38 Peter Schlotter, Vom Scheitern einer Vermittlung: Europäische Gemeinschaft und Vereinte Nationen im Krieg auf dem Balkan, in: Schlotter, Der Krieg in Bosnien, S. 54-65; Dieter Senghaas, Wie Gewaltfreiheit den Aggressor begünstigt. Lehren aus den Kriegen im ehemaligen Jugoslawien, in: Frankfurter Allgemeine Zeitung, 7. 7. 1993, S. 7.

39 Albert Wohlstetter, The Way Out, in: The Wall Street Journal, 5. 7. 1993, S. 10; ders., Bosnien ist nicht Geschichte, sondern Zukunft, in: Frankfurter Allgemeine Zeitung, 10. 8. 1993, S. 5.

Eine andere Kritik setzt nicht so sehr im Grundsätzlichen, am Bemühen um gewaltlose Konfliktregulierung, sondern an ihren institutionellen Defiziten an. Friedensforscher und Menschenrechtsgruppierungen beklagen, daß sich die Vermittlungsbemühungen der internationalen Gemeinschaft fast ausschließlich auf die höchste institutionelle Ebene beschränkte und vorwiegend formale Kanäle nutzte. Die Schlichtung, Regulierung oder Lösung von Konflikten sollte jedoch nicht nur auf oberster Regierungsebene, sondern auch in den kleinen Einheiten und unter Einbeziehung relevanter Nichtregierungsorganisationen (NGOs) stattfinden.[40] Befürworter einer *multi-track-diplomacy* fordern, gleichzeitig möglichst breite gesellschaftliche Teile in den Verhandlungsprozeß einzubeziehen. Parallel zur Regierungsebene wären also Kontakte zu Friedensgruppen, Wirtschaftsvertretern, Wissenschaftlern, Juristen, Kultureinrichtungen, Glaubensgemeinschaften und Medienvertretern zu knüpfen. Auch im ehemaligen Jugoslawien stünde hierfür eine ganze Reihe Ansprechpartner zur Verfügung.[41]

40 Jan Oberg, Yugoslavia 1992: Will Conflict-Mitigation and Negotiations Do?, in: Balkan Forum 1 (1993) 3, S. 121-152.

41 Eine Adressenliste der wichtigsten NGOs veröffentlicht regelmäßig der vom Londoner Institute for War and Peace Reporting herausgegebene Warreport.

IX. Auf dem Weg zum Frieden

1. Das Wendejahr 1995

Das Jahr 1995 war eines der schlimmsten in der Geschichte des jugoslawischen Krieges. Im Januar erklärte der kroatische Präsident Franjo Tudjman, er wolle das Mandat der UNO-Truppen (UNPROFOR) kündigen, die seit 1992 Serben und Kroaten in den umkämpften Grenzregionen Kroatiens auseinanderhielten. Damit drohte nach fast drei Jahren relativer Ruhe ein neuerlicher Waffengang in Kroatien. Auch in Bosnien-Hercegovina verschlechterte sich die Lage. Nach Ablauf eines fast viermonatigen Waffenstillstands flammten dort die schwersten Kämpfe seit Kriegsbeginn auf. Pausenlos pendelten die internationalen Friedensvermittler zwischen Zagreb, Sarajevo und Belgrad, um die Situation unter Kontrolle zu bringen. Aber der diplomatische Prozeß steckte in einer Sackgasse. Seit Februar 1994 hatten die Präsidenten Serbiens, Kroatiens und Bosnien-Hercegovinas nicht mehr direkt miteinander verhandelt. Alles deutete darauf hin, daß die Kriegsparteien nunmehr zur blutigen Endabrechnung schreiten wollten. Der Angriff der kroatischen Armee auf die Krajina, die Eroberung der »sicheren Zonen« (*safe areas*) in Bosnien-Hercegovina durch die bosnisch-serbische Armee, nicht zuletzt die Geiselnahme mehrerer Hundert UNO-Soldaten durch serbische Militärs, trieben den kollektiven Glaubwürdigkeitsverlust des Westens auf die Spitze. Dennoch leiteten erst die dramatischen Ereignisse des Jahres 1995, die gleichzeitig den Tiefpunkt der internationalen Vermittlungsversuche markierten, die Wende auf den postjugoslawischen Kriegsschauplätzen ein.

Mehrere Entwicklungen trugen dazu bei, daß sich nach mehr als vier Jahren endlich ein »Fenster der Gelegenheit« für den stagnierenden Friedensprozeß im ehemaligen Jugoslawien öffnete. Hierzu gehörten militärische, geostrategische, politisch-diplomatische und psychologische Faktoren.

Schon seit 1994 hatte sich das militärische Kräfteverhältnis an den Fronten Kroatiens und Bosnien-Hercegovinas gewandelt. Dank illegaler Waffenlieferungen und der Neuorganisation ihrer Truppen hatten die kroatische und die bosnische Armee begrenzte offensive Fähigkeiten erworben. Die Armeen der kroatischen und der bosnischen Serben, die 1991/92 in einer Art Blitzkrieg rund 30% des kroatischen und rund 70% des bosnischen Territoriums erobert hatten, schienen dagegen bereits seit einiger Zeit stark überansprucht. In Sanski Most klagte der serbische General Ratko Mladić schon zu Beginn des Jahres 1995 über die nachlassende Kampfmoral und Verteidigungsfähigkeit seiner Soldaten.

Im Mai 1995 überrannte die kroatische Armee in einer Blitzoperation das serbisch besiedelte Westslawonien, den Westsektor des von den UNO-Blauhelmen kontrollierten Gebiets in Kroatien. Im August nahm sie schließlich den größten Teil der Serbenrepublik Krajina mit der Hauptstadt Knin ein, mehr als 170000 Serben flohen oder wurden aus ihren angestammten Siedlungsgebieten vertrieben.[1] Lediglich in Ostslawonien erhielt sich die Macht der Serben. Der Fall der Krajina hatte geostrategische Implikationen von enormer Tragweite. Der Kollaps der kroatischen Serbenrepublik verschlechterte die strategische Lage der bosnischen Serben erheblich: Sie verloren den zwischen Bosnien-Hercegovina und Kroatien gelegenen serbischen Pufferstaat. Gleichzeitig verlängerten sich ihre Verteidigungslinien. Nicht zuletzt zerbrach mit der Krajina auch der Mythos der Serben, unbesiegbar zu sein. Kroatien jedoch hatte fast 95%

1 Roderick de Normann, Operation Storm – Attack on the Krajina, in:Jane's Intelligence Review 11 (1995), S. 495-498; Norbert Mappes-Niediek, Ethnische Selbstsäuberung? Der Exodus der Serben aus Kroatien vom 4. bis 8. August 1995, in: Südosteuropa 44 (1995) 9-10, S. 585-592.

seiner territorialen Ziele erreicht und den Ruf einer ernstzunehmenden Regionalmacht erworben.

Der Fall der Krajina ermöglichte der kroatischen Armee zusätzliche militärische Operationen in Bosnien-Hercegovina. Am 22./23. Juli 1995 schlossen die Präsidenten Kroatiens und Bosnien-Hercegovinas in Split ein Beistandsabkommen, das eine engere Militärkooperation begründete. Mit tatkräftiger Unterstützung der kroatischen Streitkräfte gelang es dem 5. Korps der bosnischen Regierungsarmee innerhalb weniger Wochen, zu der von serbischen Truppen belagerten westbosnischen Muslimenklave Bihać vorzustoßen. Die Region Bihać ist für beide Staaten von zentraler strategischer Bedeutung. Nach ihrer Eroberung gelang es der kroatischen und der bosnischen Regierungsarmee, bedeutende territoriale Gewinne in Westbosnien zu erzielen. Im Sommer 1995 kontrollierten bosnische und kroatische Truppen beinahe die Hälfte des bosnischen Staatsgebiets. Damit wurde die von der internationalen Kontaktgruppe vorgeschlagene Zweiteilung Bosniens wahrscheinlicher. Die aus Vertretern der USA, Rußlands, Frankreichs, Großbritanniens und Deutschlands bestehende Kontaktgruppe hatte im Sommer 1994 vorgeschlagen, Bosnien-Hercegovina in eine Union aus zwei weitgehend selbständigen Bundesstaaten mit gemeinsamer Zentralregierung umzuwandeln. 51% des Staatsgebietes sollte die im Februar 1994 aus der Taufe gehobene kroatisch-muslimische Föderation verwalten, 49% sollten den bosnischen Serben zufallen. Bislang hatten es die Serben jedoch abgelehnt, sich mit den ihnen zugedachten Gebieten zu begnügen. Dies sollte sich erst angesichts der kroatisch-bosnischen Militärerfolge im Sommer und Herbst 1995 ändern. Sie schufen die lang ersehnte Gelegenheit, den seit Monaten stockenden Friedensprozeß wieder in Gang zu bringen.

Neben der geostrategischen hatte sich auch die ethnische Situation in Kroatien und Bosnien-Hercegovina verändert. Mit der Eroberung Westslawoniens hatte die kroatische Armee im Mai 1995 eine neue Welle »ethnischer Säuberungen« ausgelöst. In Reaktion darauf stürmte die bosnisch-serbische Armee im Juli die ostbosnischen Muslimenklaven Srebrenica und Žepa. Personell und waffentechnisch unterlegen, mußten Blauhelm-Soldaten der UNO mitansehen, wie nach dem Sturm auf die »sicheren Zonen« Zehntausende vertrieben oder auf der Flucht massakriert wurden.[2] Durch beide militärische Operationen, die in der Krajina und die in Ostbosnien, hat sich die ethnische Landkarte stark vereinfacht. Eine Aufteilung Bosnien-Hercegovinas nach ethnischen Kriterien, die die realpolitisch denkenden Friedensvermittler seit 1993 vorschlugen, erschien nun weit eher realisierbar als im Vorjahr.

Mit der Eroberung der ostbosnischen Enklaven erwiesen die bosnischen Serben sich selbst einen Bärendienst. Denn nach dem Fall Srebrenicas und Žepas zog die UNO ihre Blauhelm-Soldaten aus den Schutzzonen ab. Bis dahin hatten sich die *peacekeeper* in einer gefährlichen potentiellen Geiselrolle befunden. Die Weltgemeinschaft war erpreßbar gewesen, da ihr Personal ständig Opfer von Repressalien werden konnte. Noch im Mai 1995 hatten die bosnischen Serben nach Luftschlägen der NATO auf eines ihrer Munitionslager bei Pale mehrere Hundert Blauhelme als Geiseln genommen und dadurch weitere militärische Strafaktionen vereitelt. Nach dem Abzug der UNO aus den von Serben kontrollierten Regionen war der Weg zu einem militärisch robusteren Engagement des Westens frei.[3]

Neben der Geiselkrise im Mai motivierte zusätzlich der durch den Fall der »Schutzzonen« ausgelöste immense Glaubwürdigkeitsverlust den Westen zu einem militärisch härteren Vorgehen. Auf der Londoner Konferenz beschlossen Vertreter von EU und NATO am 21. Juli 1995, zur

2 Commission on Human Rights, Situation of Human Rights in the Territory of the Former Yugoslavia, 22. 8. 1995 (E/CN.4/1996/9).

3 Report of the Secretary-General pursuant to Security Council Resolutions 982 (1995) and 987 (1995), May 1995.

Verteidigung der »sicheren Zonen« und zum besseren Schutz der *peacekeeper* eine gut ausgerüstete Schnelle Eingreiftruppe (*Rapid Reaction Force*) nach Bosnien-Hercegovina zu entsenden. Im Gegensatz zu UNPROFOR durften die Soldaten der Schnellen Eingreiftruppe unter anderen *rules of engagement* militärische Gewalt auch über reine Selbstverteidigung hinaus anwenden. Damit wurde die *peacekeeping*-Mission mit »robusten« Elementen angereichert. In einem zweiten Schritt delegierte der UNO-Generalsekretär am 26. Juli 1995 seine Entscheidungsgewalt über den Einsatz von NATO-Jagdbombern an seinen militärischen Repräsentanten (*Theatre Force Commander*). Und der Nordatlantikrat (NAC) bestätigte am 1. August 1995, daß Angriffe auf die Schutzzonen Goražde, Bihać, Sarajevo und Tuzla künftig »hart und schnell« mit Luftschlägen beantwortet würden. Seit dem 30. August 1995 wurde die Luftwaffe nicht mehr nur vereinzelt, sondern massiv gegen serbische Bodenziele eingesetzt. In wenigen Wochen wurden serbische Führungseinrichtungen, Kommunikationssysteme und die gesamte Infrastruktur schwer beschädigt. Erstmals hatte der Westen eindeutig Partei bezogen und aktiv dazu beigetragen, daß kroatische und bosnische Truppen weiter vordringen konnten.

In diesen Wochen schlüpften die USA in eine neue Rolle. Der enorme Vertrauensschwund, den der Westen im Verlauf des Jahres 1995 in Bosnien-Hercegovina hatte hinnehmen müssen, ließ die Kritik an der zurückhaltenden Jugoslawienpolitik der Clinton-Administration erheblich wachsen. Ende Juli/Anfang August verabschiedete der Kongreß eine Resolution, die den Präsidenten zur einseitigen Aufhebung des Waffenembargos aufforderte. Zwar legte Clinton sein Veto gegen diesen Beschluß ein, aber er mußte fürchten, früher oder später überstimmt zu werden und somit eine beträchtliche innenpolitische Niederlage einzustecken. Führende Berater des Präsidenten kamen folglich zu der Meinung, daß spätestens im Wahljahr 1996 die Entsendung von Bodentruppen nach Bosnien-Hercegovina unausweichlich würde, sei es, um den Rückzug der UNPROFOR zu decken oder aber um ein mögliches Friedensabkommen zu implementieren.[4] Der Präsident entschied sich für die zweite Alternative. Im August entsandte er ein eigenes Verhandlungsteam in die Krisenregion.

Der schwerwiegende Glaubwürdigkeitsverlust, den die internationalen Akteure 1995 aufgrund ihrer anhaltenden Handlungsunfähigkeit erlitten, führte zu einem markanten Wandel in der öffentlichen Wahrnehmung des Konflikts. Immer stärker setzte sich der Wunsch durch, den Krieg möglichst rasch zu beenden, auch um den Preis »realpolitischer« Lösungen. Ziel der politischen Neuordnungsvorstellungen im postjugoslawischen Raum, die sich im Westen herausgebildet hatten, war es, ein sich selbst regulierendes strategisches Kräftegleichgewicht zwischen den beiden wichtigsten Regionalmächten, Serbien und Kroatien, herzustellen. Dies implizierte eine Aufwertung der kroatischen Rolle und begründete eine Politik der stillschweigenden Duldung und partiellen aktiven Unterstützung Kroatiens im Vorfeld der Krajina-Operation. Gleichzeitig verfestigte sich die Vorstellung, das bosnische Problem auf der Grundlage eines Teilungsplanes zu lösen.

Die machtpolitischen und geostrategischen Veränderungen vereinfachten den gesamten Verhandlungsprozeß gegenüber den Vormonaten erheblich. Nach der Niederlage der Krajina-Serben hatte die kroatische Regierung ihren Widerstand gegen größere Zugeständnisse an die bosnischen Serben aufgegeben. Die kroatische Regierung hatte sich bis dahin stets gegen einen isolierten Vertrag für Bosnien-Hercegovina ausgesprochen und eine Paketlösung gefordert, die auch die Regelung des Krajina-Problems einschloß. Die komplizierte Streitfrage über den politischen Status der Krajina war nun jedoch hinfällig geworden. Gleichzeitig

4 Peter Rudolf, Bosnien: Die USA als europäische Ordnungsmacht, in: Dayton: Perspektiven europäischer Sicherheit, Ebenhausen, Februar 1996, S. 67-71.

zeigte sich die kroatische Regierung jetzt bereit, auf eine lange gestellte Forderung der Serben einzugehen: das Recht der Serbischen Republik, »parallele Sonderbeziehungen« mit Serbien zu unterhalten. Kroatien hatte dies bis dahin stets abgelehnt, da es einen Präzedenzfall fürchtete, auf den sich auch die kroatischen Serben hätten berufen können. Allen Beteiligten war klar, daß das Recht zu »Sonderbeziehungen« ein erster Schritt in Richtung politische Vereinigung sein könnte.

Im amerikanischen Friedensplan, der auf dem der Kontaktgruppe vom Vorjahr basierte, wurde auf zentrale Forderungen der Serben eingegangen. Neben den »parallelen Sonderbeziehungen« wurde ihnen die Verbreiterung des Korridors in Aussicht gestellt. Erstmals sollte ihr Staat als »Serbische Republik« offiziell anerkannt werden. Die Tatsache, daß der in Dayton unterbreitete Friedensplan für die Serben weit günstiger ausfiel als jeder seiner Vorgänger, machte es ihnen also leicht, wieder am Verhandlungstisch Platz zu nehmen. Dies wird häufig vergessen, wenn darüber spekuliert wird, warum der Verhandlungsprozeß im Spätsommer 1995 wieder in Gang kam.

Zum veränderten Friedensplan kam eine neue Verhandlungstaktik. Im Gegensatz zur Kontaktgruppe, die ihren Friedensplan auf der Basis *take it or leave it* präsentiert hatte, ließ das amerikanische Team den Konfliktparteien Verhandlungsspielräume. Es gewährte den Serben den Status einer gleichberechtigten Partei und eröffnete ihnen somit die Chance, unliebsame Bestimmungen aus dem Plan wegzuverhandeln. Erstmals hatten die Mediatoren auch ernsthafte Druckmittel zur Verfügung, sollte eine Seite die Gespräche hintertreiben. Hätten sich die Serben den Verhandlungen entzogen, wären sie mit Luftschlägen der NATO und der einseitigen Beendigung des Waffenembargos zugunsten der bosnischen Regierungsarmee bestraft worden. Hätte dagegen die bosnische Regierung die Gespräche boykottiert, wäre für alle Parteien das Waffenembargo aufgehoben worden. In beiden Fällen wären die UNO-Truppen abberufen worden.

2. *Bausteine zum Frieden: Der Vertrag von Dayton*

Nach mehr als vier Kriegsjahren paraphierten die Präsidenten Serbiens, Bosniens und Kroatiens am 21. November 1995 in Dayton (Ohio) ein Friedensabkommen. Das Gewicht der Weltmacht USA, Drohungen und Versprechungen waren notwendig gewesen, um die Kriegsparteien nach einem dreiwöchigen nervenaufreibenden Verhandlungsmarathon endlich zu einem Kompromiß zu bewegen. Im Dezember 1995 wurde der Vertrag in Paris auch formal unterzeichnet.[5]

Dem Daytoner Vertragswerk sind neben dem Hauptdokument und seinen elf Anlagen noch weitere wichtige Abkommen zuzurechnen. Behandelt werden militärische ebenso wie politische und verfassungsrechtliche Fragen. Gleichzeitig sind Maßnahmen vorgesehen, die den Aufbau demokratischer Gesellschaftsstrukturen fördern.

Dem Abschluß des Friedensabkommens von Dayton ging am 12. November 1995 die Einigung der kroatischen Regierung mit den kroatischen Serben über Ostslawonien voraus. Unter Vermittlung der UNO und der USA einigten sich die kroatische Regierung und Vertreter der kroatischen Serben im November 1995 darauf, die Region einer einjährigen Übergangsverwaltung durch die UNO zu unterstellen, deren Mandat noch einmal um ein Jahr verlängert werden kann. Zu den Aufgaben der UNO-Übergangsverwaltung gehören

– die Entmilitarisierung der Region;

5 Paolo Raffone, Der Weg nach Dayton. Diplomatische Stationen eines Friedensprozesses, in: Blätter für deutsche und internationale Politik 41 (1996), 2, S. 231-240.

Der Vertrag von Dayton
21. November 1995

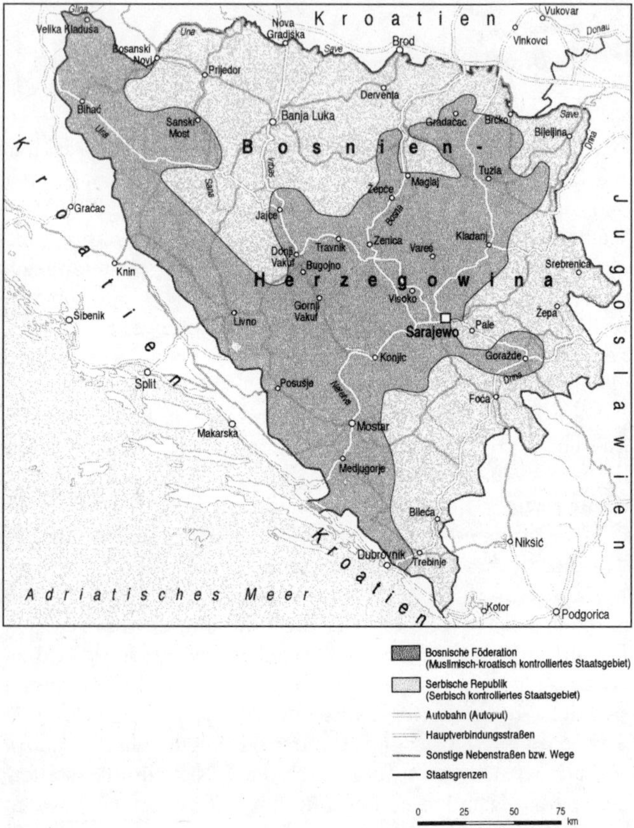

© Ing.-Büro für Kartographie, J. Zwick, Gießen

Quelle: Informationen zur politischen Bildung aktuell »Der Konflikt im ehemaligen Jugoslawien«, Hg.: Bundeszentrale für politische Bildung, Bonn 1996.

– die Rückführung von Flüchtlingen und Vertriebenen;
– der Aufbau und die Ausbildung lokaler Polizeikräfte sowie
– vertrauensbildende Maßnahmen zwischen den ethnischen Gemeinschaften.

Nach Maßgabe des Abkommens beschloß der UNO-Sicherheitsrat am 15. Januar 1996 eine Übergangsverwaltung (UN Transitional Administration for Eastern Slavonia/UNTAES). Diese soll durch eine 5000 Mann starke *peacekeeping*-Operation unterstützt werden, die bei Bedarf Hilfe der NATO anfordern kann.

Hinzu kam das Abkommen über die Verwirklichung der Föderation Bosnien-Hercegovina vom 10. November 1995, das das Washingtoner Abkommen (1. März 1994) und die Petersberger Vereinbarung (10. März 1995) ergänzt. Um die kroatisch-bosniakische Föderation mit Leben zu erfüllen, wurde folgendes vereinbart:
– strikte Trennung von Pflichten und Aufgaben der Regierung der Föderation und der Regierung der Republik Bosnien-Hercegovina;
– Transfer wichtiger Kompetenzen der Bundesregierung an die Föderation; die Republiksregierung soll nur die Funktionen behalten, die es ihr erlauben, als Vertretung des international anerkannten Staates zu handeln;
– strikte Ämtertrennung zwischen Föderation und Republik;
– Auflösung der kroatischen Zivilbehörden in Herceg-Bosna und damit Herceg-Bosnas selbst;
– Sarajevo als Hauptstadt, Verlegung einiger Ministerien nach Mostar;
– Vereinheitlichung von Steuer-, Zoll- und Haushaltsfragen;
– Implementierung der Kantonsverfassung;
– allgemeines Rückkehrrecht für alle Flüchtlinge.

Das »Rahmenabkommen für Frieden in Bosnien-Hercegovina«, das die Präsidenten Bosnien-Hercegovinas, Kroatiens und Serbiens am 21. November 1995 in Dayton paraphierten und am 14. Dezember 1995 in Paris unterzeichneten, umfaßt eine breite Palette von Aufgaben. Sie reichen von Waffenstillstandsvereinbarungen bis hin zur Schaffung einer neuen demokratischen Staatsordnung.

Die militärischen Bestimmungen beinhalten folgendes:

Die Parteien verpflichten sich, ihre Armeen binnen dreißig Tagen hinter die Waffenstillstandslinien zurückzuziehen und entlang dieser Linie eine ca. vier Kilometer breite entmilitarisierte Zone einzurichten;

– alle externen militärischen Kräfte müssen sich innerhalb von dreißig Tagen aus der Republik zurückziehen;

– eine Implementierungsarmee (IFOR) löst die UNO-Mission (UNPROFOR) ab. Sie steht unter dem Kommando der NATO und wird von der UNO autorisiert, sie überwacht den Waffenstillstand und die Truppenentflechtung;

– diejenigen Territorien, die ausgetauscht werden sollen, werden binnen 45 Tagen geräumt und für die Dauer von 90 Tagen der Kontrolle der IFOR unterstellt, bevor sie den Autoritäten der künftig zuständigen Einheit übergeben werden;

– innerhalb von 120 Tagen werden schwere Waffen abgezogen bzw. eingesammelt; die Truppen ziehen sich in die Kasernen zurück oder werden demobilisiert;

– alle Kriegsgefangenen werden freigelassen;

– das Waffenembargo wird aufgehoben: Nach 90 Tagen dürfen leichte Waffen, nach 180 Tagen schwere Waffen, Minen, Flugzeuge und Kampfhubschrauber importiert werden;

– die Parteien verpflichten sich zu Rüstungskontrollverhandlungen; sollten diese scheitern, treten fixe Obergrenzen in Kraft.

Der politische Teil und die Verfassungsbestimmungen sehen folgendes vor:

– Bosnien-Hercegovina bleibt als einheitlicher Staat in seinen international anerkannten Grenzen erhalten;

– der Staat besteht aus zwei Entitäten, der muslimisch-kroa-

tischen Föderation, die 51% des Territoriums erhält, sowie aus der Serbischen Republik, die 49% verwalten soll;
– die ostbosnischen Enklaven Srebrenica und Žepa fallen der Serbischen Republik zu, Goražde wird über einen Korridor mit der Föderation verbunden;
– das serbische Gebiet um Banja Luka wird über einen Korridor mit Ostbosnien verbunden; der Status der Stadt Brčko wird von einer internationalen Schiedskommission bestimmt;
– Sarajevo bleibt die ungeteilte Hauptstadt Bosnien-Hercegovinas;
– gesamtstaatliche Institutionen sind ein Zweikammer-Parlament, ein dreiköpfiges Präsidium und eine Zentralregierung, ein Verfassungsgerichtshof und eine Zentralbank;
– die Kompetenzen der Bundesregierung umfassen die Bereiche Außenpolitik, Außenhandel, Zollpolitik, Einwanderung und Staatsbürgerfragen, Transportwesen und Geldpolitik (gemeinsame Währung);
– die Entitäten dürfen eigene Staatsangehörigkeiten ausgeben, Verträge mit Staaten und internationalen Organisationen schließen und »parallele Sonderbeziehungen« (*special parallel relationships*) zu ihren Nachbarn, Serbien und Kroatien, aufnehmen. Alle Kompetenzen, die nicht ausdrücklich den Bundesgewalten zugewiesen sind, werden von den Teilstaaten wahrgenommen, Verteidigungspolitik eingeschlossen;
– alle Flüchtlinge erhalten das Recht, in ihre Heimatorte zurückzukehren;
– Personen, die der Kriegsverbrechen verdächtigt werden, sind von politischen Funktionen und öffentlichen Ämtern ausgeschlossen; die Unterzeichnerstaaten verpflichten sich, das Kriegsverbrechertribunal in Den Haag bei seiner Arbeit zu unterstützen;
– innerhalb von sechs bis neun Monaten werden demokratische Wahlen abgehalten;
– die Parteien verpflichten sich, die internationalen Men-

schenrechtsstandards zu wahren und internationale Menschenrechtsbeobachter zuzulassen. Eine Menschenrechtskommission und eine Ombudsperson sollen die Einhaltung der Menschenrechte überwachen;
– die Nachfolgestaaten werden sich gegenseitig anerkennen, dafür werden im Gegenzug die Sanktionen gegen die Bundesrepublik Jugoslawien ausgesetzt.

Um den Friedensvertrag möglichst rasch umzusetzen, fand am 8./9. Dezember 1995 in London eine Implementierungskonferenz statt, an der zahlreiche nationale Delegationen plus Repräsentanten von zehn internationalen Organisationen teilnahmen. Die Europäische Kommission und die Weltbank schlossen eine Geberkonferenz in Brüssel am 20./21. Dezember 1995 an. Am 18. Dezember 1995 nahmen die Parteien vertragsgemäß Rüstungskontrollverhandlungen auf.

3. Probleme bei der Implementierung

Schon die Erfahrungen der ersten Wochen nach Anlaufen des Implementierungsprozesses sprachen dafür, daß sich der militärische Teil des Abkommens bei weitem leichter umsetzen läßt als der politische. Die meisten militärischen Vorgaben wurden weitgehend und nur mit geringfügiger zeitlicher Verzögerung verwirklicht. Ausnahmen waren die Freilassung aller Kriegsgefangenen, der Rückzug ausländischer Freiwilligenkämpfer und die Abgabe schwerer Waffen.

Mit der Unterzeichnung des Abkommens stimmten die Konfliktparteien darin überein, die 1992 eingerichtete Mission der UNO (UNPROFOR) durch eine multinationale Friedenstruppe (IFOR) unter dem Kommando der NATO zu ersetzen. An der 60000 Mann starken Streitmacht wirken auch deutsche Soldaten mit.

Anders als UNPROFOR soll die IFOR ihre Fähigkeit

zur militärischen Eskalation ausnutzen können. UNPROFOR, in deren Mandat militärische und zivile Aufgaben zusammenliefen, war es häufig nicht möglich gewesen, militärisch zu reagieren, weil dies den Ablauf humanitärer und diplomatischer Aktivitäten behindert hätte. Es hat in den vergangenen Jahren viele Gelegenheiten gegeben, bei denen die UNO militärische Gewalt deshalb nicht einsetzte, um ihren zivilen Auftrag weiter ausführen zu können oder um die hinter verschlossenen Türen stattfindenden Verhandlungen nicht zu stören. Wurde dennoch Gewalt eingesetzt, führten Repressalien regelmäßig zum totalen Zusammenbruch jener Operationen, die – wie die Auslieferung humanitärer Hilfsgüter – nur mit dem Konsens der Konfliktparteien funktionierten. Selbst wenn also durch militärischen Gewalteinsatz (z.B. begrenzte NATO-Luftangriffe) manchmal beschränkte Ziele erreicht wurden, dann nur um den sehr hohen Preis von Vergeltungsschlägen sowie der wochenlangen Paralyse ziviler, diplomatischer und humanitärer Aktivitäten.

Anders als UNPROFOR soll die IFOR daher[6]
– vorwiegend militärische Aufgaben erfüllen;
– gut trainiert und mit genügend Ressourcen ausgestattet, *mission creep* vermeiden, wobei sich eine schleichende Erweiterung des Aufgabengebietes auf ordnungspolitische Funktionen bereits jetzt abzeichnet;
– unter anderen *rules of engagement* militärische Gewalt auch zur Erfüllung ihres Mandats, nicht mehr nur zur reinen Selbstverteidigung einsetzen dürfen;
– eindeutige Führungs- und Befehlsstrukturen besitzen, um Zeitverzögerungen durch Kompetenzgerangel wie bei der UNO zu vermeiden und nicht mehr von *dual-key*-Entscheidungen abhängig zu sein;
– nur zwölf Monate in Bosnien-Hercegovina stationiert bleiben.

6 Testfall für multinationale Streitkräfte, in: Neue Zürcher Zeitung, 6. 12. 1995, S. 7.

Das robustere und gestraffte Mandat soll die Handlungsfähigkeit und Effizienz der Friedenstruppe gewährleisten. Ähnlich wie zuvor UNPROFOR könnte es aber auch der IFOR passieren, daß die verfeindeten Armeen hinter den von den Friedenstruppen überwachten Trennlinien (*zone of separation*) neue offensive Kapazitäten aufbauen. Dies ist um so wahrscheinlicher, als das Waffenembargo aufgehoben wurde und die Kriegsparteien neue Kriegsgefahren fürchten. Bislang wurden Waffenstillstände stets als Ruhepausen genutzt, um die eigenen Truppen umzugruppieren und besser auszurüsten. Blauhelm-Soldaten der UNO hatten häufig unfreiwillig die Funktion eines Schutzschildes übernommen, hinter dem die Auf- und Umrüstung der Militärverbände vonstatten ging.

Andererseits lassen sich in der Beschränkung der IFOR auf rein militärische Aufgaben auch erhebliche Defizite erkennen, denn die militärische läßt sich nicht vollkommen von der politischen Problematik abkoppeln. Viele Konflikte sind nichtmilitärischer Natur und können nicht durch den Einsatz von Gewaltmitteln reguliert werden. Die Implementierung erfordert also nicht nur die Fähigkeit zur Vergeltung, sondern zudem besondere Qualifikationen in der Konfliktregulierung.

Beobachter vor Ort betonen, daß – ähnlich wie in anderen Bürgerkriegsländern – die Hauptgefahr für den Friedensprozeß in erster Linie von der Bedrohung der öffentlichen Sicherheit und Ordnung auf lokalem Niveau ausgeht, und weniger von regulären Kampfhandlungen.[7] Erfahrungen aus Kambodscha, Namibia, Angola und Moçambique zeigen, daß es oft schwierig ist, Angehörige von Banden, paramilitärischen Verbänden oder auch nur Wochenendkämpfer zu entwaffnen, die mit dem Gewehr auch ihre Aufgabe und ihr soziales Prestige verlieren würden. Ge-

7 Espen Barth Eide/Per Erik Solli, From Blue to Green. The Transition from UNPROFOR to IFOR in Bosnia and Herzegovina, Norwegian Institute of International Affairs, Oslo, December 1995.

braucht würde also eine Instanz, die nicht nur die Kapazität besitzt, auf bewaffnete Auseinandersetzungen der regulären Armeen zu reagieren, sondern die auch kompetent ist, gegen die alltägliche Gewalt auf der Mikro-Ebene vorzugehen. Neben Truppen, die zur Durchsetzung ihres Mandats auf militärische Gewaltmittel zurückgreifen können, würden in Konfliktmediation geschulte Zivilisten benötigt, um spannungsgeladene Situationen zu entschärfen, die die Gewaltschwelle noch nicht überschritten haben. Erfahrungen der UNPROFOR zeigen, daß die Präsenz hochbewaffneter Militärs in vielen Fällen eher spannungsverschärfend als deeskalierend wirkt.

Sehr viel schwieriger als die militärischen sind die psychisch-mentalen Konfliktdimensionen zu bewältigen. Viele Menschen sind von den Kriegsereignissen traumatisiert, ethnische Verfolgungen haben Ablehnung und Haß anderer Bevölkerungsgruppen produziert. Aber auch die Kontinuität in den politischen Führungen der drei bosnischen Staatsvölker läßt Rückschlüsse auf Implementierungsprobleme zu.

Die Bosnische Regierung hatte anfänglich die stärksten Einwände gegen den amerikanischen Teilungsplan erhoben. Er gefährdete die Verwirklichung ihres zentralen Kriegszieles, nämlich Bosnien-Hercegovina als einheitlichen Staat mit einer starken Zentralregierung zu erhalten. Statt dessen wurde der Einflußbereich der bosnischen Regierung den realen Machtverhältnissen entsprechend stark zurechtgestutzt.[8] Nur formal umfaßt er das gesamte Staatsgebiet, de facto wird er kaum über die von Muslimen gehaltenen Regionen innerhalb der Föderation hinausreichen. Die Hauptbefürchtung der bosnischen Regierung war, daß die Föderalisierung Bosnien-Hercegovinas auf eine faktische Aufteilung zwischen Serbien und Kroatien hinauslaufen würde. Die Präsidenten der beiden Nachbarstaaten waren

8 Andreas Corti, Bosnia-Hercegovina. Le carte avvelenate, in: Limes 1 (1996), S. 267-284.

wiederholt verdächtigt worden, über die Zerschlagung Bosniens Verhandlungen zu führen. Lediglich die Vereinigung Sarajevos konnte der bosnische Präsident Izetbegović durchsetzen. Teile der bosnischen Generalität, die sich bei Fortführung des Krieges weitere territoriale Gewinne ausrechneten, waren daher über das Verhandlungsergebnis verärgert.

Die serbische Delegation verließ den Verhandlungstisch mit einem gemischten Ergebnis. Sie hat ihre territorialen Ziele nicht voll verwirklichen können, zum Beispiel weder einen Teil Sarajevos noch den Zugang zum Meer erhalten. Dafür wurde ihr ein kompaktes Territorium einschließlich des strategisch wichtigen Korridors bei Brčko zugesprochen. Ferner haben die Serben zentrale nationale Interessen durchsetzen können: Ihr Staat wurde erstmals offiziell als »Serbische Republik« anerkannt, und er bekam das Recht, besondere Beziehungen mit Serbien aufzunehmen. Dies wird unter den bosnischen Serben als Vorstufe zur Vereinigung mit der Bundesrepublik Jugoslawien begriffen.

In vieler Hinsicht war die kroatische Position flexibler als die der bosnischen Regierung und die der Serben. Dies erklärt sich daraus, daß ihre politischen Optionen vielfältiger als die ihrer Kontrahenten sind. Denn das primäre kroatische Interesse, den kroatischen Einfluß in Bosnien-Hercegovina zu sichern, ließe sich prinzipiell auf verschiedene Arten verwirklichen: sei es über einen möglichst starken kroatischen Einfluß innerhalb der bosnischen Föderation, den Ausbau des kroatischen Para-Staates Herceg-Bosna als quasi-unabhängige Republik oder durch eine möglichst enge Anbindung der Föderation an Kroatien, eventuell durch die bereits im vergangenen Jahr beschlossene bosnisch-kroatische Konföderation. Die Kroaten haben daher auch in der Implementierungsphase mehr Spielräume, weil offene Optionen. Während von muslimischer Seite also eher Schwierigkeiten bei der Umsetzung territorialer und politischer Bestimmungen zu erwarten sind, ist zu befürchten, daß die Kroaten Bemühungen hintertreiben werden, die faktische Aufteilung der politischen und militärischen Macht gemäß dem Dayton-Abkommen rückgängig zu machen.

Unter diesen Umständen ist die Verwirklichung eines funktionierenden Staatswesens, noch dazu mit einer Verfassung, die mit ihrem ethnischen Proporzsystem stark der alten bosnischen bzw. auch jugoslawischen Verfassung ähnelt, nahezu unvorstellbar. Schon die jugoslawische Bundesregierung, die paritätisch aus Vertretern aller Teilrepubliken besetzt wurde, war meist handlungsunfähig. Immer wieder scheiterten Beschlüsse an den unvereinbaren Interessengegensätzen im Vielvölkerstaat. Wie im alten Jugoslawien drohen nach Dayton vielschichtige Kompetenzstreitigkeiten zwischen den Teilstaaten und der Regierung der Republik. Daß sich die Gremien gegenseitig blockieren werden, ist sehr wahrscheinlich. Ähnlich wie in Jugoslawien steht zudem zu erwarten, daß es auf lange Sicht unmöglich sein wird, den Bundesstaat im Rahmen einer komplizierten Föderationsverfassung mit zentraler Gewalt zusammenzuhalten, sollten seine Teilstaaten die Selbständigkeit anstreben.

Viele Hoffnungen richteten sich dennoch auf die im September 1996 vorgesehenen Wahlen, die von der OSZE vorbereitet wurden. Ihr gelang es jedoch nicht, Meinungs-, Medien-, Versammlungs- und Bewegungsfreiheit herzustellen. Kritiker haben deshalb argumentiert, daß unter diesen Bedingungen Wahlen die nationalistischen Kräfte stärken und den staatlichen Zerfallsprozeß beschleunigen würden. Sie verwiesen auf die ersten freien Wahlen 1990, als die nationalen Parteien (SDA, HDZ und SDS) die Mehrheit der Parlamentssitze gewannen. Damals zerfiel das Parlament in drei ethnische Blöcke, und das Wahlergebnis ähnelte stark einer Bevölkerungszählung. Während der vier Kriegsjahre sind antidemokratisches Denken und ethnische Segregationstendenzen in der Parteienpolitik eher noch verstärkt worden. Die Monitore der Europäischen Union berichten besorgt, daß die wenigen nichtnationalistischen Gruppierungen vollkommen marginalisiert wurden und keinen Zugang zu den staatlich kontrollierten Medien besitzen. Fernsehen und Hörfunk sind jedoch, besonders in ländlichen Gegenden, oft die einzigen Informationsmöglichkeiten. Solange keine Medien- und Informationsfreiheit herrscht, können supraethnisch definierte Interessenvertretungen kaum Fuß fassen. Von zahlreichen praktischen Schwierigkeiten des Wahlvorganges abgesehen, sind Wahlen an sich also noch keine Garantie für die Stabilisierung des Friedens.

Auch die Wiedervereinigung Sarajevos traf auf Schwierigkeiten.[9] Die bosnische Hauptstadt, die die Kriegsparteien faktisch zwischen sich aufgeteilt hatten, sollte wieder zu einer Einheit verschmolzen werden. Aber das über viele Jahrhunderte entstandene, weltberühmte Klima der Multikulturalität und Toleranz Bosnien-Hercegovinas ist während des Krieges schwer erschüttert worden. Statt dessen regiert, wie überall, ein die ethnische Trennung propagierender Nationalismus. Viele Menschen haben zu große Angst, wieder unter einem gemeinsamen politischen Dach zu leben. Insbesondere die Serben in »Serbisch Sarajevo« fürchteten sich davor, von der Föderation verwaltet zu werden. Von ca. 60000 bis 70000 Serben sind die meisten aus der bosnischen Hauptstadt geflohen.

Ohnedies hatte sich die ethnische und soziale Struktur der bosnischen Hauptstadt während des Krieges stark verändert. Fast die Hälfte der heutigen Stadtbevölkerung, die auf zwischen 280000 und 350000 Menschen geschätzt wird, sind muslimische Flüchtlinge. Sie haben ihre bäuerliche Mentalität und Lebensweise in das urbane Milieu hineingetragen. Viele multikulturell eingestellte Intellektuelle haben dagegen das Land verlassen. Unter diesen Umständen ist

9 Der Traum vom multiethnischen Sarajewo, in: Neue Zürcher Zeitung, 12. 12. 1995, S. 3.

es kaum vorstellbar, daß Sarajevo je wieder zusammenwächst.

So sind auch zwei weitere Bestimmungen des Abkommens von Dayton nur schwer realisierbar: allgemeine Freizügigkeit im gesamten Staatsgebiet sowie das Recht aller Flüchtlinge, in ihre Heimat zurückzukehren. Das UNHCR hat im März 1996 einen Plan zur Repatriierung von rund zwei Millionen Menschen vorgelegt, der in mehreren Phasen vonstatten gehen und Ende 1997 abgeschlossen sein soll. Aber die Voraussetzungen für die sichere Rückführung der Flüchtlinge bestanden im Frühjahr 1996 noch nicht. Große Teile des Landes wurden weitgehend zerstört, und in vielen Gegenden haben die Kriegsparteien eine Politik der verbrannten Erde betrieben, nicht zuletzt deshalb, um zu verhindern, daß Vertriebene später einmal zurückkommen. Wo Städte, Dörfer oder auch nur einzelne Häuser noch standen, wurden häufig andere Flüchtlinge einquartiert. Um die Vertriebenen an ihre Ursprungsorte zurückführen zu können, müßten also unter Umständen erst einmal diese Neuankömmlinge verscheucht werden. Im übrigen zeigen nur wenige Flüchtlinge die Bereitschaft, in die alte Heimat zurückzukehren, sofern sie inzwischen von ehemaligen Feinden verwaltet wird. Noch sitzt die Angst zu tief, erneut Verfolgungen ausgesetzt zu werden. Tatsächlich tun die lokalen Autoritäten in vielen Gemeinden alles, um die Rückführung der Migranten zu verhindern und den Zustand der »ethnischen Säuberungen« zu konservieren.

Gravierende Probleme schuf auch die im Dayton-Vertrag vorgesehene strafrechtliche Verfolgung der Kriegsverbrecher, die bei den Friedensverhandlungen ein besonders heikles Thema gewesen war. Auch wenn sich nach dem Gipfel von Rom im Februar 1996 die Auffassung durchgesetzt hat, daß eine beschränkte Kooperation mit dem Gerichtshof unumgänglich ist, war weder die serbische noch die kroatische Führung bereit, mutmaßliche Kriegsverbrecher zu verhaften und auszuliefern. Die Tatsache, daß sich

IFOR für die Festsetzung der gesuchten Personen nur in Ausnahmefällen zuständig sah und selbst prominente Figuren wie Radovan Karadžić mehrfach IFOR-Posten unbehelligt passieren konnten, untergrub nicht nur die Glaubwürdigkeit der Friedenstruppen, sondern störte auch den langwierigen und konflikthaften politischen Normalisierungsprozeß.

Besonders strittige Territorialfragen blieben in Dayton ungeklärt. Die Entscheidung darüber, wem die umkämpfte Stadt Brčko gehört, wurde einem internationalen Schiedsgericht übertragen. Brčko liegt an der strategisch wichtigen Landverbindung zwischen West- und Ostbosnien, in der die Serben einen für ihre Republik lebenswichtigen »Korridor« sehen. Aber auch Muslime und Kroaten wollen die Stadt kontrollieren, weil sie die strategisch interessante Brücke zwischen Zentralbosnien und Kroatien bildet. Daneben wurde die Beilegung des Streits um die Halbinsel Prevlaka aufgeschoben.

Ein gravierendes Problem bei der Stabilisierung des Friedens ist nicht nur der Aufbau der Infrastruktur, dessen Kosten auf 4,9 bis 8 Milliarden US-Dollar geschätzt werden. Darüber hinaus zeichnen sich Verteilungskämpfe zwischen Bund, Einheiten und Kommunen ab. Schwierig wird es vor allem sein, Bosnien-Hercegovina wieder zu einer funktionierenden Volkswirtschaft zu verhelfen bzw. seine staatlichen Einheiten auf eine ausreichende ökonomische Basis zu stellen. Einige bosnische Regionen haben traditionell viel engere Wirtschaftsbeziehungen mit Nachbarrepubliken als untereinander, zum Beispiel das Gebiet um Bihać mit Kroatien oder die Großregion von Tuzla mit Serbien. Das Hinterland der Hauptstadt Sarajevo, die auf Föderationsgebiet liegt, hat enge Beziehungen zum serbischen Ostbosnien.

Schon die ersten Monate nach Anlaufen des Implementierungsprozesses ließen erkennen, daß die für die IFOR vorgesehene Zwölfmonatsfrist bei weitem nicht ausreichen würde, den politischen Prozeß plangemäß in Gang zu bringen. Viele Konflikte sind in Dayton nicht wirklich gelöst, sondern nur auf Eis gelegt worden.

Besorgniserregend ist unter diesen Umständen vor allem, daß durch den Pariser Friedensvertrag das Waffenembargo aufgehoben wurde.[10] Bereits nach 90 Tagen durften die ehemaligen Kriegsparteien wieder leichte Waffen einführen, nach 180 Tagen sogar Minen, Flugzeuge und Kampfhubschrauber importieren. Vor allem die USA sind der Ansicht, daß die kroatische und die bosnische Armee Waffen benötigen, um sich nach Abzug der IFOR selbst verteidigen zu können. Im Rahmen eines militärischen Unterstützungsprogramms sollen 100 Millionen US-Dollar bereitgestellt werden, um ein militärisches Gleichgewicht des Schreckens zwischen den Kontrahenten herzustellen. Bosnische und kroatische Kommandeure haben in den USA Vereinbarungen über künftige Ausbildungs- und Aufrüstungsprogramme getroffen.

4. Anstehende Konflikte

Als Kernproblem bei der Implementierung des Friedensvertrages entpuppte sich die interne Stabilität der kroatisch-bosniakischen Föderation. Monate nach Abschluß des Vertrages von Dayton waren wesentliche Bestimmungen noch nicht umgesetzt: Die Autoritäten von Herceg-Bosna und die Zentralregierung weigerten sich, Kompetenzen an die Föderation abzugeben, Kantone und Kantonsversammlungen funktionierten nicht, der Zeitplan für steuer- und zollpolitische Vereinheitlichung geriet in Verzug. In weiten Teilen der Föderation blieb die Bewegungsfreiheit der Bürger eingeschränkt. Echte Freizügigkeit stand nur auf dem Papier.

10 Daniel Nelson, Arms Flow Threatens Balkan Peace, in: Defense News, 25.-31. März 1996, S. 27f.

Symptomatisch für den schleppenden Integrationsprozeß sind die Erfahrungen mit der EU-Verwaltung Mostars, dem europäischen Vorzeigeprojekt. Trotz immenser politischer und finanzieller Anstrengungen und trotz des bewundernswerten persönlichen Einsatzes ihres Leiters, Hans Koschnick, ist die Mission praktisch gescheitert. Während viele Wiederaufbauprojekte erfolgreich begonnen wurden, konnte der politische Inhalt des von der EU, den Präsidenten der Republik Bosnien-Hercegovina und der Bosnischen Föderation, den Bürgermeistern der Stadt Mostar und einem Vertreter der bosnischen Kroaten am 6. Juli 1994 unterzeichneten *Memorandum of Understanding* zur Wiedervereinigung Mostars in wesentlichen Teilen nicht in die Tat umgesetzt werden. Das Mandat des EU-Administrators Hans Koschnick sah vor, die geteilte Stadt unter einer einzigen multiethnischen Stadtverwaltung zu vereinigen, demokratische Wahlen vorzubereiten, Freizügigkeit und die Rückkehr der Vertriebenen zu gewährleisten.[11]

Nach gewaltsamen Übergriffen trat Koschnick zu Beginn des Jahres 1996 von seinem Amt zurück, nicht ohne heftige Kritik an der Europäischen Union im allgemeinen und der deutschen Politik im besonderen zu üben. Er bezichtigte seine Kollegen einer halbherzigen und widersprüchlichen Politik, die letztlich die kroatische Obstruktion seiner Amtsführung belohnt habe.[12] Warum aber ist die Verwirklichung der Föderation so schwierig?

Zum einen erscheinen Interessen und Ziele der beiden Föderationspartner schwer vereinbar. Während Teile der bosnisch-muslimischen Partei nach wie vor auf einen einheitlichen, stärker zentralistisch verwalteten Teilstaat setzen, streben die kroatischen Autoritäten eine strikte Trennung der Verwaltungsregionen nach ethnischen Kriterien an. Der Kern des Streits betrifft die Frage, ob die Föderation als eine

11 EU-Administration of Mostar, One Year of the EU Administration in Mostar. Aims, Facts, Achievements, Mostar, July 1995.

12 Vgl. hierzu den Bericht in: Süddeutsche Zeitung, 1. 4. 1996, S. 3.

Gemeinschaft zweier konstitutiver Völker (also Bosniaken und Kroaten) verstanden werden soll (bosniakische Option) oder ob sie als Zusammenschluß zweier politisch-administrativer Einheiten (muslimische Verwaltungseinheiten und Herceg-Bosna) gelten soll (kroatische Option).

Die kroatischen Nationalisten haben die Föderation stets als Instrument benutzt, in ihrem Para-Staat parallele Verwaltungsstrukturen aufzubauen und engste Kooperationsbeziehungen zu Kroatien zu knüpfen. Hieraus leiteten sich Kompetenzstreitigkeiten mit den Föderationsgewalten ab. Immer noch gibt es unter den hercegovinischen Kroaten starke Kräfte, die die ethnische Trennung bzw. engste Anlehnung an Kroatien befürworten.

Der muslimisch-kroatische Konflikt innerhalb der Föderation besitzt ferner wirtschaftliche Dimensionen. Aufgrund des starken Wohlstandsgefälles zwischen muslimisch und kroatisch besiedelten Regionen sind wirtschaftliche Verteilungskämpfe an der Tagesordnung. In den vergangenen Jahren haben die Autoritäten des Para-Staates Herceg-Bosna enge wirtschaftliche Beziehungen mit Kroatien geknüpft. In der Hercegovina kam die kroatische Kuna als Zahlungsmittel in Umlauf, so daß die Föderation mehrere Währungen besitzt. Da das kroatische Zahlungsmittel wesentlich stärker als das bosnische ist, hat sich nicht nur eine hohe wirtschaftliche Abhängigkeit von Kroatien herausgebildet. Hinzu kam, daß die Machthaber Herceg-Bosnas die Grenzübergänge nach Kroatien kontrollierten und dabei »Zölle« und »Steuern« auf »Importgüter« erhoben.

Die faktische Entmachtung der bosnischen Zentralregierung durch Gründung der Föderation hat zudem den Richtungsstreit innerhalb der SDA zwischen den Befürwortern eines (mehr oder weniger homogenen) bosnisch-muslimischen Nationalstaats und den Anhängern eines multikulturellen Staatsgebildes verschärft. Auf vielen Ebenen hat sich innerhalb der SDA ein exklusiv verstandener Nationalismus durchgesetzt, der auch und gerade auf die Lokalpolitik durchschlägt. So wird zwischen Kroaten und Muslimen fast überall über die Machtverteilung in den Kantonen, Städten und Gemeinden gestritten. Sollen die Gremien auf Grundlage der Bevölkerungszählung von 1991 oder nach Maßgabe der aktuellen ethnischen Zusammensetzung, die sich während des Krieges stark verändert hat, gebildet werden?

Schon hieraus läßt sich erkennen, daß die in Dayton geforderte Rückführung aller Flüchtlinge ein immens politisches Problem darstellt. Aus Zentral- und Nordbosnien mußten während des kroatisch-muslimischen Krieges zwischen Frühjahr 1993 und Februar 1994 ca. 200000 Kroaten fliehen oder wurden von den Bosniaken vertrieben. Aus der kroatisch kontrollierten Hercegovina wanderten dagegen 50000 Muslime ab. In vielen Gegenden werden Häuser gezielt zerstört, um den Zuzug von Flüchtlingen und Vertriebenen aus anderen Gemeinden zu verhindern und politische Rückwirkungen zu vermeiden. Denn der ethnischen Komposition der Gemeinden würde sich die (nach einem ethnischen Schlüssel gebildete) Zusammensetzung der Lokalverwaltungen anpassen müssen.

Ein latenter Konfliktherd liegt auch im politischen Status der Serben, die laut Verfassung nicht als staatstragendes Volk innerhalb der bosnischen Föderation anerkannt sind. Die Forderung des oppositionellen »Serbischen Bürgerrates«, die Verfassung in diesem Sinne zu ergänzen, wäre die Voraussetzung dafür, daß die Föderation zum Kristallisationskern eines erneuerten multikulturellen, gesamtbosnischen Staates würde.

Der Vertrag von Dayton hat auch nicht alle Probleme, die das serbisch-kroatische Verhältnis belasten, ausräumen können. Noch müssen die Territorialstreitigkeiten um Ostslawonien und die Halbinsel Prevlaka sowie die Auseinandersetzung um Rechtsnachfolge und Aufteilung des jugoslawischen Staatsvermögens gelöst werden.

Dabei geht es um die Frage, wie die Auslandsguthaben und -schulden zwischen den ehemaligen Föderationspartnern aufgeteilt werden und ob Slowenien und Kroatien von Belgrad Reparationen einfordern dürfen. Aber auch das gesamte Bundeseigentum, unter anderem Straßen und Bahnlinien sowie Sachvermögen der Jugoslawischen Bundesarmee, stehen zur Disposition.

Auch die Zukunft Ostslawoniens ist noch offen. Immer noch gehen die Meinungen von Serben und Kroaten, wie der Vertrag über eine Übergangsverwaltung praktisch zu deuten sei, auseinander. Bedeutet die Regelung, daß Ostslawonien lückenlos in kroatisches Hoheitsgebiet reintegriert werden wird (kroatische Interpretation) oder daß sich die von Serben beherrschte Region letztlich wird selbst verwalten dürfen (serbische Deutung)?

Auch das Recht der Entitäten Bosniens auf parallele Sonderbeziehungen schafft neue Konflikte und birgt die Gefahr einer starken Einflußnahme Serbiens und Kroatiens auf die bosnische Innenpolitik. Viele bosnische Kroaten besitzen eine doppelte (nämlich bosnische und kroatische) Staatsbürgerschaft und haben das Recht, in Kroatien zu wählen. Die Föderation ist wegen der Stärke der Kuna zudem in wirtschaftlich hohem Maße von Kroatien abhängig. Viele bosnische Kroaten sind der Meinung, daß ein direkter Anschluß an Kroatien vorteilhafter als die Aufrechterhaltung der schwachen bosnisch-kroatischen Föderation wäre. Ähnlich wird die serbische Republik ohne die Hilfe der Bundesrepublik Jugoslawien nie lebensfähig sein. Es muß also damit gerechnet werden, daß Bosnien-Hercegovina mittelfristig doch in zwei Hälften zerfällt, wobei der alte serbisch-kroatische Konflikt wiederaufleben könnte.

Nicht zuletzt wurde in Dayton versäumt, nach einer Lösung für das Kosovo und den Sandžak zu suchen. Die internationale Gemeinschaft besitzt nach Aussetzung der Sanktionen nun kaum noch ernsthafte Druckmittel, um die Regierung in Belgrad zu einer Autonomieregelung für diese Gebiete zu bewegen. Die albanische Frage bleibt daher weiter virulent.

X. Regionale und internationale Folgen des jugoslawischen Krieges

1. *Die sozioökonomischen Kriegsfolgen in der Region*

Der jugoslawische Krieg hat nicht nur gewaltiges menschliches Elend herbeigeführt, sondern auch die ökonomische Funktionsfähigkeit der involvierten Staaten schwer beeinträchtigt. Zahlreiche Produktionsstätten in den von Kampfhandlungen betroffenen Gebieten wurden irreparabel beschädigt oder demontiert. Und der Ende der achtziger Jahre von Premierminister Ante Marković initiierte Privatisierungs- und Umstrukturierungsprozeß geriet vollkommen ins Stocken.[1]

In Kroatien hinterließ der 1991er Krieg nach offiziellen Angaben 6442 Tote und 23062 Verletzte, davon ein Drittel Zivilisten.[2] Wie viele Tote und Verletzte die Operation in der Krajina gekostet hat, ist noch unklar. In jedem Fall hat sie gewaltige Zerstörungen und ein nahezu verödetes Grenzland hinterlassen. Die kroatische Regierung beziffert den wirtschaftlichen Schaden des vierjährigen Kriegszustandes auf 27 Milliarden US-Dollar, was einem Wert von mehr als 5000 US-Dollar pro Kopf der kroatischen Bevölkerung entspricht. 37% des kroatischen Wirtschaftspotentials wurden zerstört.[3] 1992 erreichte das Sozialprodukt nur noch 60% des Vorkriegsniveaus; die Arbeitslosenquote bewegte sich 1993 um 17,6%.[4] Auch nach der erfolgreichen Krajina-Offensive erholte sich die Wirtschaft Kroatiens nur

1 Privatization in Serbia, in: Focus, 24. 12. 1993, S. 37ff.

2 Novi vjesnik, 11. 1. 1993, S. 6A.

3 Hiljadu dana nesreće, in: Vreme, 11. 4. 1994, S. 14f; Croatia Comes Up For Air After War, in: International Herald Tribune, 11. 3. 1996, S. 11ff.

4 Liliana Djeković-Sachs, Die Nachfolgestaaten Jugoslawiens zwischen Stabilisierung und Zusammenbruch, in: Südosteuropa Mitteilungen 33 (1993) 1, S. 25-34.

langsam. Im dritten Quartal 1995 erreichte das Produktionsniveau lediglich 68,6 % des Wertes von 1990. Das Land litt noch immer an den immensen Ausgaben, die die Eroberung der Serbengebiete verursacht hat. Aber die Menschen hofften, daß der Tourismus dem Land wieder auf die Beine helfen würde.

Erheblich gravierender als in Kroatien fällt die Schadensbilanz in Bosnien-Hercegovina aus. Im September 1995 waren 145 000 Todesopfer, darunter 17 000 Kinder registriert. 174 000 Menschen wurden verletzt, davon 75 000 bis zur Invalidität.[5]

Der Krieg hat darüber hinaus die Wirtschaft praktisch zum Stillstand gebracht. Ende August 1994 war die Produktion auf 5-10 % des Vorkriegsniveaus geschrumpft, rund 80 % der Bevölkerung überlebte nur durch humanitäre Hilfe.

In vielen Landesteilen brach die Versorgung mit Trinkwasser und Strom zusammen, das Transportwesen lag weitgehend lahm: Wichtige Verkehrsverbindungen, darunter die Brücken in Bosanski Brod, Brčko, Visoko und Mostar wurden zerstört. Nahezu die gesamte bosnische Volkswirtschaft wurde lahmgelegt. Der materielle Gesamtschaden wurde bei Kriegsende von der bosnischen Regierung auf 50 bis 70 Milliarden US-Dollar geschätzt. Die Weltbank ging von 10 bis 20 Milliarden US-Dollar aus.[6]

Von massiven Beschädigungen und Zerstörungen waren alle großen Industriebetriebe Bosnien-Hercegovinas betroffen. Viele Unternehmen haben ihren Betrieb einstellen müssen (wie der skandalumwitterte Agrokomerc) oder sind (wie der Firmengigant Energoinvest) gänzlich aufgelöst worden. Aus der Hercegovina wurden Ausrüstungsgüter (wie im Fall der Mostarer Hepok-Werke) nach Serbien transferiert. Lediglich in der von Serben kontrollierten

5 Central Europe Department of the World Bank, Bosnia and Herzegovina: Economic Issues and Priorities, 28. September 1995, S. 2.
6 Ebd.

Stadt Banja Luka blieb die Industrie, ähnlich wie der Bergbau und die unterirdische Militärindustrie in Vitez, Goražde und Konjic, zunächst intakt. Allerdings wurden wichtige Zulieferwege zerstört: Die Eisenwerke in Zenica konnten nicht mehr mit Roheisen aus Prijedor, die Aluminiumwerke in Mostar nicht mehr mit Edelmetallen aus Nikšić (Montenegro) versorgt werden.

Nach den Angaben der Belgrader Tageszeitung Borba mußten die von Serben beanspruchten Regionen die geringsten Kriegszerstörungen hinnehmen.[7] Aber auch dort sank die Produktion im ersten Kriegsjahr auf 10% des Vorkriegsniveaus. Von 60000 Beschäftigten verloren mindestens 54000 ihre Arbeit.[8] Durch den Teilungsvertrag von Dayton ist den bosnischen Serben praktisch nur ein industrielles Zentrum, die Region Banja Luka, geblieben. So versuchen sie mit allen Mitteln, ihre vom Krieg verwüstete Wirtschaft wieder in Schwung zu bringen. Fabriken in Sarajevo wurden demontiert und auf serbisch kontrolliertes Territorium verlegt. Ein neues Investitionsgesetz soll ausländisches Kapitel anziehen. Aber zu groß erscheinen momentan noch die Unwägbarkeiten.[9]

Ökonomisch gesehen, hat die bosnisch-kroatische Föderation vor der Serbischen Republik einen Startvorteil, denn alle wichtigen Berg- und Elektrizitätswerke liegen auf Föderationsgebiet. Die Föderation verfügt ferner über 75% der Kohlevorkommen, 65% der Lignitvorräte und fast 100% der Salzstöcke. Auch die Zentren der Aluminiumverarbeitung, der Textil-, Leder- und Chemieindustrie befinden sich auf Föderationsgebiet. Dafür überwiegt im serbischen Teil die Landwirtschaft und damit die Lebensmittelproduktion. So haben beide Seiten unter der Teilung zu leiden. Denn die serbische Industrie in Banja Luka wird von der Versorgung

7 Muslimanima sirovina, Srbima fabrike, in: Borba, 12. 1. 1993, S. 11.
8 Privreda Bosanske Krajine u mraku rata, in: Borba, 30. 12. 1992, S. 12.
9 Bosnian Serbs Trying to Revive Devastated Economy, in: The New York Times, 14. 1. 1996, S. 10.

aus Jajce und Bočac abhängig sein. Und die eisenverarbeitende Industrie, die hauptsächlich im kroatisch-muslimischen Teil liegt, benötigt Zulieferung aus der Serbischen Republik, wo 60% der bosnischen Eisenvorkommen liegen. Unter den Bedingungen einer geteilten Volkswirtschaft wird Bosnien-Hercegovina kaum lebensfähig sein.[10]

Der wirtschaftliche Wiederaufbau wird für die Zukunft der jungen Republik also von zentraler Bedeutung sein. Die Weltbank und die Europäische Bank für Wiederaufbau und Entwicklung schätzen, daß in den kommenden Jahren für die notwendigsten Aufbauprojekte mindestens 5,1 Milliarden US-Dollar benötigt werden. 1996, im ersten Nachkriegsjahr, fielen bereits 2,1 Milliarden US-Dollar an. In beiden Teilen der Republik wurden Fachministerien geschaffen, um die Projektarbeit zu koordinieren.[11] Die Kredite sollen vorwiegend in Infrastrukturprojekte und in den Aufbau der Verwaltung fließen und allen Landesteilen zugute kommen.

Nicht nur in den unmittelbar von Kampfhandlungen betroffenen Regionen wird die wirtschaftliche Leistungsfähigkeit über lange Zeiträume beeinträchtigt bleiben. Auch in Serbien und Montenegro, den nur indirekt am Krieg beteiligten Republiken, wird die wirtschaftliche Erholung nach Abschluß eines Friedens und der Aufhebung der Sanktionen Jahrzehnte dauern. Infolge des Embargos wurden nicht nur die staatlichen Kapital- und Devisenreserven aufgezehrt, auch die Bevölkerung hat ihr mühsam Erspartes verbraucht und ist in ihrer Mehrheit verarmt. Sämtliche Rohstoff- und Nahrungsmittelreserven sind bis auf klägliche Überreste zusammengeschmolzen. Das Währungs- und Bankensystem, das ohnehin schon schwer an der Last der in der sozialistischen Ära aufgenommenen Auslandsschulden trug, rückte

10 Asim Metiljević, Who Gets What, in: War Report 38 (1995), November-Dezember, S. 30f.

11 Der Wiederaufbau steht vor finanziellen Hürden, in: Handelsblatt, 16.-17. 2. 1996, S. 8.

dicht an den Ruin. Bereits Ende 1991 standen Serbien und Montenegro mit 5,4 Milliarden US-Dollar bei den internationalen Gläubigern in der Kreide.[12] In der Bundesrepublik Jugoslawien mußte der Neuanfang mit einer total zerrütteten Volkswirtschaft und auf niedrigstem sozialen Niveau beginnen.

Zu den schwersten Erblasten des Krieges werden die langfristigen Folgen des Embargos zählen, das vor allem die technologische Basis der serbischen Volkswirtschaft unterminierte. Die Elektro-, Maschinen- und Textilindustrie werden erhebliche Zeit brauchen, um ihre Positionen auf den Weltmärkten wiederzugewinnen. Zweifelhaft ist, ob es diesen Branchen überhaupt gelingt, die osteuropäischen und asiatischen Firmen zu verdrängen, die nach Verhängung der Sanktionen den jugoslawischen Anbieterpart übernahmen.[13] Lediglich die infolge des ökonomischen Schrumpfungsprozesses extreme Verbilligung der Arbeitskraft läßt die serbischen Wirtschaftsfachleute auf die Wiederherstellung der internationalen Wettbewerbsfähigkeit hoffen.

Um die Volkswirtschaft der Bundesrepublik Jugoslawien zu revitalisieren, müßten große Summen ausländischen Kapitals ins Land fließen. Eine Voraussetzung hierfür wäre allerdings die Reintegration in die Programme der Weltbank und des Internationalen Währungsfonds. Belgrader Ökonomen betrachten bereits eine Anleihe von drei Milliarden US-Dollar als bedeutende Anschubhilfe. Alle Hoffnungen richten sich auf das Ausland.[14] Aber selbst eine umfängliche Finanzspritze könnte nicht garantieren, daß der Wirtschaftskreislauf wieder in Gang kommt und daß angesichts ihrer strukturellen Deformationen die Gesellschaft Selbstheilungskräfte entfaltet.

Mit dem Arbeitskräftepotential verlor eine zentrale Ressource des ökonomischen Erneuerungsprozesses erheblich

12 Spoljni dugovi, in: Vreme novca, November 1993, S. 12ff.
13 Dyker/Bojičić, Impact, S. 52.
14 Kada će stići strani kapital, in: Ekonomska politika, 2. 5. 1994, S. 31f.

an Substanz. Krieg, Zukunftsängste und der unerträglich niedrige Lebensstandard speisten den *brain-drain*, durch den die jugoslawischen Nachfolgestaaten die kaum zu ersetzende Schicht junger, gebildeter und geschulter Arbeitskräfte einbüßten. Mindestens 250 000 bis 300 000 qualifizierte Erwerbsfähige, vorwiegend Akademiker und technische Intelligenz, verließen zwischen 1991 und 1994 allein die Bundesrepublik Jugoslawien. Die technisch-naturwissenschaftliche Forschung wurde um 17 bis 20% ihres Personalstandes reduziert. Mit den Qualifikationen, die der Staat über lange Zeiträume nicht wird substituieren können, verschwanden nicht nur rund 110 Millionen US-Dollar, die die Gesellschaft in ihre Ausbildung investiert hatte.[15] Den durch den Exodus ausgelösten volkswirtschaftlichen Ausfall schätzt das Belgrader Institut für Internationale Politik und Wirtschaft auf rund 30 Milliarden US-Dollar in den kommenden zwanzig Jahren.[16] Es besteht wenig Hoffnung, daß diese hochqualifizierten jungen Menschen nach dem Friedensschluß in ihre Heimatstaaten zurückkehren werden.[17]

Der kriegsbedingte Verlust von Humankapital ging einher mit parallelen Veränderungen in der Sozialstruktur. Krieg, Sanktionen und Hyperinflation ließen viele Mittelschichtangehörige verarmen, da sie nicht nur ihre Einkommen einbüßten, sondern auch ihre Vermögen und Sachwerte aufzehrten.[18] Darüber hinaus bewirkte die Schattenwirtschaft eine schmerzliche soziale Umverteilung: Während immer mehr Menschen in Armut abrutschten, schuf der Schwarzmarkt eine neue superreiche Schicht aus Schwarzhändlern, Schmugglern und anderen Kriegsprofiteuren.[19] Zu ihnen gehörten beispielsweise all jene, die Mangelwaren, wie Benzin

15 Focus, 18. 10. 1993, S. 53f.
16 Gorak ukus budućnosti, in: Borba, 2. 11. 1993, S. 12.
17 Utorontavanje Jugoslavije, in: NIN, 23. 10. 1992, S. 27ff.
18 Koliko Srbiju i Crnu Goru košta rat, in: Borba, 12. 8. 1993, S. 11.
19 Ko su novi bogataši, in: Politika, 21. 4. 1993, S. 8.

und Arzneimittel, illegal einführten und auf dem schwarzen Markt absetzten. Das wirtschaftswissenschaftliche Institut in Belgrad mutmaßt, daß rund zwei bis acht Prozent der serbischen Bevölkerung durch Schwarzmarktgeschäfte reich wurden.[20] Kriminologen gehen davon aus, daß auch Finanzkreise und Industrieunternehmen aktiv am Handel mit Kriegsgütern partizipierten und dabei von der Regierung gedeckt wurden.[21]

Nicht nur der gewinnträchtige Waffenhandel hat zu einer schleichenden Kriminalisierung der exjugoslawischen Gesellschaften geführt. Armut und soziale Entwurzelung bildeten die Hauptantriebskräfte einer wachsenden Jugendkriminalität und einer ständig steigenden Zahl von Verbrechen.[22] Viele Zivilisten erwarben Schußwaffen, und allein 1993 ist der Absatz von Pistolen und Revolvern um das Zehnfache gestiegen. Illegalen Waffenbesitz und Schußwaffengebrauch weist die jugoslawische Kriminalstatistik als häufigste Delikte aus.[23] Fast sieht es so aus, als hätten die Regierenden einen »stillschweigenden Kompromiß« mit den verarmten Schichten geschlossen, um ihnen das Überleben zu ermöglichen.[24] Gesetzeswidrige Handlungen stellen für viele Menschen die einzige Überlebensstrategie dar.

Um die zunehmenden wirtschaftlichen und sozialen Probleme der jugoslawischen Nachfolgestaaten zu erklären, wird von offizieller Seite meist auf das Flüchtlingsproblem verwiesen. Insbesondere Slowenien, Kroatien und Serbien können den Unterhalt der Migranten, die in Flüchtlingslagern oder Privathaushalten untergebracht sind, kaum noch bezahlen. Aus dem Zuzug von Bevölkerungsteilen vorwiegend agrarischer Herkunft in die urbanen Zentren resultieren diverse Akkulturations- und Integrationsprobleme.

20 Četiri miliona ljudi na granici siromaštva, in: Politika, 11. 2. 1993, S. 11.
21 Mafija na Balkanu, in: NIN, 16. 11. 1992, S. 32f.
22 Heroji bolesnog društva, in: Borba, 24./25. 4. 1993, S. V.
23 Biznis velikog kalibra, in: Borba, 1. 11. 1993, S. 13.
24 Gladan čovek ne misli na pobunu, in: Borba, 28./29. 8. 1993, S. V.

Überall werden die Zuwanderer als außerordentliche finanzielle und soziale Belastung empfunden und zu Sündenböcken für die desolate Wirtschaftssituation gestempelt.[25]

Obwohl die meisten Flüchtlinge an ihre Heimatorte zurückkehren wollen, sieht dazu nur der geringere Teil eine reelle Chance. Wie nach dem Ersten und nach dem Zweiten Weltkrieg sind große Landstriche verwüstet, und die neuen Machthaber begannen, die Anschlußgebiete systematisch zu kolonisieren. Auch nach dem Friedensschluß leben die meisten Migranten daher in der Gewißheit, noch monate-, wenn nicht jahrelang ohne festen Wohnsitz verbringen zu müssen.

Zu den Migrationsfolgen gesellen sich andere demographische Veränderungen hinzu: Bevölkerungsverluste infolge sinkender Geburtenzahlen, eine steigende Säuglings- und Kindersterblichkeit sowie sich erhöhende Abtreibungsraten und ein tiefgreifender Wandel im generativen Verhalten.[26] Darüber hinaus machte der Krieg mühsam erworbene zivilisatorische Errungenschaften zunichte. Defizitäre Ernährung und abnehmende Medikalisierung breiter Schichten der Bevölkerung bewirkten, daß längst überwunden geglaubte Krankheiten, wie Tuberkulose, Malaria und Typhus, wieder ausbrachen.[27] In allen Landesteilen ist eine langfristige Verschlechterung der Volksgesundheit vorhersehbar.

Zu den besonders schwer zu bewältigenden Problemen gehören die psychosozialen Folgen des Krieges. Bei Soldaten, Flüchtlingen und Opfern von Gewaltverbrechen bleiben, wie bei den Vietnam-Veteranen oder den Teilnehmern des libanesischen Bürgerkriegs, in der Regel traumatische Neurosen zurück. Auch Opfer von Anschlägen und Vergewaltigungen sind mehrheitlich von pathologischen Lang-

25 Upotreba izbeglica, in: Borba, 29. 7. 1993, S. 12.
26 Deca iznad kukavičjeg gnezda, in: Borba, 8. 11. 1993, S. 11.
27 Olako obečana brzina, in: Vreme, 6. 9. 1993, S. 15 ff; Savetovanje o posledicama sankcija na zdravlje, in: Politika, 18. 5. 1993, S. 8.

zeitfolgen betroffen.[28] Psychologen aus dem ehemaligen Jugoslawien dokumentierten, daß Kinder traumatische Erlebnisse besonders schwer verarbeiteten: alltägliche Todesangst, Fluchterfahrung oder Verlust eines Elternteils hinterließen kaum zu kompensierende psychische Schäden.[29]

Ähnlich dem Vietnam-Syndrom machen sich aber vor allem in der Erlebnisgeneration der jugoslawischen Kriegsteilnehmer zahlreiche Traumata bemerkbar.[30] Unter Angehörigen der Jugoslawischen Volksarmee mußten seit 1992 verschiedenste Formen depressiver Verstimmungen und Angstzustände behandelt werden. Wie die Partisanen im Zweiten Weltkrieg litten die Frontheimkehrer unter psychosomatischen Störungen, Alpträumen, Schlaflosigkeit und Konzentrationsschwächen. Belgrader Psychiater fanden heraus, daß der jugoslawische Krieg der neunziger Jahre, in dem die ehemaligen »Brudervölker«, Nachbarn, ja sogar Verwandte gegeneinander kämpften, spezifische seelische Leiden hinterließ. Zwangsmobilisierte litten unter extremen Schuldgefühlen, Depressionen begleitet von Angstzuständen, Hilflosigkeitsempfinden, Minderwertigkeitsgefühlen sowie Identitätsstörungen: »Wie der Krieg, so die Neurosen.«[31] Kein Wunder, daß die Selbstmordstatistik in Serbien und Montenegro alarmierende Zuwächse verzeichnet.[32]

Bei denjenigen, die freiwillig in den Krieg gezogen waren, wurden hingegen Schwierigkeiten beobachtet, die Rückkehr in den zivilen Alltag psychisch zu verarbeiten. Im Unterschied zu den hochgelobten Kämpfern des Volksbefreiungskrieges, die in Jugoslawien beachtliche soziale Privilegien genossen hatten, wurden die rund 50000 Veteranen, 10000 Kriegsinvaliden und 3000 Waisen gefallener

28 Claude Barrois, Les névroses traumatiques, Paris 1988, S. 109.

29 Ministarstvo obrane Republike Hrvatske, Rat i dječji strahovi, Zagreb 1992.

30 Domaća varijanta vijetnamskog sindroma, in: Vreme, 6. 6. 1994, S. 14ff.

31 Sta će biti s našim dušama posle balkanske klanice, in: Borba, 29./30. 1. 1994, S. IVf.

32 Pucanj u bolesno društvo, in: Borba, 5. 10. 1993, S. 17.

Soldaten Serbiens und Montenegros totgeschwiegen. Belgrad erweckte stets den Anschein, sich nicht am Krieg zu beteiligen. Die Regierung war daher weder bereit, die vermeintlichen Verdienste seiner Soldaten zu würdigen noch sie finanziell zu entlohnen.[33]

Seelische Deformationen bleiben schließlich auch bei den Menschen zurück, die den Krieg nicht selbst erlebt hatten, sondern nur aus Erzählungen und den Medien kannten. Mit einer erschütternden Studie dokumentierten serbische Psychologen, wie der Krieg, obwohl persönlich nie erfahren, die individuellen Träume, Phantasien, Zeichnungen, Erzählungen und Spiele selbst kleiner Kindern dominiert.[34] So werden die kommenden Generationen noch lange mit den psychomentalen Folgen des Krieges zu tun haben.

2. Perspektiven einer politischen Nachkriegsordnung

Die Zukunft des postjugoslawischen Raumes wird maßgeblich davon abhängen, ob und in welchem Tempo es gelingt, den Friedensvertrag umzusetzen. Vier Faktoren werden hierüber entscheiden: die Geschwindigkeit der Demokratisierung einschließlich der Wiederherstellung von Toleranz in Bosnien-Hercegovina und seinen Nachbarstaaten; die Garantie der Freizügigkeit innerhalb Bosniens und zwischen den jugoslawischen Nachfolgestaaten, so daß die Flüchtlinge entweder zurückkehren können oder der Zustand der ethnischen Homogenisierung verfestigt wird; das Tempo des wirtschaftlichen (Wieder-)Aufbaus und die damit verbundenen infrastrukturellen Weichenstellungen sowie die praktische Umsetzung der militärischen Vereinbarungen und die Frage, ob regionale Rüstungskontrollmaßnahmen

33 Armija senki, in: Vreme, 6. 12. 1993, S. 26f.
34 Ružica Rosandić, Children within the War Affected Social Context, unveröffentl. Manuskript, München 1993.

zur Grundlage einer stabilen Friedensordnung werden können.

Im günstigsten denkbaren Fall würde das Daytoner Abkommen vollkommen implementiert. In diesem Fall würden sich neue regionale Machtstrukturen etablieren, und es entstünde ein sich selbst regulierendes Kräftegleichgewicht zwischen den beiden wichtigsten Regionalmächten, Serbien und Kroatien. Bosnien-Hercegovina, dessen politische Institutionen und staatliche Strukturen sich allmählich stabilisieren würden, bliebe als Pufferstaat zwischen den ehemaligen Antagonisten erhalten. Die Stationierung von internationalen Friedenstruppen würde unter diesen Umständen überflüssig werden. Zur Sicherung des Friedens wäre lediglich eine reduzierte Präsenz ziviler Komponenten erforderlich, zum Beispiel zur Überwachung der Menschenrechtssituation und zur Verteilung der Wirtschafts- und Wiederaufbauhilfe. In diesem Fall wäre sogar eine politisch konditionierte Annäherung an bestehende europäische Kooperations- und Integrationszusammenhänge in zumindest zwei Varianten denkbar. Entweder würden den jugoslawischen Nachfolgestaaten einzeln – je nachdem, ob und wann sie bestimmte Kriterien erfüllen – verschiedene Formen der Kooperation, Assoziation oder des Beitritts zu bestehenden Institutionen ermöglicht. Alternativ würden die jugoslawischen Nachfolgestaaten gemeinsam an die europäischen Institutionen herangeführt. Diese Variante befürworten die sogenannten »Euroslavisten«, die davon ausgehen, daß nur eine in den gesamteuropäischen Integrationsprozeß eingebettete politische und wirtschaftliche Kooperation aller Republiken die Gesamtregion stabilisieren könne (Projekt Euroslavia). Angesichts der vielfältigen Implementierungsprobleme ist das *best-case*-Szenario allerdings kaum realistisch.

Dies heißt nicht, daß die Umsetzung des Abkommens von Dayton zwangsläufig vollkommen scheitert, selbst wenn die eine oder andere Kriegspartei den Friedensprozeß untergräbt. Viel wahrscheinlicher ist, daß die Implementierung teilweise gelingt, jedoch in den Anfängen steckenbleibt. Trotz lokaler bewaffneter Zusammenstöße würde Bosnien-Hercegovina also weitgehend befriedet und der militärische Teil des Dayton-Abkommens erfüllt sein. Aber die Kriegsparteien würden neue offensive Kapazitäten aufbauen, um auf den Eventualfall vorbereitet zu sein. Und durch die Aufrüstung, die mit der Aufhebung des Waffenembargos möglich wurde, könnte bei Abzug der friedenserhaltenden IFOR-Truppen jederzeit wieder ein offener Krieg drohen. Dies würde vor allem dann wahrscheinlich, wenn die Implementierung wichtiger politischer Vereinbarungen (z. B. der Aufbau der Institutionen der Föderation und des Bundes) an der mangelnden Kompromißbereitschaft der Konfliktparteien scheitert. Sollte also das politische Projekt zusammenbrechen, wären auch die militärischen Befriedungsbemühungen hinfällig.

In diesem Fall stünden zwei Alternativen zur Verfügung: Entweder die Friedenstruppen ziehen sich in der vorgegebenen Jahresfrist aus der Region zurück und der Implementierungsversuch wäre infolgedessen als eine Übergangsperiode zu begreifen, nach deren Ablauf die restlichen Konflikte ausgetragen würden. Oder das Mandat der IFOR wird verlängert oder durch eine Post-IFOR-Struktur ersetzt, da eine langfristige Präsenz von Friedenstruppen und Vertretern der internationalen Organisationen erforderlich bliebe, um das Wiederausbrechen von Kampfhandlungen zu verhindern. Bosnien-Hercegovina würde zu einem zweiten Zypern.

Dieses düstere Szenario droht aus mehreren Gründen. Zum einen, weil oktroyierte Friedensschlüsse noch nie große Aussicht auf Erfolg hatten. Sollen Abkommen nicht nur auf dem Papier stehen, sind Friedensbereitschaft und aktive Teilnahme der Kontrahenten am Gestaltungsprozeß notwendig. Dies war in den jugoslawischen Nachfolgestaaten im Spätsommer und Winter 1995 nur bedingt der Fall gewesen. Um einen dauerhaften Frieden zu etablieren, müssen ferner alle relevanten Akteure in die Verhandlungen einbezogen werden. Sie müssen dazu gebracht werden, sich als die »eigentlichen Architekten, Eigentümer und langfristigen Nutznießer des Friedensprozesses« zu verstehen.[35] Aber auch dies ist bei den Verhandlungen in Dayton nicht wirklich geschehen. Für die Qualität einer Friedensordnung relevant ist ferner auch die Frage, mit welchen Mitteln sie etabliert wurde.[36] Der Grad der Gewaltanwendung, die Demütigung der Unterlegenen, aber auch die mangelnde Rücksichtnahme auf Besorgnisse und Interessen anderer Parteien entscheiden mit darüber, ob eine Lösung dauerhaft und friedlich Bestand haben kann.

Vieles deutet darauf hin, daß im Herbst 1995 zwar der Moment für die Beilegung der bewaffneten Auseinandersetzungen, nicht aber bereits für den Aufbau einer stabilen Friedensordnung erreicht war. Zu viele Konflikte waren noch ungelöst, und zu viele Menschen hatten die schrecklichen Erlebnisse des Krieges noch nicht verarbeiten können.

Können die Völker Bosniens überhaupt wieder in einem gemeinsamen Staat zusammenleben? Erfahrungen aus anderen Bürgerkriegsländern, aber auch aus Jugoslawien selbst, sprechen dafür, daß eine ethnische Koexistenz wieder möglich sein wird, vorausgesetzt, die allgemeinen Lebensverhältnisse normalisieren sich, Kriegsverbrecher werden zur Rechenschaft gezogen und die politischen Führungen rücken von ihrem exklusiv-nationalistischen Kurs ab. Letzteres dürfte das größte Hindernis auf dem Rückweg zur Normalität sein. Denn immer noch sind gerade die an der Macht, die die Gewalteskalation ideologisch vorbereitet und politisch durchführbar gemacht haben.

35 Kumar Rupesinghe, Bürgerkriege verhindern durch Konflikttransformation, in: Berthold Meyer (Red.), Eine Welt oder Chaos?, Frankfurt/M. 1996, S. 370-398.

36 Vgl. Miall, The Peacemakers, S. 185 ff.

Eine wichtiges Instrument, um den beginnenden Friedensprozeß im ehemaligen Jugoslawien zu stabilisieren, bleibt deshalb die Einflußnahme auf die Regierungen und politischen Führungen in Kroatien, Serbien und Bosnien-Hercegovina. Der Schlüssel zum Frieden ist eine überzeugende, facettenreiche und konsistente Politik der nationalen Versöhnung, die den Angehörigen der jeweils anderen Nationalitäten ein Leben in Sicherheit, gleichberechtigte Partizipation am politischen Prozeß und Teilhabe am wirtschaftlichen Wohlstand garantiert. Wirtschafts- und Aufbauhilfe, aber auch Kooperationsverhandlungen sollten deshalb an konkrete politische Konditionen geknüpft werden.

Der politische Druck »von oben« muß durch Förderung zivilgesellschaftlicher Strukturen »von unten«, aktive Demokratisierungshilfe also, ergänzt werden. Unterstützt werden sollten Projekte, die auf die Überwindung der unmittelbaren Konfliktsituation und ihrer Folgen abzielen, aber auch den langfristigen Aufbau demokratischer gesellschaftlicher Strukturen vorantreiben. Dies schließt die Durchsetzung von Menschenrechten, die Demokratisierung von Institutionen und des Rechtswesens, die Fürsorge für Flüchtlinge und Vertriebene, die Errichtung lokaler demokratischer und zivilgesellschaftlicher Strukturen, die Unterstützung unabhängiger Medien und die Förderung einer auf Toleranz ausgerichteten Bildungs- und Kulturpolitik ein. Es ist immer leichter, Haß zu säen, als nach einem brutalen Krieg wieder Vertrauen herzustellen. Viel Zeit und Geduld sind nötig, um die Herzen ehemals verfeindeter Völker für den Frieden zu gewinnen.

Literatur (Auswahl)

Assmann, Jan, Das kulturelle Gedächtnis. Schrift, Erinnerung und politische Identität in frühen Hochkulturen, München 1992.

Bajić, Vojislav, Spoljna trgovina i razvoj privrede Bosne i Hercegovine, Sarajevo 1982.

Balić, Smail, Das unbekannte Bosnien: Europas Brücke zur islamischen Welt, Köln 1992.

Ders., Kultura Bošnjaka. Muslimanska komponenta, Wien 1973.

Banać, Ivo, The National Question in Yugoslavia. Origins, History, Politics, Ithaca/London 1984.

Bartl, Peter, Grundzüge der jugoslawischen Geschichte, Darmstadt 1985.

Beaver, Paul (Hg.), Jane's Sentinel. The Balkans, London 1994.

Beckmann-Petey, Monika, Der jugoslawische Föderalismus, München 1990.

Behschnitt, Wolf Dietrich, Nationalismus bei Serben und Kroaten 1830-1914. Analyse und Typologie der nationalen Ideologie, München 1980.

Bell-Fialkoff, Andrew, A Brief History of Ethnic Cleansing, in: Foreign Affairs 72 (1993) 3, S. 110-121.

Biserko, Sonja (Hg.), Yugoslavia. Collapse – War – Crimes, Belgrade 1993.

Bittermann, Klaus (Hg.), Serbien muß Sterbien. Wahrheit und Lüge im jugoslawischen Bürgerkrieg, Berlin 1994.

Bogdanović, Bogdan, Die Stadt und der Tod, Klagenfurt 1993.

Bolčić, Silvano, Razvoj i kriza jugoslovenskog društva u sociološkoj perspektivi, Beograd 1983.

Bosna i Hercegovina izmedju rata i mira, Beograd 1992.

Bougarel, Xavier, Bosnie. Anatomie d'un conflit, Paris 1996.

Bremer, Alida (Hg.), Jugoslawische (Sch)erben: Probleme und Perspektiven, Osnabrück/Münster 1993.

Brey, Thomas, Die Logik des Wahnsinns. Jugoslawien – von Tätern und Opfern, Freiburg etc. 1993.

Buschenfeld, Herbert, Armut auf breiter Front. Die wirtschaftliche Talfahrt Restjugoslawiens 1991/92 und ihre sozialen Auswirkungen, in: Osteuropa 43 (1993) 9, 864-870.

Calic, Marie-Janine, Jugoslawienpolitik am Wendepunkt, in: Aus Politik und Zeitgeschichte B 37/1993, S. 11-20.

Dies., Die Logik des Zerfalls: Staatliche und nationale Umgestaltung im postjugoslawischen Raum, in: Albrecht Zunker (Hg.), Weltord-

nung oder Chaos? Beiträge zur internationalen Politik, Baden-Baden 1993, S. 193-207.
Dies., Düstere Aussichten für Bosnien-Herzegowina, in: Europa-Archiv 49 (1994) 3, S. 71-79.
Dies., Der serbisch-kroatische Konflikt in Kroatien, in: Michael Weithmann (Hg.), Der ruhelose Balkan, München 1993, S. 108-148.
Dies., Die ›serbische Frage‹ in der internationalen Politik, in: Außenpolitik 45 (1994) 2, S. 146-155.
Canapa, Marie-Paule, L'islam et la question des nationalités en Yougoslavie, in: Olivier Carré/Paul Dumont (Hg.), Radicalismes islamiques, Bd. 2, Paris 1986, S. 100-150.
Carnovale, Marco (Hg.), La guerra di Bosnia: Una tragedia annunciata, Rom 1994.
Cataldi, Anna (Hg.), Briefe aus dem belagerten Sarajevo, München 1993.
Ćebić, Petar, Ekumenizam i vjerska tolerancija u Jugoslaviji, Beograd 1988.
Cohen, Lenard J., Broken Bonds: the Disintegration of Yugoslavia, Boulder etc. 1993.
Ders., The Socialist Pyramid. Elites and Power in Yugoslavia, Oakville/New York/London 1989.
Cohen, Lenard/Paul Warwick, Political Cohesion in a Fragile Mosaic. The Yugoslav Experience, Boulder 1983.
Čolović, Ivan, Bordel ratnika. Folklor, politika i rat, Beograd 1993.
Corti, Andreas, Bosnia-Hercegovina. Le carte avvelenate, in: Limes 1 (1996), S. 267-284.
Cviic, Christopher, Remaking the Balkans, London 1991.
Djilas, Aleksa, The Contested Country: Yugoslav Unity and Communist Revolution, 1919-1953, Cambridge etc. 1991.
Dizdarević, Zlatko, Journal de guerre: Chronique de Sarajevo assiégée, Paris 1993.
Dor, Milo, Leb wohl, Jugoslawien: Protokolle eines Zerfalls, Salzburg/Wien 1993.
Dugandžija, Nikola, Religija i nacija, Zagreb 1983.
Džaja, Srećko M., Bosnien-Herzegowina, in: Michael Weithmann (Hg.), Der ruhelose Balkan, München 1993, S. 149-175.
Ders., Die »Bosnische Kirche« und das Islamisierungsproblem Bosniens und der Herzegowina in den Forschungen nach dem Zweiten Weltkrieg, München 1978.
Ders., Konfessionalität und Nationalität Bosniens und der Herzegowina, München 1984.

Eger, Thomas, Das regionale Entwicklungsgefälle in Jugoslawien, Paderborn 1980.
Eyal, Jonathan, Europe and Yugoslavia: Lessons from a Failure, London 1993 (Whitehall Paper; 19).
Europa im Krieg. Die Debatte über den Krieg im ehemaligen Jugoslawien, Frankfurt/M. 1992.
Final Report of the Commission of Experts Established pursuant to Security Council Resolution 780 (1992), in: United Nations, Security Council, 27. 5. 1994 (S/1994/674).
Fischer, Horst, Grundlagen der völkerstrafrechtlichen Verfolgung von Vergewaltigungen im bosnischen Krieg, in: S + F. Vierteljahresschrift für Sicherheit und Frieden 11 (1993) 2, S. 71-77.
Flohr, Anne Katrin, Feindbilder in der internationalen Politik. Ihre Entstehung und ihre Funktionen, Bonn 1991.
Fritzler, Marc, Stichwort: das ehemalige Jugoslawien, München 1993.
Furkes, Josip/Karl-Heinz Schlarp (Hg.), Jugoslawien: Ein Staat zerfällt, Reinbek bei Hamburg 1991.
Garde, Paul, Vie et mort de la Yougoslavie, Paris 1992.
Gelhard, Susanne, Ab heute ist Krieg: der blutige Konflikt im ehemaligen Jugoslawien, Frankfurt/M. 1992.
Glenny, Misha, Jugoslawien. Der Krieg, der nach Europa kam, München 1993.
Ders., The Rebirth of History: Eastern Europe in the Age of Democracy, London etc. 1993.
Goati, Vladimir, Politička anatomija jugoslovenskog društva, Zagreb 1989.
Gow, James, Legitimacy and the Military: the Yugoslav Crisis, London 1992.
Ders., Belgrade and Bosnia – An Assessment of the Yugoslav Military, in: Jane's Intelligence Review 5 (1993) 6, S. 243-246.
Ders., Military-Political Affiliations in the Yugoslav Conflict, in: RFE/RL Research Report 1 (1992) 20, S. 16-25.
Ders., Yugoslavia and Lessons from the Gulf War, Centre for Defence Studies, London 1993.
Goytisolo, Juan, Notizen aus Sarajevo, Frankfurt/M. 1993.
Grmek, Mirko/Marc Gjidara/Neven Simac (Hg.), »Le nettoyage ethnique«. Documents historiques sur une idéologie serbe, Paris 1993.
Guicherd, Catherine, L'heure de l'Europe. Premières leçons du conflit Yougoslave, Paris 1993.
Gutman, Roy, Augenzeuge des Völkermords. Reportagen aus Bosnien, Göttingen 1994.

Hannum, Hurst, Autonomy, Sovereignty and Self-Determination, Philadelphia 1990.
Hayden, Robert M., The Partition of Bosnia and Herzegovina, 1990-1993, in: RFE/RL Research Report 2 (1993) 2, S. 1-14.
Heckmann, Friedrich, Ethnische Minderheiten, Volk und Nation. Soziologie interethnischer Beziehungen, Stuttgart 1992.
Heintze, Hans-Joachim, Selbstbestimmungsrecht und Minderheitenrecht im Völkerrecht. Herausforderungen an den globalen und regionalen Menschenrechtsschutz, Baden-Baden 1994.
Höpken, Wolfgang, Geschichte und Gewalt. Geschichtsbewußtsein im jugoslawischen Konflikt, in: Internationale Schulbuchforschung 15 (1993) 1, S. 55-73.
Ders., Die jugoslawischen Kommunisten und die bosnischen Muslime, in: Andreas Kappeler/Gerhard Simon/Georg Brunner (Hg.), Die Muslime in der Sowjetunion und in Jugoslawien. Identität – Politik – Widerstand, Köln 1989, S. 181-210.
Hösch, Edgar, Geschichte der Balkanländer. Von der Frühzeit bis zur Gegenwart, München 1988.
Hondrich, Karl Otto, Lehrmeister Krieg, Reinbek bei Hamburg 1992.
Horowitz, Donald L., Ethnic Groups in Conflict, Berkeley etc. 1985.
Institut društvenih nauka/Centar za politikološka istraživanja i javno mnenje (Hg.), Jugoslavija na kriznoj prekretnici, Beograd 1991.
Dass. (Hg.), Deca krize. Omladina Jugoslavije krajem osamdesetih, Beograd 1990.
Integracijski in dezintegracijski procesi v jugoslovanski družbi, Ljubljana 1983.
Izetbegović, Alija, Islamska deklaracija, Sarajevo 1990.
Kalman, Michael, Der Jugoslawienkonflikt: friedenswissenschaftliche Interventionen, Berlin 1993 (Arbeitspapier des Instituts für Internationale Politik; 23).
Kaser, Karl, Hirten, Helden und Haiduken. Zum Männlichkeitskult im jugoslawischen Krieg, in: L'homme Z.F.G. 3 (1992) 1, S. 155-162.
Ders., Ahnenkult und Patriarchalismus auf dem Balkan, in: Historische Anthropologie 1 (1993) 1, S. 93-122.
Khalilzad, Zalmay M. (Hg.), Lessons from Bosnia, Santa Monica (Rand) 1993.
Koncepcija dugoročnog privrednog razvoja Bosne i Hercegovine do 2000. g., Sarajevo 1985.
Der Konflikt im ehemaligen Jugoslawien, Bonn 1994[2] (Schriftenreihe

Gerechtigkeit und Frieden der Deutschen Kommission Justitia et Pax; 66).
Der Krieg auf dem Balkan, Pax Christi – Politische Vierteljahreszeitschrift, Idstein 1992.
Krieg in Europa. Analysen aus dem ehemaligen Jugoslawien, Graz 1992.
Leurdijk, Dick A., The United Nations and NATO in Former Yugoslavia, The Hague 1994.
Libal, Wolfgang, Das Ende Jugoslawiens: Selbstzerstörung, Krieg und Ohnmacht der Welt, Wien/Zürich 1993².
Lovrenović, Stjepan, Bosna i Hercegovina u spoljnoj trgovini Jugoslavije, Sarajevo 1985.
Lydall, Harold, Yugoslavia in Crisis, Oxford 1989.
Malcolm, Noel, Bosnia. A Short History, London 1994.
Materijalni i društveni razvoj Socijalističke Republike Bosne i Hercegovine 1947-1984, Sarajevo 1984.
Matthies, Volker (Hg.), Frieden durch Einmischung? Die Schrecken des Krieges und die (Ohn)Macht der internationalen Gemeinschaft, Bonn 1993.
McFarlane, Bruce, Yugoslavia. Politics, Economics and Society, London/New York 1988.
Meier, Viktor, Bosnien und seine Muslime als Sonderproblem des Vielvölkerstaates, in: Roland Schönfeld (Hg.), Nationalitätenprobleme in Südosteuropa, München 1987, S. 125-131.
Ders., Wie Jugoslawien verspielt wurde, München 1995.
Mentzos, Stavros, Der Krieg und seine psychosozialen Funktionen, Frankfurt/M. 1993.
Meron, Theodor, The Case for War Crimes Trials in Yugoslavia, in: Foreign Affairs 72 (1993) 3, S. 122-135.
Mihajlović, Kosta, Ekonomska stvarnost Jugoslavije, Beograd 1981.
Ministry of Defence/Center for Strategic Studies (Hg.), Armed Conflicts in the Balkans and European Security, Ljubljana 1993.
Mitchell, C. L., The Structure of International Conflict, New York 1981.
Morokvasic, Mirjana, Krieg, Flucht und Vertreibung im ehemaligen Jugoslawien, Berlin 1993 (Demographie aktuell; 2).
Nakarada, Radmila (Hg.), Raspad Jugoslavije: produžetak ili kraj agonije, Beograd 1991.
Oberg, Jan, Yugoslavia 1992: Will Conflict-Mitigation and Negotiations Do?, in: Balkan Forum 1 (1993) 3, S. 121-152.
Okuka, Miloš/Petra Rehder (Hg.), Das zerrissene Herz. Reisen durch Bosnien-Herzegowina, München 1994.

Parin, Paul, Das Bluten aufgerissener Wunden. Ethnopsychoanalytische Überlegungen, in: Alexandra Stiglmayer (Hg.), Massenvergewaltigung. Krieg gegen Frauen, Freiburg 1993, S. 57-84.
Pavlovitch, Stevan K., The Improbable Survivor. Yugoslavia and its Problems 1918-1988, London 1988.
Pühs, Wolfgang/Thomas Weggel/Claus Richter (Hg.), Sicherheitspolitisches Symposium Balkankonflikt. Instrumente des Internationalen Krisenmanagements, Baden-Baden 1994.
Raffone, Paolo, Der Weg nach Dayton. Diplomatische Stationen eines Friedensprozesses, in: Blätter für deutsche und internationale Politik 41 (1996) 2, S. 231-240.
Ramet, Sabrina P., Nationalism and Federalism in Yugoslavia, 1962-1991, Bloomington etc. 1992².
Religion and War, Belgrade 1994.
Robinson, Michael, Managing Milošević's Serbia, London 1995.
Roggemann, Herwig, Krieg und Frieden auf dem Balkan: historische Kriegsursachen, wirtschaftliche und soziale Kriegsfolgen, politische und rechtliche Friedensvoraussetzungen, Berlin 1993.
Rosandić, Ružica/Vesna Pešić, Ratništvo, patriotizam, patrijarhalnost, Beograd 1994.
Samary, Catherine, Krieg in Jugoslawien: vom titoistischen Sonderweg zum nationalistischen Exzeß, Köln 1992.
Savezni zavod za statistiku, Jugoslavija 1945-1985, Beograd 1986.
Scheffler, Thomas (Hg.), Ethnizität und Gewalt, Hamburg 1991.
Schlotter, Peter, The Yugoslav Lesson, in: Balkan Forum 2 (1994) 1, S. 11-24.
Schlotter, Peter (Red.)/Peter Billing/Gert Krell/Hans-Joachim Schmidt/Bruno Schoch (Hg.), Der Krieg in Bosnien und das hilflose Europa. Plädoyer für eine militärische UN-Intervention, Frankfurt/M. 1993 (HSFK-Report 5-6/1993).
Schönfeld, Roland, Auf dem Wege nach Dayton, in: Südosteuropa Mitteilungen 36 (1996) 2, S. 95-118.
Seifert, Ruth, Die zweite Front. Zur Logik sexueller Gewalt in Kriegen, in: S+F. Vierteljahresschrift für Sicherheit und Frieden, 11 (1993) 2, S. 66-71.
Dies., Krieg und Vergewaltigung. Ansätze zu einer Analyse, in: Alexandra Stiglmayer (Hg.), Massenvergewaltigung. Krieg gegen Frauen, Freiburg 1993, S. 85-108.
Seroka, Jim (Hg.), The Tragedy of Yugoslavia: the Failure of Democratic Transformation, Armonk/London 1992.
Shenk, Gerald, God with Us? The Roles of Religion in Conflicts in the Former Yugoslavia, Uppsala 1993.

Shoup, Paul/Steven Burg, Ethnic Conflict and International Intervention: the Crisis in Bosnia-Herzegovina 1990-1993, New York 1994.
Silber, Laura/Allan Little, Yugoslavia: Death of a Nation, New York 1996.
Stiglmayer, Alexandra (Hg.), Massenvergewaltigung. Krieg gegen Frauen, Freiburg 1993.
Sundhaussen, Holm, Geschichte Jugoslawiens 1918-1980, Stuttgart etc. 1982.
Ders., Experiment Jugoslawien. Von der Staatsgründung bis zum Staatszerfall, Mannheim etc. 1993.
The Ethnic Cleansing of Bosnia-Hercegovina. A Staff Report to the Committee on Foreign Relations United States Senate, Washington, August 1992.
Thompson, Mark, A Paper House: The Ending of Yugoslavia, London 1992.
Ders., Kovanje rata. Mediji u Srbiji, Hrvatskoj i Bosni i Hercegovini, Zagreb 1995.
United Nations, The United Nations and the Situation in the Former Yugoslavia, New York 1993.
van den Heuvel, Martin/Jan G. Siccama (Hg.), The Disintegration of Yugoslavia, Amsterdam etc. 1992.
Vego, Milan, Federal Army Deployments in Bosnia and Herzegovina, in: Jane's Intelligence Review 4 (1992) 10, S. 445-449.
Ders., The Croatian Forces in Bosnia and Herzegovina, in: Jane's Intelligence Review 5 (1993) 3, S. 99-103.
Ders., The Army of Bosnia and Herzegovina, in: Jane's Intelligence Review 5 (1993) 2, S. 63-67.
Ders., The Muslim Defence Industry in Bosnia and Herzegovina, in: Jane's Intelligence Review 6 (1994) 5, S. 213 f.
Vetschera, Heinz/Andrea Smutek-Riemer, »Signale« zur Früherkennung von krisenhaften Entwicklungen. Am Beispiel der Entwicklung zur Jugoslawien-Krise, in: Österreichische Militärische Zeitschrift 31 (1993) 1, S. 17-25.
Vukadinović, Radovan, The Break-up of Yugoslavia: Threats and Challenges, The Hague 1992.
War Crimes in Bosnia-Hercegovina/Human Rights Watch, New York etc. 1992.
Wehler, Hans Ulrich, Nationalitätenpolitik in Jugoslawien. Die deutsche Minderheit 1918-1978, Göttingen 1980.
Weithmann, Michael W., Krisenherd Balkan. Ursprünge und Hintergründe des aktuellen Konflikts, München 1992.

Ders. (Hg.), Der ruhelose Balkan. Die Konfliktregionen Südosteuropas, München 1993.
Welser, Maria von, Am Ende wünschst du dir nur noch den Tod. Die Massenvergewaltigungen im Krieg auf dem Balkan, München 1993.
Wimmer, Michaela/Stefan Braun/Joachim Spiering, Brennpunkt Jugoslawien: der Vielvölkerstaat in der Krise, München 1991.
Woodward, Susan L., Balkan Tragedy. Chaos and Dissolution after the Cold War, Washington D.C. 1995.
Yugoslavia: The United Nations Protection Force (UNPROFOR) and Other Multilateral Missions, Washington 1993.
Žabkar, Anton, Analyses of the Conflict in Former Yugoslavia, Vienna 1994.
Zartman, William I., Ripe for Resolution. Conflict and Intervention in Africa, New York/Oxford 1989².
Ders., Conflict and Resolution: Contest, Cost, and Change, in: The Annals of the American Academy of Political and Social Science, (November 1991) 518, S. 11-22.

Krieg und Frieden im Suhrkamp Taschenbuch Verlag

Ernst Bloch: Kampf, nicht Krieg. Politische Schriften 1917-1919. Herausgegeben von Martin Korol. es 1167

Briefe von Frauen über Krieg und Nationalismus. Aus dem Slowenischen von Marina Einspieler, aus dem Serbokroatischen von Barbara Antkowiak, Angela Richter und Mechthild Schäfer. Mit einem Beitrag von Duŝka Periŝeć-Osti. es 1811

Falsche Helden. Frauen über den Krieg. Herausgegeben von Daniela Gioseffi. st 2507

Den Frieden denken. Herausgegeben von Dieter Senghaas. es 1952

Friedensanalysen Bd. 16. Die neue Friedensbewegung. Analysen der Friedensforschung. es 1143

Friedensanalysen Bd. 21. Kriegsursachen. es 1238

Friedensanalysen Bd. 22. Militärregime und Entwicklungspolitik. es 1314

Friedensanalysen Bd. 23. Lehren aus der Geschichte? Historische Friedensforschung. es 1355

Friedensanalysen Bd. 24. Die vergessene Dimension internationaler Konflikte: Subjektivität. Redaktion: Reiner Steinweg und Christian Wellmann. es 1617

Friedensanalysen Bd. 25. Von der Kritik zur Friedensforschung. Redaktion: Berthold Meyer. es 1770

Friedensanalysen Bd. 26. Deutschlands Einheit und Europas Zukunft. Redaktion: Bruno Schoch. es 1783

Friedensanalysen Bd. 27. Umweltzerstörung als Kriegsfolge und Kriegsursache. Redaktion: Berthold Meyer. es 1774

Friedensutopien. Herausgegeben und eingeleitet von Zwi Batscha und Richard Saage. stw 267

Alexander Kluge: Schlachtbeschreibung. Roman. es 1193

György Konrád: Antipolitik. Mitteleuropäische Meditationen. Aus dem Ungarischen von Hans-Henning Paetzke. es 1293

– Identität und Hysterie. Essays. Aus dem Ungarischen von Hans-Henning Paetzke. es 1921

– Stimmungsbericht. Aus dem Ungarischen von Hans-Henning Paetzke. es 1394

Ekkehart Krippendorff: Militärkritik. Mit einem Vorwort von Johan Galtung. es 1804

– Staat und Krieg. Die historische Logik politischer Vernunft. es 1305

Alexander Mitscherlich: Die Idee des Friedens und die menschliche Aggressivität. Vier Versuche. BS 233

107/1/7.95

Krieg und Frieden
im Suhrkamp Taschenbuch Verlag

107/2/7.95

Neue Historische Bibliothek in der edition suhrkamp

»Hans-Ulrich Wehlers fast aus dem Nichts entstandene ›Neue Historische Bibliothek‹ ist (...) nicht nur ein forschungsinternes, sondern auch ein kulturelles Ereignis.« Frankfurter Allgemeine Zeitung

Abelshauser, Werner: Wirtschaftsgeschichte der Bundesrepublik Deutschland 1945-1980. NHB. es 1241
Alter, Peter: Nationalismus. NHB. es 1250
Berding, Helmut: Moderner Antisemitismus in Deutschland. NHB. es 1257
Berghahn, Volker: Unternehmer und Politik in der Bundesrepublik. NHB. es 1265
Bernecker, Walther L.: Sozialgeschichte Spaniens im 19. und 20. Jahrhundert. NHB. es 1540
Botzenhart, Manfred: Reform, Restauration, Krise. Deutschland 1789-1847. NHB. es 1252
Burkhardt, Johannes: Der Dreißigjährige Krieg 1618-1648. NHB. es 1542
Carsten, Francis L.: Geschichte der preußischen Junker. NHB. es 1273
Dippel, Horst: Die Amerikanische Revolution 1763-1787. NHB. es 1263
Dipper, Christof: Deutschland 1648-1789. NHB. es 1253
Frevert, Ute: Frauen-Geschichte. Zwischen bürgerlicher Verbesserung und Neuer Weiblichkeit. NHB. es 1284
Geiss, Imanuel: Geschichte des Rassismus. NHB. es 1530
Grimm, Dieter: Deutsche Verfassungsgeschichte 1776-1866. NHB. es 1271
Hentschel, Volker: Geschichte der deutschen Sozialpolitik 1880-1980. Soziale Sicherung und kollektives Arbeitsrecht. NHB. es 1247
Herbst, Ludolf: Das nationalsozialistische Deutschland. 1933-1945. Die Entfesselung der Gewalt: Rassismus und Krieg. NHB. es 1285
Hildermeier, Manfred: Die Russische Revolution. 1905-1921. NHB. es 1534
Holl, Karl: Pazifismus in Deutschland. NHB. es 1533
Jaeger, Hans: Geschichte der Wirtschaftsordnung in Deutschland. NHB. es 1529
Jarausch, Konrad H.: Deutsche Studenten 1800-1970. NHB. es 1258
Jasper, Gotthard: Die gescheiterte Zähmung. Wege zur Machtergreifung Hitlers 1930-1934. NHB. es 1270
Kiesewetter, Hubert: Industrielle Revolution in Deutschland 1815-1914. NHB. es 1539

314/1/3.96

Neue Historische Bibliothek in der edition suhrkamp

Kluge, Ulrich: Die deutsche Revolution 1918/1919. Staat, Politik und Gesellschaft zwischen Weltkrieg und Kapp-Putsch. NHB. es 1262
Kluxen, Kurt: Geschichte und Problematik des Parlamentarismus. NHB. es 1243
Kraul, Margret: Das deutsche Gymnasium 1780-1980. NHB. es 1251
Langewiesche, Dieter: Deutscher Liberalismus. NHB. es 1286
Lehnert, Detlef: Sozialdemokratie zwischen Protestbewegung und Regierungspartei 1848-1983. NHB. es 1248
Lenger, Friedrich: Sozialgeschichte der deutschen Handwerker seit 1800. NHB. es 1532
Lönne, Karl-Egon: Politischer Katholizismus im 19. und 20. Jahrhundert. NHB. es 1264
Marschalck, Peter: Bevölkerungsgeschichte Deutschlands im 19. und 20. Jahrhundert. NHB. es 1244
Mitterauer, Michael: Sozialgeschichte der Jugend. NHB. es 1278
Möller, Horst: Vernunft und Kritik. Deutsche Aufklärung im 17. und 18. Jahrhundert. NHB. es 1269
Pankoke, Eckart: Die Arbeitsfrage. Arbeitsmoral, Beschäftigungskrisen und Wohlfahrtspolitik im Industriezeitalter. NHB. es 1538
Peukert, Detlev J.K.: Die Weimarer Republik. NHB. es 1282
Radkau, Joachim: Technik in Deutschland. Vom 18. Jahrhundert bis zur Gegenwart. NHB. es 1536
Reulecke, Jürgen: Geschichte der Urbanisierung in Deutschland. NHB. es 1249
Rohe, Karl: Wahlen und Wählertraditionen in Deutschland. Kulturelle Grundlagen deutscher Parteien und Parteiensysteme im 19. und 20. Jahrhundert. es 1544
Schönhoven, Klaus: Die deutschen Gewerkschaften. NHB. es 1287
Schröder, Hans-Christoph: Die Revolutionen Englands im 17. Jahrhundert. NHB. es 1279
Schulze, Winfried: Deutsche Geschichte im 16. Jahrhundert. NHB. es 1268
Sieder, Reinhard: Sozialgeschichte der Familie. NHB. es 1276
Siemann, Wolfram: Die deutsche Revolution von 1848/49. NHB. es 1266
– Gesellschaft im Aufbruch. Deutschland 1849-1871. NHB. es 1537
Staritz, Dietrich: Geschichte der DDR 1949-1989. NHB. es 1260
Thränhardt, Dietrich: Geschichte der Bundesrepublik Deutschland. 1949-1989. NHB. es 1267
Ullmann, Hans-Peter: Interessenverbände in Deutschland. NHB. es 1283

314/2/3.96

Neue Historische Bibliothek
in der edition suhrkamp

Ullmann, Hans-Peter: Zwischen den Zeiten. Das Deutsche Kaiserreich 1871-1918. NHB. es 1546

Wehler, Hans-Ulrich: Grundzüge der amerikanischen Außenpolitik 1750-1900. Von den englischen Küstenkolonien zur amerikanischen Weltmacht. NHB. es 1254

Wippermann, Wolfgang: Europäischer Faschismus im Vergleich 1922-1982. NHB. es 1245

Wirz, Albert: Sklaverei und kapitalistisches Weltsystem. NHB. es 1256

Wunder, Bernd: Geschichte der Bürokratie in Deutschland. NHB. es 1281

Ziebura, Gilbert: Weltwirtschaft und Weltpolitik 1922/24-1931. Zwischen Rekonstruktion und Zusammenbruch. NHB. es 1261

314/3/3.96

edition suhrkamp
Eine Auswahl

Abelshauser: Wirtschaftsgeschichte der Bundesrepublik Deutschland 1945-1980. NHB. es 1241
Achebe: Okonkwo oder Das Alte stürzt. es 1138
Adorno: Eingriffe. es 10
– Gesellschaftstheorie und Kulturkritik. es 772
– Kritik. es 469
– Ohne Leitbild. es 201
– Stichworte. es 347
Bachtin: Die Ästhetik des Wortes. es 967
Barthes: Kritik und Wahrheit. es 218
– Leçon/Lektion. es 1030
– Mythen des Alltags. es 92
– Semiologisches Abenteuer. es 1441
– Die Sprache der Mode. es 1318
Beck: Gegengifte. es 1468
– Die Erfindung des Politischen. es 1780
– Risikogesellschaft. es 1365
Becker: Warnung vor dem Schriftsteller. es 1601
Beckett: Endspiel. Fin de Partie. es 96
– Flötentöne. es 1098
Benjamin: Das Kunstwerk im Zeitalter seiner technischen Reproduzierbarkeit. es 28
– Moskauer Tagebuch. es 1020
– Das Passagen-Werk. es 1200
– Versuche über Brecht. es 172
Bernecker: Sozialgeschichte Spaniens im 19. und 20. Jahrhundert. NHB. es 1540
Bernhard: Der deutsche Mittagstisch. es 1480
Biesheuvel: Schrei aus dem Souterrain. es 1179
Bildlichkeit. Hg. von V. Bohn. es 1475
Bleisch: Viertes Deutschland. es 1719
Bloch für Leser der neunziger Jahre. es 1827
Bloch: Abschied von der Utopie? es 1046
– Kampf, nicht Krieg. es 1167
Boal: Theater der Unterdrückten. es 1361
Böhme, G.: Natürliche Natur. es 1680
Böhme, H.: Prolegomena zu einer Sozial- und Wirtschaftsgeschichte Deutschlands im 19. und 20. Jahrhundert. es 253
Bohrer: Die Kritik der Romantik. es 1551
– Der romantische Brief. es 1582
Bond: Gesammelte Stücke. 2 Bde. es 1340
Botzenhart: Reform, Restauration, Krise. NHB. es 1252
Boullosa: Sie sind Kühe, wir sind Schweine. es 1866
Bourdieu: Rede und Antwort. es 1547
– Soziologische Fragen. es 1872
Bovenschen: Die imaginierte Weiblichkeit. es 921
Brandão: Kein Land wie dieses. es 1236
Brasch: Frauen. Krieg. Lustspiel. es 1469
– Lovely Rita. Rotter. Lieber Georg. es 1562

316/1/6.93

edition suhrkamp
Eine Auswahl

Braun: Böhmen am Meer. es 1784
– Verheerende Folgen mangelnden Anscheins innerbetrieblicher Demokratie. es 1473
Brecht: Der aufhaltsame Aufstieg des Arturo Ui. es 144
– Aufstieg und Fall der Stadt Mahagonny. es 21
– Ausgewählte Gedichte. es 86
– Baal. es 170
– Buckower Elegien. es 1397
– Die Dreigroschenoper. es 229
– Furcht und Elend des Dritten Reiches. es 392
– Die Geschäfte des Herrn Julius Caesar. es 332
– Die Gesichte der Simone Machard. es 369
– Die Gewehre der Frau Carrar. es 219
– Der gute Mensch von Sezuan. es 73
– Die heilige Johanna der Schlachthöfe. es 113
– Herr Puntila und sein Knecht Matti. es 105
– Der kaukasische Kreidekreis. es 31
– Leben des Galilei. es 1
– Leben Eduards des Zweiten von England. es 245
– Mann ist Mann. es 259
– Die Mutter. es 200
– Mutter Courage und ihre Kinder. es 49
– Der Ozeanflug. Die Horatier und die Kuratier. Die Maßnahme. es 222
– Schweyk im zweiten Weltkrieg. es 132
– Die Tage der Commune. es 169
– Trommeln in der Nacht. es 490
– Über Politik auf dem Theater. es 465
– Das Verhör des Lukullus. es 740
Brecht für Leser der neunziger Jahre. Hg. von S. Unseld. es 1826
Brunkhorst: Der Intellektuelle im Land der Mandarine. es 1403
Bubner: Ästhetische Erfahrung. es 1564
– Zwischenrufe. Aus den bewegten Jahren. es 1814
Buch: Der Herbst des großen Kommunikators. es 1344
– Die Nähe und die Ferne. es 1663
– Waldspaziergang. es 1412
Bürger: Theorie der Avantgarde. es 727
Burkhardt: Der Dreißigjährige Krieg 1618-1648. NHB. es 1542
Butler: Das Unbehagen der Geschlechter. es 1722
Celan: Ausgewählte Gedichte. Zwei Reden. es 262
Cortázar: Letzte Runde. es 1140
– Das Observatorium. es 1527
– Reise um den Tag in 80 Welten. es 1045
Dedecius: Poetik der Polen. es 1690
Dekonstruktiver Feminismus. Hg. von B. Vinken. es 1678
Deleuze: Logik des Sinns. es 1707
– Verhandlungen. es 1778

316/2/6.93

edition suhrkamp
Eine Auswahl

Denken, das an der Zeit ist. Hg. von F. Rötzer. es 1406
Derrida: Das andere Kap. Die aufgeschobene Demokratie. es 1769
– Gesetzeskraft. es 1645
Dieckmann: Glockenläuten und offene Fragen. es 1644
– Vom Einbringen. es 1713
Digitaler Schein. Hg. von F. Rötzer. es 1599
Dinescu: Exil im Pfefferkorn. es 1589
Ditlevsen: Sucht. es 1009
– Wilhelms Zimmer. es 1076
Dorst: Toller. es 294
Drawert: Spiegelland. es 1715
Dröge / Krämer-Badoni: Die Kneipe. es 1380
Duerr: Traumzeit. es 1345
Duras: Eden Cinéma. es 1443
– La Musica Zwei. es 1408
– Sommer 1980. es 1205
– Vera Baxter oder Die Atlantikstrände. es 1389
Eco: Zeichen. es 895
Ehmer: Sozialgeschichte des Alters. NHB. es 1541
Eich: Botschaften des Regens. es 48
Elias: Humana conditio. es 1384
Norbert Elias über sich selbst. es 1590
Engler: Die zivilisatorische Lükke. es 1772
Enzensberger: Blindenschrift. es 217
– Einzelheiten I. es 63
– Einzelheiten II. es 87
– Die Furie des Verschwindens. es 1066
– Landessprache. es 304
– Palaver. es 696
– Das Verhör von Habana. es 553
Eppler: Kavalleriepferde beim Hornsignal. es 1788
Erste Einsichten. Hg. von Ch. Döring und H. Steinert. es 1592
Esser: Gewerkschaften in der Krise. es 1131
Evans: Im Schatten Hitlers? es 1637
Ewald: Der Vorsorgestaat. es 1676
Federman: Surfiction: Der Weg der Literatur. es 1667
Feminismus. Inspektion der Herrenkultur. Hg. von L. F. Pusch. es 1192
Fernández Cubas: Das geschenkte Jahr. es 1549
Feyerabend: Erkenntnis für freie Menschen. es 1011
– Wissenschaft als Kunst. es 1231
Fortschritte der Naturzerstörung. Hg. von R. P. Sieferle. es 1489
Foucault: Psychologie und Geisteskrankheit. es 272
– Raymond Roussel. es 1559
Denken und Existenz bei Michel Foucault. Hg. von W. Schmid. es 1657
Spiele der Wahrheit. Hg. von F. Ewald und B. Waldenfels. es 1640
Frank: Einführung in die frühromantische Ästhetik. es 1536
– Gott im Exil. es 1506
– Der kommende Gott. es 1142

316/3/6.93

edition suhrkamp
Eine Auswahl

Frank: Motive der Moderne. es 1456
– Die Unhintergehbarkeit von Individualität. es 1377
– Was ist Neostrukturalismus? es 1203
Frevert: Frauen-Geschichte. NHB. es 1284
Frisch: Biedermann und die Brandstifter. es 41
– Die Chinesische Mauer. es 65
– Don Juan oder Die Liebe zur Geometrie. es 4
– Frühe Stücke. es 154
– Graf Öderland. es 32
García Morales: Die Logik des Vampirs. es 1871
– Das Schweigen der Sirenen. es 1647
Gedächtniskunst. Hg. von A. Haverkamp und R. Lachmann. es 1653
Geist gegen den Zeitgeist. Hg. von J. Früchtl und M. Calloni. es 1630
Geyer: Deutsche Rüstungspolitik 1860-1980. NHB. es 1246
Goetz: Festung. 5 Bde. es 1793-1795
– Festung. es 1793
– Krieg. 2 Bde. es 1320
– Kronos. es 1795
– 1989. 3 Bde. es 1794
Goffman: Asyle. es 678
Gorz: Der Verräter. es 988
Goytisolo: Die Quarantäne. es 1874
Grassmuck / Unverzagt: Das Müll-System. es 1652
Gstrein: Anderntags. es 1625
– Einer. es 1483
Habermas: Eine Art Schadensabwicklung. es 1453
– Legitimationsprobleme im Spätkapitalismus. es 623
– Die nachholende Revolution. es 1633
– Die Neue Unübersichtlichkeit. es 1321
– Technik und Wissenschaft als Ideologie. es 287
– Theorie des kommunikativen Handelns. es 1502
Hänny: Zürich, Anfang September. es 1079
Hahn: Unter falschem Namen. es 1723
Handke: Die Innenwelt der Außenwelt der Innenwelt. es 307
– Kaspar. es 322
– Phantasien der Wiederholung. es 1168
– Publikumsbeschimpfung und andere Sprechstücke. es 177
Happel: Grüne Nachmittage. es 1570
Henrich: Konzepte. es 1400
– Nach dem Ende der Teilung. es 1813
– Eine Republik Deutschland. es 1658
Hensel: Im Schlauch. es 1815
Hentschel: Geschichte der deutschen Sozialpolitik 1880-1980. NHB. es 1247
Hettche: Inkubation. es 1787
Die Hexen der Neuzeit. Hg. von C. Honegger. es 743
Hijiya-Kirschnereit: Was heißt: Japanische Literatur verstehen? es 1608

316/4/6.93

edition suhrkamp
Eine Auswahl

Hodjak: Franz, Geschichtensammler. es 1698
– Siebenbürgische Sprechübung. es 1622
Holbein: Der belauschte Lärm. es 1643
– Ozeanische Sekunde. es 1771
– Samthase und Odradek. es 1575
Huchel: Gedichte. es 1828
Irigaray: Speculum. es 946
Jahoda / Lazarsfeld / Zeisel: Die Arbeitslosen von Marienthal. es 769
Jansen: Reisswolf. es 1693
Jasper: Die gescheiterte Zähmung. NHB. es 1270
Jauß: Literaturgeschichte als Provokation. es 418
Johnson: Begleitumstände. es 1820
– Das dritte Buch über Achim. es 1819
– Der 5. Kanal. es 1336
– Ingrid Babendererde. es 1817
– Jahrestage 1. es 1822
– Jahrestage 2. es 1823
– Jahrestage 3. es 1824
– Jahrestage 4. es 1825
– Mutmassungen über Jakob. es 1818
– Porträts und Erinnerungen. es 1499
– Versuch, einen Vater zu finden. Marthas Ferien. es 1416
Über Uwe Johnson. es 1821
Jones: Frauen, die töten. es 1350
Joyce: Finnegans Wake. es 1524
– Penelope. es 1106
Judentum im deutschen Sprachraum. Hg. von K. E. Grözinger. es 1613
Junior: Jorge, der Brasilianer. es 1571
Kenner: Ulysses. es 1104
Kiesewetter: Industrielle Revolution in Deutschland 1815-1914. NHB. es 1539
Kipphardt: In der Sache J. Robert Oppenheimer. es 64
Kirchhoff: Body-Building. es 1005
Kluge, A.: Gelegenheitsarbeit einer Sklavin. es 733
– Lernprozesse mit tödlichem Ausgang. es 665
– Schlachtbeschreibung. es 1193
Kluge, U.: Die deutsche Revolution 1918/1919. NHB. es 1262
Köhler: Deutsches Roulette. es 1642
Koeppen: Morgenrot. es 1454
Kolbe: Bornholm II. es 1402
– Hineingeboren. es 1110
Konrád: Antipolitik. es 1293
– Die Melancholie der Wiedergeburt. es 1720
– Stimmungsbericht. es 1394
Krechel: Mit dem Körper des Vaters spielen. es 1716
Krippendorff: Politische Interpretationen. es 1576
– Staat und Krieg. es 1305
– »Wie die Großen mit den Menschen spielen.« es 1486
Kristeva: Fremde sind wir uns selbst. es 1604

316/5/6.93